사진으로 따라가는
존 웨슬리

김영선 지음

kmc

머리말

완전한 그리스도인의 길

하나님은 인간의 구원을 위해 사람을 준비시키고 훈련하신다. 그리고 적절한 시기에 그 사람을 통해 하나님의 섭리를 이루신다. 모세, 다윗, 세례요한, 바울, 그리고 감리교회 창시자인 웨슬리의 생애가 그렇다. 하나님은 죄와 사망에 허덕이는 영국인들에게 참된 생명과 자유를 주시고자 웨슬리를 보내 주셨다.

일반적으로 감리교인들은 감리교회의 창시자인 웨슬리에 대하여 잘 알지 못한 채 신앙생활을 한다. 웨슬리 회심주간에 열리는 세미나와 설교를 통해 그에 대한 약간의 지식을 접할 수 있을 뿐, 대체로 웨슬리에 대한 총체적인 이야기를 들을 수 있는 기회가 거의 없기 때문이다. 이런 연유로 인해 감리교인들은 감리교인에 대한 정체성이 결여되어 있다. 이 책은 이런 점을 인식하고 감리교인들의 정체성을 함양하는 데 도움을 주고자 집필되었다.

하나님은 웨슬리에게 훌륭한 부모와 대학 경력을 주셨다. 그리고 아메리카의 선교생활을 통하여 그의 자만심을 축소시키시고 하나님의 거룩함을 향한 목마름을 주셨다. 급기야 위대한 복음 전도자로, 감리교회의 창시자로 그를 인도하셨다. 웨슬리의 인격과 신앙을 토대로 한 감리교 운동은 오늘날 전 세계에 전파되어 인간의 변화와 사회 개혁을 위한 위대한 원동력을 제공했다. 웨슬리는 실로 큰 사람이다. 우리는 웨슬리의 이야기를 통해 참된 그리스도인의 길을 찾게 될 것이다.

이 책은 웨슬리의 출생부터 임종에 이르기까지 모든 이야기를 소개한다. 목회자와 신학생은 물론 일반 교인들이 쉽게 웨슬리를 이해할 수 있게 배려했다. 이를 위해 사건과 내용에 연관된 사진과 삽화를 실어 현장감을 더했다. 영국에서 공부할 때는 물론 대학에서 웨슬리를 가르치는 동안에도 웨슬리 현장을 수없이 다녀왔고 이 책에 실린 사진을 직접 찍기 위해 다시 영국과 미국을 방문하기도 했다.

이 책은 필자의 저서 「존 웨슬리와 감리교 신학」과 짝을 이루기 위해 집필되었다. 「존 웨슬리와 감리교 신학」은 웨슬리의 교리를 조직신학적 차원에서 다루고 있다. 따라서 신학자나 신학생 또는 목회자들이 신학적 관심을 갖고 접할 수 있는 책이었다. 그러나 이번에 출판되는 책은 웨슬리의 사상과 신학보다는 그의 삶에 대해 조명한다. 따라서 이 책의 출판으로 웨슬리의 생애와 신학에 대한 연구를 미약하나마 완성하게 되었다. 본문에서 내용을 다루고 있지만 그 내용을 보다 상세하게 그리고 학문적 관심을 가지고 보고자 하는 독자들을 위해 부록을 만들었다. 모쪼록 도움이 되었으면 한다.

이 책의 집필을 위해 많은 분들이 후원해 주셨다. 김진호 감독님, 최호순 감독님, 윤보환 목사님, 오원호 목사님, 이춘수 목사님, 나광호 목사님, 방두석 목사님, 하근수 목사님, 변승근 목사님, 양명환 목사님, 진인문 목사님, 박용호 목사님, 전용주 목사님, 박계화 목사님, 김종현 목사님, 전종태 목사님께 감사드린다. 또한 미국과 영국에 같이 동행하여 사진 촬영에 협조해 준 김정민 군과 이주호 목사님, 포토샵 작업으로 좋은 사진을 만들어 준 심응만 전도사, 원고 교정은 물론 여러 가지로 유익한 도움을 준 최혜웅 전도사, 최지원 전도사에게 감사드린다. 이 분들의 후원과 사랑이 없었다면 이 책은 출간되지 못했을 것이다. 아무쪼록 이 책을 통해 많은 사람들이 웨슬리가 일생 동안 추구하였던 완전한 그리스도인의 길을 갈 수 있기를 바란다.

2006년 8월
김영선 교수

존 웨슬리 생애 주요 연표

1688년	11월 12일 웨슬리 부모 사무엘 웨슬리와 수산나 앤슬리의 결혼
1697년	사무엘 웨슬리가 엡워스의 앤드류교회(St. Andrew's Church)의 사제가 됨
1703년	6월 17일 웨슬리 출생
1707년	찰스 웨슬리 출생
1709년	2월 9일 1702년 화재 발생 후 목사관에 두 번째 화재 발생
1714년	1월 28일 웨슬리 차터하우스 입학
1716년	찰스 웨스트민스터 스쿨 입학
1720년	6월 24일 웨슬리 옥스퍼드 대학교 크라이스트 처치 칼리지(Christ Church College) 입학
1725년	9월 19일 준회원 사제직 안수 받음
1726년	3월 17일 옥스퍼드 대학교 링컨 칼리지의 펠로우(특별연구원)로 선발됨
1728년	9월 28일 정회원 사제로 안수 받음
1729년	찰스가 신성클럽(Holy Club) 창설, 웨슬리가 지도자가 됨
1735년	사무엘 웨슬리 사망, 존과 찰스가 미대륙 선교를 위해 조지아로 떠남
1736년	2월 조지아 주 사바나에 도착
1737년	12월 2일 소피아 홉키(Sophia Hopkey) 사건으로 사바나를 떠남
1738년	2월 1일 영국으로 돌아옴
1738년	5월 21일 찰스 웨슬리가 회심함
1738년	5월 24일 존 웨슬리가 회심함

1738년	9월 모라비안 공동체 본부 헤른후트를 방문함
1739년	5월 9일 최초로 뉴룸(New Room) 교회를 설립함
	11월 런던에 파운더리 채플을 설립함
1740년	모라비안 교도들과 함께 시작한 페터래인 신도회(Fatter Lane Society)를 떠남
1741년	니콜라스 거리(Nicholas St.)와 볼드윈 거리(Baldwin St.)에서 시작된 밴드(Band) 모임을 강화함
1742년	속회가 결성됨, 아버지 사무엘 웨슬리의 무덤에서 설교함
	7월 23일 어머니 수산나가 사망함
1745년	맥스필드(T. Maxfield)를 비롯한 평신도 설교자를 최초로 세움
1748년	킹스우드 학교 설립함
1749년	크리스천 문고(Christian Library) 출간
1751년	메리 바질(Mrs. Mary Vazeille)과 결혼, 6월에 옥스퍼드 대학의 펠로우 직을 사임함
1770년	존의 동지인 조지 휫필드가 사망함
1778년	런던의 시티 로드(City Rd.)에 웨슬리 채플(Wesley's Chapel)을 봉헌함.
1784년	토마스 콕을 미국 교회 감리사로 안수함
1785년	웨슬리의 후계자로 지목되었던 존 플레처(John Fletcher)가 사망함
1787년	맨체스터 연회에서 최초의 여성 설교자로 사라 말레트(Sarah Mallet)를 임명함
1788년	3월 29일 찰스 웨슬리 사망
1791년	3월 2일 존 웨슬리 사망
	3월 19일 웨슬리 채플에 묻힘

차례

머리말 … 4
존 웨슬리 생애 주요 연표 … 6

제1장 | 영국 성공회와 웨슬리의 탄생
1. 영국의 종교개혁 … 12
2. 앤 여왕과 웨슬리 탄생 … 18

제2장 | 웨슬리의 출생부터 차터하우스까지
1. 웨슬리의 가문과 계보 … 20
2. 웨슬리 탄생 당시 영국의 시대적 상황 … 26
3. 엡워스에서의 생활 … 32
4. 웨슬리 가정의 가난과 가정교육 … 36
5. 차터하우스의 학창 시절 … 42

제3장 | 옥스퍼드 대학
1. 옥스퍼드 대학 시절 … 46
2. 웨슬리와 신비주의 … 50
3. 신성클럽의 조직과 활동 … 53
4. 신성클럽의 해체 … 60

제4장 | 조지아 주에서의 목회와 선교
1. 조지아 주 선교사로 가게 된 이유와 배경 … 64
2. 목회자 존 웨슬리 … 71
3. 선교사 존 웨슬리 … 74
4. 조지아 주 선교의 실패 … 75

제5장 │ 웨슬리의 회심
  1. 회심의 배경 … 84
  2. 칭의의 교리 … 87
  3. 웨슬리의 회심 경험 … 90

제6장 │ 웨슬리의 열정적 초기 사역과 감리교회의 태동
  1. 웨슬리의 모라비아 교도 방문 … 96
  2. 페터래인 신도회로부터의 분리 … 99
  3. 감리교 운동의 시작 … 102
  4. 감리교 신도회의 발전 … 108
  5. 감리교 운동의 어머니 수산나의 삶과 죽음 … 110

제7장 │ 갈등과 박해 속에 성장하는 웨슬리와 감리교 운동
  1. 웨슬리와 휫필드의 충돌 … 114
  2. 웨슬리와 휫필드의 설교 … 117
  3. 웨슬리의 혼인생활 … 122
  4. 선교 활동의 확장과 강화 … 127
  5. 선교 활동의 장애와 박해 … 135

제8장 │ 감리교회의 성숙과 웨슬리의 죽음
  1. 메도디스트의 분열 원인 … 152
  2. 웨슬리의 사회 활동 … 155
  3. 웨슬리 말년과 임종 … 158
  4. 웨슬리의 삶과 인격을 회고하면서 … 166

부록 1. 영국의 종교개혁에서 웨슬리 출생까지 … 172
부록 2. 웨슬리 당시 영국의 시대적 상황 … 182
부록 3. 웨슬리의 회심 사건과 그 의의 … 190
주 … 195

영국 성공회의 예배 장면

제 1 장

영국 성공회와 웨슬리의 탄생

제1장 영국 성공회와 웨슬리의 탄생

루터

칼뱅

감리교회를 창설한 존 웨슬리는 1703년 영국에서 태어났다. 웨슬리가 태어난 18세기 초기의 영국 사회와 종교계는 극도로 타락하고 부패했다. 웨슬리 이야기를 시작하기 전에 웨슬리가 소속된 영국 성공회의 출생 배경에 대해서 간단히 알아 둘 필요가 있다. 영국 성공회의 출생 배경은 영국의 종교개혁 시대로 거슬러 올라간다. 영국 이외의 다른 나라에서는 종교개혁자들이 중심이 되어 종교개혁이 이루어졌지만 영국에서는 왕실이 중심이 되어 종교개혁이 이루어졌다. 이미 잘 알려진 바와 같이 독일에서는 마르틴 루터에 의해서, 스위스와 프랑스에서는 츠빙글리와 칼뱅에 의해서 종교개혁이 이루어졌다.

1. 영국의 종교개혁

영국의 종교개혁은 1509년 왕으로 즉위한 헨리 8세(Henry Ⅷ, 1509~1547)에 의해서 단행되었다. 헨리 8세는 스페인 국왕 페르디난트의 딸 캐서린 공주와 결혼하여 6명의 자녀를 낳았으나 메리 공주만 살아남게 되었다. 헨리 8세는 아들을 낳지 못한 캐서린에게 불만을 품고 교황 클레멘스 7세에게 이혼을 신청하였다. 그러나 교황은 가톨릭을 국교로 하고 있는 스페인의 압력을 의식하고, 이들의 이혼을 허락하지 않았다. 그러자 헨리 8세는 1534년 11월 3일에 영국 교회의 수장은 영국 왕이 된다는 수장령(首長令, The Act of Supremacy)을 발표하여 로마 교황의 주권을 부인하고, 영국 교회를 로마 가톨릭 교회와 결별시킴으로써 영국 성공회(Church of England)를 탄생시켰다. 그리고 일방적으로 캐서린과 이혼하고 당시 궁정 여관이었던 앤 볼린(Anne Boleyn)과 결혼하였다. 캐서린이 이혼을 당하게 되자 캐서린에 의해서 세력을 떨쳤던 가톨릭의 세력은 쇠퇴하였고, 헨리 8세의 통치하에 있는 영국 성공회가 세력을 떨치게 되었다. 이처럼 영국의 종교개혁은 헨리 8세가 아들을 바라는 욕심으로 파생된 이혼 사건을 통해서 단행되었다.

헨리 8세에 의해 설립된 영국 성공회는 교황을 인정하지 않는 것 외에 가톨릭과 다른 것이 전혀 없었다. 실상 영국의 종교개혁은 헨리 8세에 의해 주도된 것으로 영국 내에 있는 가톨릭 교회를 영국 성공회의 간판으로 바꿔 달은 것에 불과하였다.

헨리 8세의 결혼 편력

헨리 8세는 앤 볼린과 3년간의 결혼생활 동안 아들을 보지 못하고 엘리자베스(Elizabeth) 공주를 보게 되자 후계자에 대한 불안감과 또 다른 이유로 앤 볼린을 간음죄인으로 몰아 처형하였다. 앤 볼린은 런던에 있는 런던탑(The Tower of London)에서 처형되었고, 헨리 8세는 런던 교회에 있는 햄프턴 코트 궁전(Hampton Court Palace)에서 앤 볼린의 처형 소식을 들었다. 이에 대한 이야기는 '천일의 앤'이란 영화로도 소개되었다.

헨리 8세는 앤 볼린 이후에도 1547년 사망할 때까지 제인 시모(Jane Seymour), 클레베스의 앤(Anne of Cleves), 캐서린 하워드(Catherine Howard) 그리고 캐서린 패르(Catherine Parr)와 결혼하여 아내를 다섯 번이나 갈아 치우는 흔치 않은 기록을 세웠다.

런던탑

햄프턴 코트 궁전

앤 볼린 이후로 헨리 8세는 제인 시모(Jane Seymour)와 결혼하여 그렇게 바라던 에드워드(Edward) 왕자를 낳았으나 불행하게도 제인 시모는 곧 세상을 떠났다. 헨리 8세의 뒤를 이어 9살의 어린 에드워드 6세(Edward Ⅵ)가 왕으로 즉위하자 그 당시에 평의회 의장으로 세력을 떨치고 있던 서머싯 공작(Duke of Somerset)이 어린 왕을 통해 섭정(攝政)을 하게 되었다. 서머싯 공작은 프로테스탄트에 호의적인 태도를 취하였다. 그리고 농민 계급층에 동정적인 입장을 취하여 영국 성공회의 개혁을 시도하여 신앙의 자유를 허용하였다. 서머싯 공작은 1547년에 '6개 조령'(Six Articles Act)을 폐지하고, 성당 안의 화상(畵像) 설치를 금지시켰으며, 1549년에는 사제의 혼인을 허용하였다.

몸이 허약했던 에드워드 6세가 16세의 나이로 사망하자 헨리 8세의 첫 번째 부인의 소실인 메리(Mary, 1553~1558)가 여왕으로 등극하였다. 메리는 자신의 어머니 캐서린이 이혼당한 이후 가톨릭이 배척당하는 것에 대해 무척 분노하였다. 또 가톨릭을 복원시키는 것이 어머니를 위하는 길이라고 생각하였다. 그래서 메리 여왕은 예배 형식을 헨리 8세 시절로 복원시키면서 프로테스탄트를 박해하여 수많은 사람들을 런던탑(Tower of London)에서 처형시켰다. 지금도 런던탑 예배당 건물이 있는 땅을 파헤치면 메리가 처형시킨 시신들을 찾아 볼 수 있을 것이라고 전해지고 있다. 그 당시 사람들은 복수에 혈안이 되어 매일 사람들을 처형하는 메리를 가리켜 '피의 메리'(Bloody Mary)라고 불렀다. 이에 프로테스탄트들은 메리의 칼날을 피하고 신앙 수호를 위해 대륙으로 망명하였다. 메리의 기독교 박해는 영국 민중의 마음속에 로마 가톨릭에 대한 혐오감을 심어 주었다.

종교개혁과 그 이후 영국 왕의 계보

헨리 8세(Henry Ⅷ)	1509~1547
에드워드 6세(Edward Ⅵ)	1547~1553
메리 1세(Mary Ⅰ)	1553~1558
엘리자베스 1세(Elizabeth Ⅰ)	1558~1603
제임스 1세(James Ⅰ)	1603~1625
찰스 1세(Charles Ⅰ)	1625~1649
찰스 2세(Charles Ⅱ)	1649~1685
제임스 2세(James Ⅱ)	1685~1688

웨슬리 시대의 군왕들

윌리엄 3세(William Ⅲ)	1689~1702
메리 2세(Mary Ⅱ)	1689~1694
앤(Anne)	1702~1714
조지 1세(George Ⅰ)	1714~1727
조지 2세(George Ⅱ)	1727~1760
조지 3세(George Ⅲ)	1760~1820

존 웨슬리의 부모는 제임스 2세의 패망 시점에 결혼하였고, 존 웨슬리는 앤 여왕이 등극한 그 다음해에 출생하여 조지 3세가 치리할 때까지 생존하였다.

메리 여왕의 뒤를 이어 엘리자베스(Elizabeth, 1558~1603)가 1558년 여왕으로 즉위하였다. 엘리자베스 여왕은 아버지 헨리 8세와 어머니 앤 볼린의 혼인을 로마 교황청이 인정하지 않았기 때문에 로마 가톨릭에 반감을 갖고 있었다. 따라서 그녀는 메리가 옹호했던 가톨릭을 압박하고 영국 성공회를 옹호하였다. 사정이 이렇게 변하자 메리 여왕 때 망명한 사람들은 그곳에서 칼뱅, 츠빙글리, 블링거, 부서와 같은 종교개혁자들의 영향을 받고 귀국하였다. 엘리자베스는 1563년 39개조(the Thirty-nine Articles)의 종교강령을 발표하고 그것을 영국 성공회의 신앙 표준으로 삼았다. 이들은 교회의 전통보다 성서를 신앙의 기준으로 삼았다. 이런 개혁의 결과로 '청교도들'(Puritans)이라고 불리는 사람들이 나타나게 되었다.

1603년 45년간의 통치를 끝낸 엘리자베스 여왕이 세상을 떠나자, 제임스 1세(James I, 1603~1625)가 왕이 되어 영국 성공회를 옹호하였다. 제임스 1세 치하에서 청교도들의 교회개혁은 무시당했으나 청교도들의 세력은 증가되었다. 1611년에는 그 유명한 '킹 제임스 판'(King James Version) 성서가 번역되었다.

제임스 1세의 뒤를 이어 왕이 된 찰스 1세(Charles I, 1625~1649)가 폭정을 하게 되자 국왕군과 의회군 간에 전투가 발생하였다. 의회파의 지지를 받은 청교도인 크롬웰(Oliver Cromwell, 1649~1660)의 군대가 전투에 승리하자, 크롬웰은 찰스 1세를 참수형에 처하고 영국을 통치하였다. 크롬웰은 양심적이고 위대한 정치가였으나 군사력을 배경으로 한 통치였으므로 국민들은 그의 통치를 진심으로 환영하지는 않았다. 크롬웰의 아들 리처드 크롬웰(Richard Cromwell)이 등극했으나 무능해서 무정부 상태를 만들자 국민들은 청교도주의(Puritanism)를 혐오하였다.

왕정복고로 1660년 찰스 2세(1660~1685)가 즉위하여 영국 성공회를 지지하며 성공회를 강화하였다. 1662년 5월에 '기도서'에 관한 대개혁을 단행하

영국 성공회의 예배 장면

윌리엄 공과 메리

여 '기도서'에 따르지 않는 예배를 금지시켰고, 1664년 '제1비밀집회 금지령'을 내려 '기도서'에 준하지 않는 예배 참석자들을 규제하는 형벌 법규(벌금, 투옥, 추방 등)를 제정하였다. 이러한 규제와 박해에도 불구하고 비국교도들(가톨릭과 같이 영국 성공회에 속하지 않은 교도들)은 계속적으로 집회를 열었다.

1685년 찰스 2세가 죽자 그의 아우 제임스 2세(1685~1688)는 즉위하면서 영국을 다시 로마 가톨릭 국가로 만들려고 하였다. 1688년 제임스 2세가 '신앙 자유 선언'을 모든 교회에 읽도록 명령한 것이 화근이 되어, 영국 국민은 제임스 2세의 딸 메리의 남편인 네덜란드의 오렌지 공 윌리엄(William of Orange)을 초빙하여 제임스 2세에 대하여 저항토록 하였다. 이에 제임스 2세는 견디지 못하고 1688년 11월 5일 프랑스로 도망하였다. 이러한 때(1688. 11. 12)에 존 웨슬리의 아버지 사무엘 웨슬리와 그의 어머니 수산나 앤슬리가 결혼하였다.

윌리엄은 제임스 2세의 뒤를 이어 1689년 2월 13일 영국의 주권자가 되자 1689년 5월에 '신앙 자유령'(Toleration Act)을 발표하였다. 이로써 비

제1장 영국 성공회와 웨슬리의 탄생 17

국교도들의 공적인 예배가 허락되어 성공회 밖에 있던 장로교회와 회중교회 그리고 세례파 교도들이 자유롭게 예배를 드릴 수 있게 되었다. 그러나 로마 가톨릭과 삼위일체를 부인하는 자들은 1829년에 이르러서야 비로소 예배의 자유가 주어졌다. 윌리엄의 '신앙 자유령'으로 말미암아 영국에서 신앙의 자유가 보장되어 명예혁명(Glorious Revolution, 1688~1689)이 완성되었다. 프랑스와 독일은 수십 년간 피의 대가를 치르고 신앙의 자유를 쟁취하였으나 영국은 무혈혁명으로 신앙의 자유를 쟁취하였다. 영국혁명, 명예혁명, 시민혁명 그리고 무혈혁명으로 불리는 이 혁명은 자본주의 발전에 기초를 두고 산업혁명을 진전시키는 계기가 되었으며 의회에 자기 대표자를 보내어 국왕의 부당한 간섭을 배제하고 사유재산권을 인정받게 되었다.

2. 앤 여왕과 웨슬리 탄생

메리(1694)와 윌리엄(1702)이 죽자 메리의 동생 앤(Anne, 1702~1714)이 여왕이 되어 1707년 영국과 스코틀랜드를 합병하였다.

앤 여왕은 영국 성공회를 강력히 수호하는 데 힘을 기울였다. 감리교회의 창시자인 존 웨슬리는 바로 이때, 즉 앤 여왕이 즉위한 다음해인 1703년에 출생하였다. 존 웨슬리는 앤 여왕으로부터 시작하여 조지 1세, 조지 2세, 조지 3세가 통치하는 기간까지 생존하여 활동하였다.

앤 여왕

올드 렉토리

제 2 장

웨슬리의 출생부터 차터하우스까지

제2장 웨슬리의 출생부터 차터하우스까지

1. 웨슬리의 가문과 계보

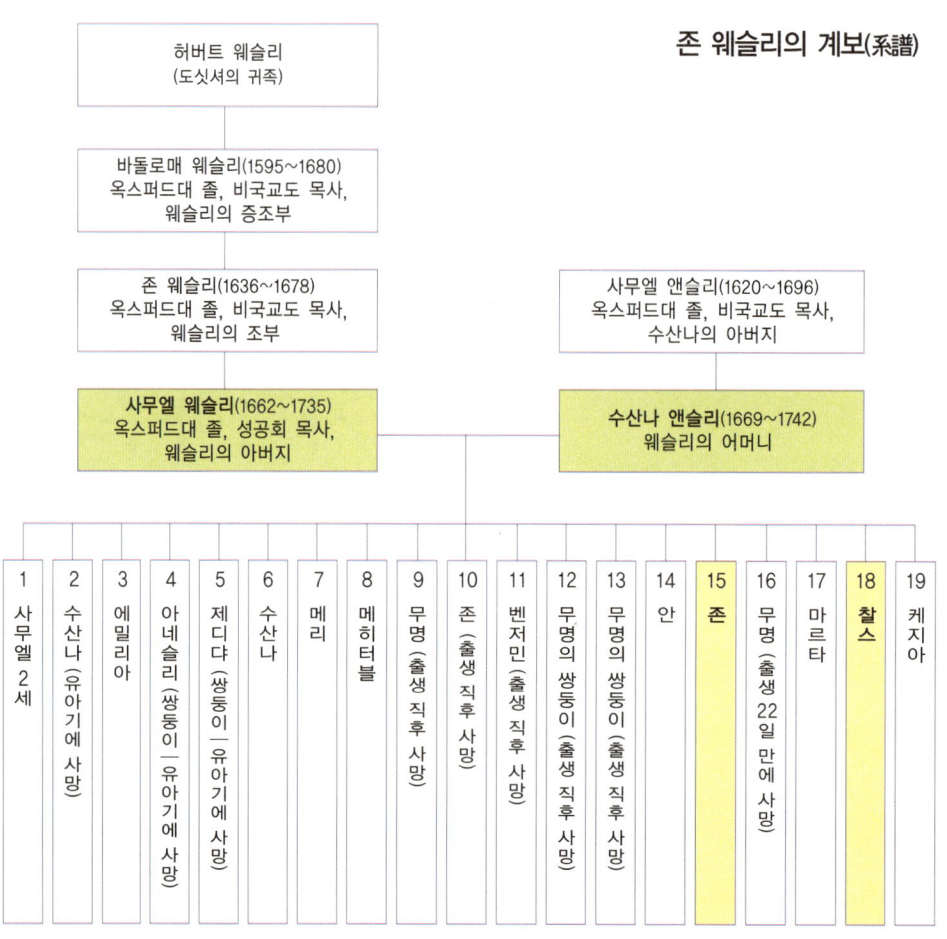

웨슬리는 1703년 6월 17일 영국 중동부에 있는 링컨셔(Lincolnshire)의 엡워스(Epworth)에서 영국 성공회의 사제인 사무엘 웨슬리(Samuel Wesley)와 비국교도 목사의 딸인 수산나 앤슬리(Susanna Annesley) 사이에서 15번째로 태어났다. 19명의 형제자매가 태어났으나 불행하게도 그중에 9명의 형제자매는 어릴 때 사망하고 10명(형제 3, 자매 7)만 생존하였다.

웨슬리의 어원

1066년 영국 동남부에 있는 해스팅스(Hastings)에서 일명 센라크(Senlac)라고 불리는 전쟁이 있었다. 이 전쟁으로 16세 이상의 남자들이 모두 생명을 잃게 되자, 과부가 된 여인들과 어린아이들은 서머싯 백작(the County of Somerset)의 영지 안에 있는 웰스베(Welswe) 또는 웰스레(Welslegh)라는 농장으로 피신하였다. 이 지역은 영국 서남 해안에 있는 도싯셔(Dorsetshire)에 속해 있었다. 1420년 이후부터 웰스베 또는 웰스레가 웰레슬레(Wellesleigh)로 변했으며, 그 후 웰레슬리(Wellesley)와 웰스리(Welsly)라고 불렸다가 1539년부터는 웨슬리(Wesley)로 불리게 되었다. 발음이 잘못되어 한때 웨스트리(Westley)로 불리기도 하였다.[1]

웨슬리의 증조부 바돌로매

확실한 증거는 희박하지만, 존 웨슬리의 가문은 영국 서남 해안 도싯(Dorset) 지방의 신분이 낮은 귀족이었던 허버트 웨슬리 경(Sir Herbert Wesley)까지 거슬러 올라간다. 허버트 경의 어머니 엘리자베스 드 웰레슬리(Elizabeth de Wellesley)는 아일랜드 사람이었다. 허버트 경의 아들이 바돌로매 웨슬리(Bartholomew Wesley)고, 바돌로매 웨슬리는 웨슬리의 증조부가 된다. 그는 1600년경에 출생하였다. 그의 출생지는 그가 청년 시절을 보냈던 브리드포트(Bridport)라는 추론이 있을 뿐, 아직까지 이에 대한 정확한 확증을 찾아 볼 수 없다. 바돌로매는 옥스퍼드 대학에서 고전문학, 의학 그리고 신학을 전공하였다. 도싯셔에 있는 차마우스(Charmouth)와 카터스톤(Catherstone)이라는 마을에서 청교도 목사로 활동했으나, 1660년 왕정복고 시 파면되어 비국교도 목사로서 전도 사업을 하였다. 그의 파면은 젊은 국왕 찰스 2세가 1651년 우스터(Worcester) 전투에서 패한 후 크롬웰에게 쫓겨 라임 레기스(Lyme Regis)로부터 프랑스로 도망가려고 했을 때 찰스 2세의 도망을 방해하였기 때문이다. 이 사건이 왕정복고 후에 문제가 되어 목사직에서 물러나게 된 것이다. 1671년 그가 세상을 떠나기까지 주로 의사 일을 하였으나 때때로 개인적인 집회를 인도하기도 하였다.[2]

웨슬리의 조부 존 웨슬리

웨슬리의 조부
존 웨슬리

바돌로매의 아들인 존 웨슬리는 감리교회의 창시자인 존 웨슬리(John Wesly)의 조부가 된다(존 웨슬리는 자기 이름을 John Wesly로 표기하였다).

존 웨슬리는 1636년 브리드포트에서 출생하였다. 그는 옥스퍼드 대학에서 동양 어학과 신학을 공부하고 1658년 영국 성공회의 사제가 되었다. 그러나 안수례를 받지 않고 회중의 희망에 따라 사제가 되었다(회중의 열렬한 간청과 그 지역 교회법에 따라 도싯셔에 있는 윈터본 화이트처치(Winterbourne Whitechurch)에서 사제로 일하였다).

그가 일을 시작한 지 2년 후 스튜어트 가(Stuarts)의 왕정복고가 실현되었고, 이때부터 웨슬리는 교회에서 설교하는 일이 어렵게 되었다. 그의 교체를 바라는 사람들은 그를 브리스톨의 주교 아이언사이드(Dr. Gilbert Ironside)에게 고발하였고, 웨슬리는 아이언사이드에게 소환되어 심문을 받았다. 그는 전도 활동을 통해 치안을 문란하게 하는 일이 없도록 하겠다는 약속을 하고 돌아왔지만, 회중 가운데 그를 반대하는 자들의 심한 공격으로 성공회를 떠날 수밖에 없었다. 그 후 비국교도들의 작은 교회에서 목회하였으나 그 강단에서도 추방되었다.[3] 존 웨슬리는 영국 성공회 목회자였지만 기도 방식 통일령(The Act of Uniformity)을 거부했다는 이유로 1662년 파직되었다. 그 이후부터 비밀설교자 또는 순회 전도자로 일하다가 아들 사무엘이 8세가 되는 1670년에 그 동안의 피로가 누적되어 34세의 나이로 세상을 떠났다.[4]

사무엘 웨슬리

웨슬리의 부친 사무엘 웨슬리(Samuel Wesley)는 1662년 윈터본 화이트처치에서 출생하였다.

사무엘 웨슬리는 그 당시 인정받는 학자인 헨리 돌링(H. Dolling)[5]이 선생으로 있던 도체스터의 무료학교에서 정식교육을 받았다. 그 후에 비록 짧은 기간이지만 찰스 모턴(C. Morton)이 교장으로 있는 스토크 뉴잉톤(Stoke Newington) 그린에 있는 학교에서 교육을 받았다.[6] 모턴의 학생으로 있던 시절 사무엘은 연 40파운드의 수입이 있었는데, 10파운드는 옥스퍼드 대학의 총장을 지낸 오웬 박사가 보내준 것이고, 나머지 30파운드는 비국교회의 후원금이었다.[7]

사무엘은 비국교회파 학교에서 가장 촉망받는 학자였다. 사무엘 웨슬리는 비국교회가 옳다는 근거를 찾아 성공회를 반박하라는 과제를 부여받았다.[8]

다니엘 디포

「로빈슨 크루소」(Robinson Crusoe)의 저자로 유명한 영국 소설가, 다니엘 디포(Daniel Defoe, 1660?~1731)도 사무엘 웨슬리와 같이 스토크 뉴잉톤에서 공부하였다. 디포는 영국을 비롯하여 유럽의 많은 지역을 여행하였고, 1685년에는 영국을 가톨릭화 하려는 제임스 2세에 대항하여 싸웠으며, 1704년에는 저널리스트로서 그리고 국가정보원으로서 근무하였다. 그는 약 400권의 책을 출판하였으며, 대표작으로는 「로빈슨 크루소」를 비롯하여 「몰 플랜더즈」(Moll Flanders)와 「대영제국의 모든 섬 횡단 여행」(A Tour through the Whole Island of Great Britain) 등이 있다.

「로빈슨 크루소」의 저자 다니엘 디포의 무덤

국교도와 비국교도

헨리 8세에 의해 단행된 종교개혁으로 영국 성공회가 탄생되었다. 이로써 영국 성공회에 속한 교도들을 국교도라고 하고, 영국 성공회가 아닌 타교파, 즉 가톨릭교회, 장로교회, 회중교회, 침례교회 등에 속한 사람들을 비국교도라고 한다. 비국교도는 영국에서 신앙의 자유를 인정받지 못했으나 윌리엄 공의 '신앙 자유령'에 의해 사실상 신앙의 자유를 인정받게 되었다. 그러나 비국교도들이 온전히 신앙의 자유를 인정받기까지는 오랜 세월이 걸렸다.

사무엘의 일화

사무엘은 수중에 8파싱(farthing - 영국의 청동화폐로 1/4페니에 해당됨, 1961년 폐지됨)밖에 남지 않자 절망에 빠져 산책을 나갔다가 옷이 땅에 얼어붙어 있는 8세 소년을 발견하였다. 그는 어린 소년을 끌어안고 혈액순환이 잘되게 손과 발을 비벼주었다. 그 소년은 부모가 세상을 떠난 뒤 아무도 도움을 주지 않자, 굶주림에 시달리다가 기진맥진하여 공원 울타리 아래에 누워 있었던 것이다. 사무엘은 수중에 있는 8파싱을 모두 그 소년에게 건네주며 빵을 사먹도록 하였다. 이처럼 사무엘은 깊은 아량과 동정심을 소유한 사람이었다.

옥스퍼드 엑서터 칼리지 홀

그러나 이를 수행하는 중에 오히려 성공회의 이론이 옳다는 결론을 내리고 성공회 반대파 측에 서 있는 웨슬리 가문의 전통을 떠나 영국 성공회로 전향하였다.9) 이때 그의 나이 21세였다.

비국교도 학교를 떠나자 연 40파운드의 후원금이 중지되었다. 이때부터 사무엘은 경제적으로 궁핍했으며 늘 빚에 쪼들리며 살았다. 사무엘은 1683년 옥스퍼드 대학에 입학하였다. 그는 입학금과 보증금을 내기 위해 가정교사 아르바이트를 하여 45실링(shilling - 약 100원에 해당)을 저축하였다. 옥스퍼드 대학에 다니는 동안 그는 기숙사 비용을 감당할 수 없어 학교에서 쫓겨날지도 모른다는 불안감에 시달리며 공부하였다. 하지만 열심히 공부

고교회주의

고교회주의(the High Church)는 저교회주의(the Low Church)와 반대되는 태도를 취하고 있다. 고교회주의는 교회의 권위나 지배 및 의식을 중시하는 영국 성공회의 사상을 일컫는 것이다. 이들을 고교회주의자 또는 고교회파라 한다. 이와 달리 저교회주의는 복음주의를 강조하고 성찬과 의식 그리고 감독직이나 성직의 권위 등을 비교적 경시하는 또 다른 영국 성공회의 사상이다. 이들을 저교회주의자 또는 저교회파라고 한다. 웨슬리는 이들 가운데 고교회파에 속해 있었다.

세인트 폴 교회

하여 엑서터 칼리지(Exeter College)의 특대 장학생이 되었다.

사무엘은 문학사와 캠브리지 대학에서 문학 석사를 받았다. 그는 부친과 달리 1689년 안수를 받고 사제가 되었다. 그는 교회 제도나 사도전승에 의한 주교의 권위를 존중하여 영국 성공회가 로마 가톨릭주의와 같은 권위를 가진 보편적 교회임을 주장하면서도 로마 교황의 절대 권위를 인정하지 않는 고교회(High Church)주의자였다. 그는 영국 성공회를 자기의 가정과 같이 생각하였다. 그리고 성공회 반대파의 파멸을 바랐다. 그러나 그들에게 권력을 수단으로 사용하는 일은 비난하였다.

1709년 헨리 사치베렐(Henry Sacheverell)이 런던의 세인트 폴(St. Paul's) 교회에서 국왕에게 절대 복종해야 한다며 성공회 반대파를 공격하는 설교를 하였는데, 사무엘은 이를 지지하였고, 사치베렐이 의회에서 비난받게 되었을 때 그를 변호하는 변명서를 초안하였다.

사무엘은 1688년 8월 7일 집사목사(deacon) 안수를, 그리고 1689년 2월 24일 사제목사(priest) 안수를 받았다.10) 1679년 왕권지지파에 가담한 사무엘은 토리(Tory)당에 유리한 정치적 활동을 함으로써 귀족들의 비호를 받게 되었다. 특히 버킹엄 공작인 노르만비(Normanby) 후작의 배려로 링컨셔 사우스 옴소비(South Ormsoby)의 작은 교회에서 목회하였다.11) 1688년 제임스 2세(James Ⅱ)를 옹호하고 혁명에 반대함으로써 그 충성심에 대한 보답으로 오렌지 공 윌리엄의 처인 메리 여왕이 죽기 전에 링컨셔 엡워스(Lincolnshire, Epworth)의 사제로 임명되었다.

사무엘 웨슬리는 경제적으로 매우 궁핍하였을 뿐만 아니라 자녀가 많아 정규 수입 외에 저술을 통해 생계를 도왔다. 최초의 저서는 「예수전」인데 이 책을 메리 여왕에게 헌정하였고, 74세에 욥기에 대한 연구서를 출판하였다. 그

웨슬리의 모친 수산나 앤슬리

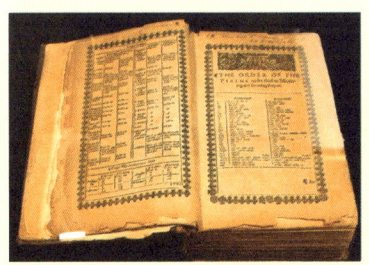

웨슬리의 장인 사무엘 앤슬리가 소유했던 아침과 저녁을 위한 영국 성공회의 공동기도서

사무엘 웨슬리는 1688년 런던 출신의 수산나 앤슬리(Susanna Annesley)와 결혼하였다. 수산나가 사무엘을 처음 만난 것은 그의 언니와 출판가 존 던튼의 결혼식에서였다. 수산나 앤슬리는 성공회 반대파의 지도자격인 목사 사무엘 앤슬리의 25 자녀 중 막내로 태어났다. 수산나의 부친은 런던 교외에 있는 성 자일스(St. Giles) 교회에서 목회하였다. 그는 30년 이상이나 목회하였고 은퇴 후에도 런던에서 성공회 반대파의 목사로서 활동하였다. 성공회 목사와 성공회 반대파 목사의 딸이 결혼하는 것은 쉽지 않았다. 그러나 수산나 앤슬리는 의지가 굳세고 독립심이 강하였다. 그녀는 자신의 결정으로 성공회 반대파에서 성공회로 전향하였다. 그리고 1688년 11월 12일에 메리본(Merylebone)에 있는 역사 깊은 교구 교회에서 사무엘 웨슬리와 결혼식을 올렸다.12)

수산나의 아버지 사무엘 앤슬리   수산나

> But soon He'll break death's envious chain,
> And in full glory shine:
> O Lamb of God, was ever pain,
> Was ever love, like Thine?
>
> Samuel Wesley, 1662-1735.

사무엘의 찬송시

의 아들 존 웨슬리는 이 책의 초판을 여왕 캐롤라인(Queen Caroline)에게 헌정하였다. 여왕은 이 책에 대하여 찬사를 아끼지 아니하였다. 사무엘은 엡워스에서 38년간 목회하면서 15번째로 존 웨슬리(John Wesley)를 낳고, 18번째로 찰스 웨슬리(Charles Wesley)를 낳았다. 소박한 시골 엡워스에서 사무엘 웨슬리는 완성된 교양인으로서 목사로서 그리고 학자로서 아들 존 웨슬리에게 많은 영향을 주었다.

2. 웨슬리 탄생 당시 영국의 시대적 상황

1) 철학적 상황

웨슬리가 출생할 무렵은 과학과 철학이 매우 발전하고 있었다. 그 당시 유럽에는 과거의 전통과 습관을 배격하고, 자유로운 연구 태도와 이성을 존중하는 계몽주의 사상이 팽배하였다. 유럽의 이런 사조는 영국에서 '경험론'(經驗論, Empiricism)과 '이신론'(理神論, Deism)으로 나타났다.

이와 같은 경험론과 이신론의 영향으로 교회의 설교는 감정이 없고, 이성적이며 이론적이고 딱딱하고 지루하였다. 그리하여 그 당시 교인들의 영성은 말할 수 없을 정도로 쇠퇴하였다.

웨슬리는 이와 같은 이신론에 동조하지 않았다. 오히려 웨슬리는 18세기의 지적인 기풍을 이루고 있는 합리주의와 이신론에 대항하여 기독교 신앙을 정화하는 데 노력하였다. 그러나 웨슬리는 자연신론과 이성주의에 대항하여 지적인 공격을 하지는 않았다. 왜냐하면 자연신론자들을 끌어오는 가장 명확한 방법은 논쟁에 의한 것이 아니라 인격적 생활의 산 모범과 성서의 진리에 대한 적극적인 확신에 있다고 믿었기 때문이다.13)

말씀과 청중이 따로 노는 18세기의 영국 사회

2) 사회적 상황

웨슬리가 살았던 18세기의 영국은 과학과 이성의 발달로 산업혁명을 이끌어 내었고 이로 말미암아 아프리카와 인도 그리고 호주를 비롯한 각지에 많은 식민지를 갖게 되었다. 영국은 본래 농업 국가였으나 산업혁명으로 산업화와

경험론

경험론은 진리에 대한 일체의 인식은 경험으로부터 오는 것이라고 하여 경험 이외의 것을 진리로 인식하지 않았다. 경험론은 신은 존재할지 모르나 경험으로는 알 수 없기 때문에 우리는 신의 성질에 대해서 전혀 알 수 없다는 입장을 취하였다. 즉 신을 경험할 수 없기 때문에 신의 존재에 대하여 회의적 태도를 보였다. 이런 사조가 종교적으로 '이신론'으로 나타나 신의 계시와 섭리를 부정하였다.

이신론

이신론의 대표적 사상가 볼테르(Voltaire, 1694~1778)는 "인간은 경험과 이성을 통해 완벽한 사회를 이룰 수 있다"고 주장했다. 이신론은 자연신론(自然神論)을 말하는 것으로 신은 세계를 창조하였으나 이 세계의 일에 직접 참여하지 않고 떠나 있어, 이 세계와 우주는 그 스스로의 힘(자연의 힘)에 의해 작동된다고 보았다. 즉 신은 우주를 창조한 후 관망하고 있으며 우주는 자연법칙에 의해서 작동되는 것으로 보았다. 따라서 이신론은 기독교에서 초자연적인 요소들을 제거하는 일에 몰두하였다.14)

당시에는 밤에 돌아다니다가 봉변당할 위험이 많았다.

공업화가 강조되었고 이로 말미암아 큰 도시들이 여러 곳에 생겨났다. 산업화와 도시화는 영국민의 생활에 큰 변화를 가져다주었다.[15]

찰스 2세가 크롬웰 가의 통치를 와해시키고 왕으로 즉위하는 왕정복고가 실현되자 청교도들의 지나친 엄격주의가 사라지고 정반대로 극단적인 향락주의와 함께 극심한 타락과 부패가 18세기 말까지 계속되었다. 이렇게 된 데는 왕궁의 사치와 음란 그리고 방탕의 영향이 컸다. 실로 18세기 영국 사회의 타락상은 소돔과 고모라 성 또는 희랍이나 로마 말기의 시대상을 연상케 할 정도였다.

① **극장의 타락에 의한 음란문화**

영국 극장가의 여성들은 대부분 매춘부였다. 정조관념의 약화로 가정에 불화가 생겨 이혼과 파혼이 발생하였다. 극장에서 상연되는 프로그램은 모두 음탕하고 저속한 것들이었다. 웨슬리는 이 당시의 극장들을 가리켜 음일 방탕의 소굴이라고 하였다.

② **음행과 도박에 의한 파탄**

뿐만 아니라 외설적이고 음란한 서적이 유행하여 배불리 먹고 침대에 누워서 아침부터 저녁까지 품팔이를 고용하여 음탕한 소설을 듣고 즐기고, 밤에는 정부를 방문하였다. 영국 거리에는 폭행범과 창녀와 술집들이 즐비하였다. 게다가 공원, 극장, 다방 그리고 사람이 모이는 곳에서는 어디든지 도박소리가 들려왔다. 파산자와 실직자가 속출하였고 도둑, 자살, 자포자기, 가정불화 그리고 가정 파탄이 발생하였다. 거리에는 빈민과 걸인들이 들끓었다.

③ 음주와 향락문화에 의한 범죄

매질을 당하는 노예

영국 사회의 타락에 더욱 불을 붙인 것은 음주와 향락문화 그리고 잔인한 동물 싸움에 있다. 시장에서 벌어지는 잔인한 동물 싸움 탓으로 영국 사회는 결투와 폭행이 난무하였고, 불량 청소년들의 행패가 늘어나고, 도둑, 강도, 강간, 성폭행, 상해치사 등의 범죄가 증가하였다. 경찰도 이들의 범죄를 막기에는 역부족이었다. 특별히 독한 술을 마시는 것은 영국 사회의 고질적인 유행병이었다. 웨슬리가 전도할 때 무수한 주정뱅이들의 폭행 때문에 곤경에 처하는 등 어려움을 겪은 것이 한두 번이 아니었다. 이러한 사회의 상업이 건전할 리가 없었다. 이들의 상업은 인신매매까지 손을 대어 1770년까지 약 30만 명의 흑인노예를 미국에 판매하여 수많은 이득을 취하였다.

3) 교회적 상황

18세기에는 행복 추구가 인간 근본의 미덕이라고 생각하는 것이 일반적인 풍조였다. 이런 행복 추구에 대한 의식은 교회에도 영향을 끼쳐 교회의 영성

웨슬리 당시 가난한 자들에게 삶은 고통이었다.

을 상실하게 하였다. 이 당시 성직자는 종교적 영감과 열정도 없이 직업적 의무만 감당히였다. 따라서 교회에서 회개와 중생의 역사를 찾아 볼 수 없었다. 이 당시의 영국 성공회는 영적으로 거의 파멸 상태에 놓여 있었다.

이 결과로 주일은 악마의 장날과 같아서 평일보다 더 추잡한 행위, 폭음, 싸움, 살인 등이 발생하였다. 이로써 우리는 웨슬리 당시의 교회가 얼마나 타락했는가를 알 수 있다. 가장 한심한 일은 교회가 부패한 정부의 도구가 되었다는 것이다.

이처럼 신분과 교육의 차별을 받고 있는 서민은 마치 동물과 같이 위협적인 존재로서 언제 어떤 모양으로 폭발할지 예측할 수 없는 폭도와 같았다. 웨슬리는 이런 사람들을 '우는 사자' 또는 '곰' 이라고 표현하기도 하였다.

웨슬리의 위대한 점은 이들을 구원하기 위해서 사회적 관습을 초월하여 서민과의 접촉을 강행하여 복음 운동을 일으킨 점이다. 웨슬리의 신앙 부흥 운동은 이런 부도덕과 부패를 척결하는 도덕 갱신 운동으로 등장했다. 당시 하층 계급의 영적 상태는 이미 상술한 바와 같이 거의 파멸 상태에 있었으며 상류사회는 회의주의에 빠져 종교를 조소하고 있었다. 이러한 형편에서 웨슬리의 복음 운동은 영국의 도덕과 영성을 회복시키는 것이었다.

성직자의 타락
성직자도 세상 행복을 추구하여 사제보를 채용하여 목회를 대신하게 하고, 자신들은 목사관을 떠나 도회지에서 생활하면서 자신들의 인생을 즐겼다. 교회의 감독들도 이런 사제들을 소홀히 감독하였다.

영국의 신분차별 문화
영국에는 사회적 계급차별과 교육제도의 불균형이 존재하였다. 성공회에 속한 사람만이 명문학교인 이튼(Eton), 윈체스터(Winchester), 옥스퍼드(Oxford), 캠브리지(Cambridge)에 다닐 수 있었고, 하류 계층(Second Class Citizens)과 비국교도들은 사회적 제약을 받아 주로 상공업에 진출하였다. 서민의 존재와 지식층과의 신분적·문화적 차이는 대단했다.

3. 엡워스에서의 생활

웨슬리 일가가 살았던 올드 렉토리의 정원

17세기 링컨셔 지방은 침체된 농촌지역으로, 이 지역의 사람들은 대부분 빈곤하였다.16) 주요 마차 도로에서 멀리 떨어져 있어서 지역이 고립되었기 때문이다. 옥스퍼드 대학교 해리스 맨체스터 대학의 학장 랄프 월러(Ralph Waller)는, 링컨셔 출신으로 만유인력(萬有引力)의 법칙을 발견한 아이작 뉴턴, 항해용 정밀시계를 발명한 존 해리슨, 탐험가 존 프랭클린, 수학자인 조지 블레, 빅토리아 시인인 알프레드 테니슨 등과 같은 인물이 있었지만 링컨셔가 배출한 가장 위대한 인물은 사무엘 웨슬리의 두 아들 존과 찰스라고 하였다.17)

> **엡워스에서의 어려움**
>
> 엡워스 주민들은 사무엘의 목회를 반가워하지 않았다. 왕궁에서 자신들의 토지를 개간하여 1/3은 왕이 차지하고, 1/3은 개간회사에, 그리고 나머지 1/3을 주민들에게 주었기 때문에 엡워스 주민들은 왕에 대하여 불만이 많았다. 그러므로 토리당의 비호를 받는 사무엘 웨슬리가 엡워스에 들어오자 주민들은 사무엘과 수산나의 접근을 싫어하였고, 가능한 한 웨슬리 집안을 괴롭혔다. 주민들은 사무엘의 가정이 경작한 농작물을 불태우고, 젖소를 찔러 죽이거나 가축을 불구로 만드는 등 박해를 가하였다.18)

1697년 사무엘 웨슬리는 왕실의 배려로 목회지를 엡워스로 옮겼다. 링컨셔의 거칠고 무뚝뚝한 주민들을 상대로 목회하는 것이 얼마나 어려운지 웨슬리의 전기 대부분이 서술하고 있지만, 사실 엡워

1. 웨슬리와 관련된 곳을 표기한 엡워스 시내의 약도
2. 엡워스의 관광안내 엽서
3. 웨슬리 관련 안내표지
4. 앤드류교회로 들어가는 길
5. 사무엘이 목회하고 존 웨슬리가 유아기를 보냈던 앤드류교회 전경

제2장 웨슬리의 출생부터 차터하우스까지

스에서의 목회 사역은 큰 목회가 아니었기 때문에 사무엘 웨슬리는 독서와 저술 활동을 할 수 있었고, 자신은 물론 자녀들에게 학문을 사랑하는 자세를 고취시킬 수 있었다. 그리고 그가 링컨셔에 거주한 것이 웨슬리가 옥스퍼드 링컨 대학의 교수로 선출되는 데 크게 작용하였다.[19]

웨슬리가 6세 되던 해, 곧 1709년 2월 9일 목요일 밤 11시에서 12시 사이에 주민들이 목사관을 방화하였다(이미 1702년에도 이들은 목사관을 방화하였다).[20] 이때 수산나는 몸이 불편하여 침실에 누워 있었고, 아버지 사무엘은 혼자서 다른 방에 있었다. 사무엘을 비롯하여 수산나와 다른 자녀들은 모두 화재를 피해 밖으로 나왔으나 존 웨슬리는 불길과 연기 때문에 옷장 위에 올라서서 밖을 내다보고 있었다. 사람들이 사다리를 가져오자고

화재 때 타다 남은 목사관 목재

목사관 화재 시에 구원받는 웨슬리

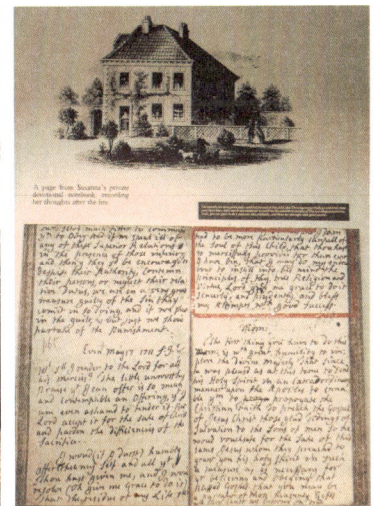

올드 렉토리

화재 후 재건된 목사관 스케치와 수산나가 자신의 사상과 목사관 화재에 대해 기록한 노트

하였으나 그럴 시간이 없어 한 사람이 집 벽에 바싹 붙어 서고 다른 사람이 그의 어깨 위에 올라가서 존을 구출하였다. 웨슬리가 이웃에 의하여 기적적으로 구출되자마자 집이 무너졌다. 존 웨슬리가 극적으로 구출되자 존의 아버지 사무엘은 다음과 같이 외쳤다. "나의 이웃들이여, 다 와서 무릎을 꿇고 하나님께 감사드립시다. 하나님은 우리 아이들 8명의 생명을 구해 주셨습니다. 불에 타버린 집은 단념합시다. 나는 넉넉한 은혜를 입었습니다."(Come neighbours, let us kneel down: let us give thanks to God! He has given me all my eight children; let the house go: I am rich enough!).[21]

후일 웨슬리는 이 사건을 회상하면서 자신을 "불꽃 속에서 타다 남은 부지깽이"(brand plucked from the burning)라고 술회하였다.[22] 그리고 하나님께서 자신을 이런 화재 속에서 살려주신 것은 자신을 통해 하나님의 뜻을 이루기 위함이라고 생각하였다. 이런 경험은 웨슬리로 하여금 강렬한 소명감을 갖게 하였다. 주민들은 용감하고 두려움을 모르는 사제관 일가에게 감명을 받고 그 이후로 더 이상 웨슬리 가족을 괴롭히지 않았다. 화재 후에 목사관은 재건축되었다.

이런 박해의 소년 시절을 통해서 웨슬리는 링컨셔 농민들의 무지와 거칠음, 그리고 아버지가 버릇없이 행하는 폭도를 어떻게 상대했는지, 또 자신이 동네 아이들의 놀림감이 된 경험을 인지하였다. 이런 인지는 웨슬리가 나중에 폭도를 상대하게 되었을 때 도움이 되었다.

4. 웨슬리 가정의 가난과 가정교육

웨슬리의 부친 사무엘은 박봉 때문에 고생을 많이 하였다. 수많은 식솔과 집안 돌보는 일에 무능하였고, 언제나 부채로 고심하였다. 사무엘은 비록 가난하였지만 웨슬리에게 정신적으로 많은 영향을 끼쳤다. 고전문학을 가르쳤고 애정 어린 친구이자 선생으로서 편지를 통해 그를 양육하였다. 특히 책을 사랑하는 마음을 심어주어 웨슬리에게 독서를 장려하였다.

웨슬리의 부모

한편 웨슬리는 훌륭한 어머니를 두었다. 이것은 웨슬리에게 내린 하나님의 복이라 할 수 있다. 웨슬리의 어머니 수산나는 가난과 싸워야 했지만 언제나 온순하고 엄격하였으며 어머니로서의 임무를 다하였다. 수산나는 가정에서 자녀들을 훌륭하게 교육시켰다.

웨슬리는 자신의 모친 수산나를 위대하게 보았다. 그레이스 머리(Grace

가난한 엡워스 생활

어느 날 수산나가 자신의 가락지와 패물을 팔아 부채를 갚으려 하자 사무엘은 주님이 다른 방법으로 부채를 갚아주실 것이라고 말하면서 이를 제지하였다. 한때 버킹엄 공작의 알선으로 구호금을 받은 적도 있으나, 1705년에는 30파운드의 부채 때문에 악의를 가진 자에 의해서 사무엘이 유치장 신세까지 지게 되었다. 그는 유치장 안에서도 죄수에게 전도하였다. 그가 부인에게 쓴 편지 중에서 "아마 세상에서 나만큼 빵을 얻기 위하여 일한 사람은 없을 것입니다"라고 쓴 것을 보아서 그가 가난 때문에 얼마나 힘들어했는지를 엿볼 수 있다. 웨슬리의 가정은 가난했지만 굶는 일은 없었던 것 같다. 웨슬리는 편지에 다음과 같이 쓰고 있다. "먹을 것이 없어서 굶어본 일은 없으니 먹기 전에 그것을 얻기 위

자녀교육의 산실이었던 엡워스 목사관의 부엌

해 수고해야 했고 먹고 난 다음에는 그 값을 갚느라고 큰 어려움을 겪어야만 했다. 때로는 먹는 문제가 나에게는 매우 불쾌한 일이었다."

수산나의 교육

순종을 가르쳐주는 일이 그녀의 교육목표였다. 그녀는 울어야 할 때 아주 작은 목소리로 울 것을 요구하였으며, 집안에서 달리거나 떠드는 일이 없도록 주의를 주었다. 잘못을 저질렀을 때 용서를 구하면 즉시 용서해 주었다. 이처럼 모든 일에 엄격히 규칙을 정해 시행하였고, 하루의 생활을 정해진 일과표에 따라 실천하였다.

그녀는 또한 종교 교육을 착실하게 시켰다. 기도문과 성경을 읽도록 하였고, 식사기도를 하게 하였으며, 경어를 쓰고, 거짓을 말하지 않도록 하였다. 8세에 희랍어 성경을 읽도록 했고, 자신이 발간한 소책자인 「사도신경 해설」과 「십계명 해설」 등을 가르쳤다. 웨슬리는 어린 시절에 어머니께 영어는 물론 독일어, 불어, 라틴어, 히브리어, 헬라어 등을 배웠고 성경을 원어로 읽었다.

수산나는 자녀들에게 매사에 하나님을 두려워하는 마음을 가지도록 가르쳤다. 그리고 가정을 하나의 작은 교회로 여겨, 가정에서 성경 낭독, 기도, 교리문답이 생활의 중심이 되도록 권장하고 실천하였다. 저녁에는 노래 부르기, 재미있는 이야기, 유희로 하루의 노고를 씻어 주었다. 수산나의 온순하고 차분하고 부드러운 성품은 웨슬리 형제로 하여금 그녀의 엄격한 교육 방법에 반항하지 않고 잘 따르도록 했다.[23]

수산나의 독서습관

수산나는 독서를 많이 하였다. 수산나가 즐겨 읽는 책들은 그리스도인의 완전에 대하여 쓴 로렌조 스쿠폴리(Lorenzo Scupoli)의 「영적싸움」(Pugna Splitualis)과 18세기 영국에서 널리 읽혀지고 있었던 헨리 스쿠걸(Henry Scougal)의 「인간의 영혼 안에 있는 하나님의 생명」(The Life of God in the Soul of Man)이었다. 수산나는 「영적싸움」에서 자신을 무(無)로 돌릴 때, 그리고 이 세상으로부터 눈을 돌릴 때 그리스도인의 완전에 도달할 수 있다는 것을 배웠고, 「인간의 영혼 안에 있는 하나님의 생명」에서 그리스도인의 완전은 하나님의 본질인 사랑에 참여하는 것임을 배웠다.[24]

수산나는 존 로크(John Locke, 1652~1704)의 저서도 읽었다. 그 당시 교양인이면 적어도 존 로크의 상식은 있어야 했다. 로크는 그의 철학 체계를 바탕으로 이성주의와 경험주의를 이해하였다. 그리고 파스칼(Pascal)의 「팡세」, 리처드 박스터(Richard Boxter)의 「성인들의 영원한 휴식」(Saints Everlasting Rest) 등을 읽었다. 수산나는 신학과 철학을 이해할 수 있을 만큼 뛰어난 지성을 소유한 여성이었다.

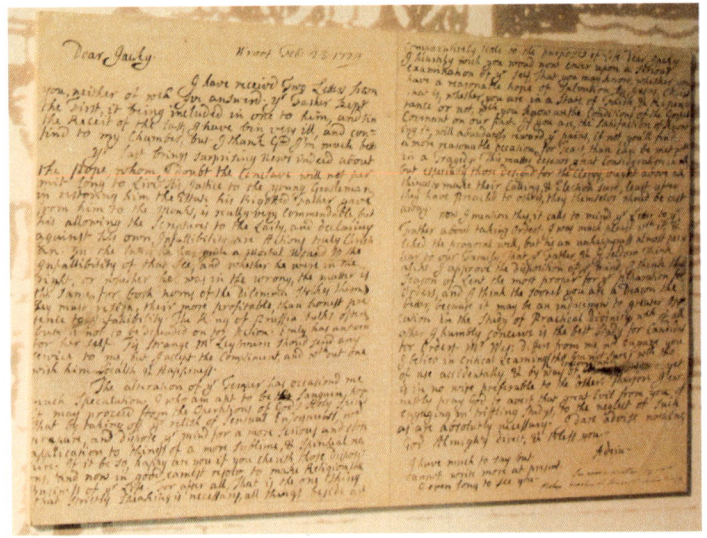

1724년 2월 23일 존이 목사안수 받기 수개월 전에 수산나가 웨슬리에게 보낸 편지

Murray)는 웨슬리가 가장 이상적인 여성이라고 생각하여 혼인하려고 했던 여인이었다. 그 이유는 머리가 수산나처럼 여성적이고 부드럽고, 깨끗하며 정숙한 여성이라고 생각했기 때문이다. 웨슬리는 모든 여성을 수산나라는 거울에 비추어 보았기에 어떠한 여성도 훌륭하게 생각하지 못했다.

웨슬리는 여성에 대해 깊은 존경심과 신뢰를 가졌는데, 이런 태도는 그의 모친을 통해서 얻어진 것이다. 정신적 위기와 신학적 의문에 빠졌을 때 어머니 수산나에게 직접 또는 서신을 통해 상담하는 것이 웨슬리에게는 기본적인 삶이었다. 이와 같이 웨슬리는 신학적이며 철학적인 여러 문제들을 먼저 수산나와 상담하여 풀었다.

수산나의 설교

수산나는 사무엘이 영국 성공회 회원의 한 사람으로 런던에 머물러 있는 동안(1710. 11~1712. 2)에 남편의 승낙 없이 집회를 열어 200여 명의 청중 앞에서 설교하기도 하였다. 처음에는 자녀와 이웃들에게 좋은 서적과 설교를 읽어 주었지만 나중에는 수산나 자신이 직접 설교하기도 하였다.[25] 이런 행동은 고교회주의에 구애를 받지 않으려는 퓨리타니즘적인 영향에서 나온 것으로 볼 수 있다.

먼 훗날 평신도 토마스 맥스필드(Thomas Maxfield)가 웨슬리가 없는 동안 설교를 한 적이 있었다. 웨슬리는 이 문제를 수산나에게 상담하였다. 수산나는 "그 젊은이도 설교를 위해 부름을 받았다. 설교한 결과와 그 열매를 조사해 보고 너도 설교를 들어 보라"고 상담해 주었다. 이것이 계기가 되어 웨슬리는 '평신도 지도자'를 기용하게 되었다.

엡워스에 있는 웨슬리 기념교회

1

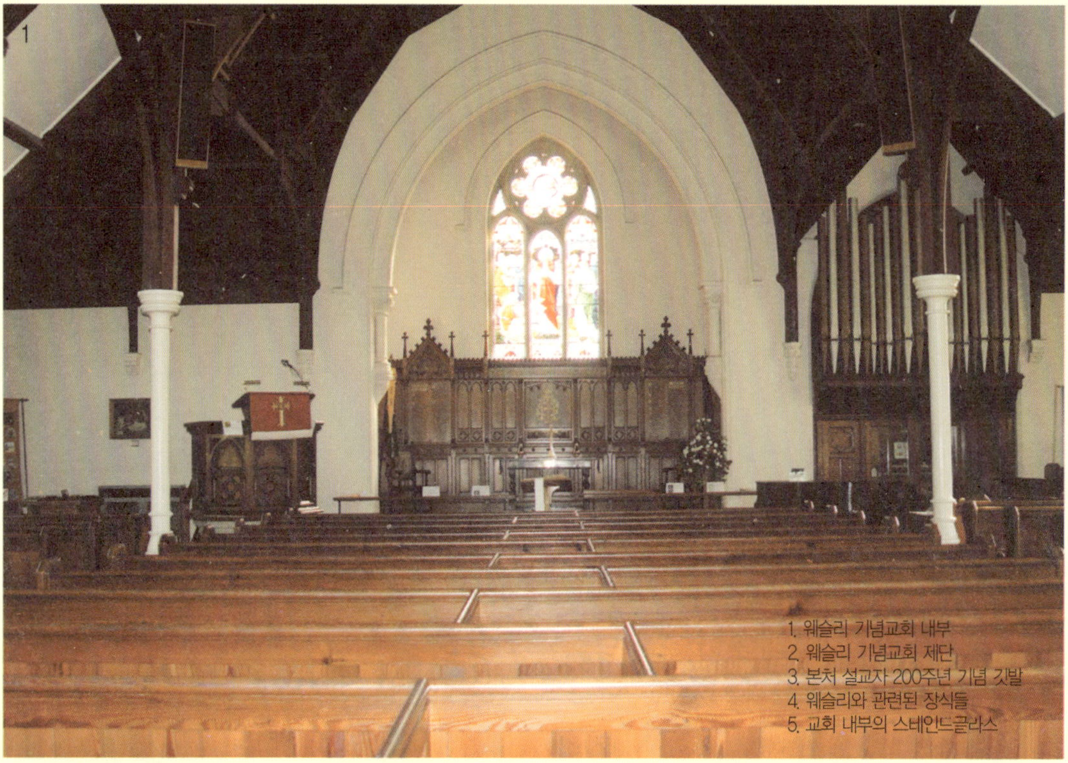

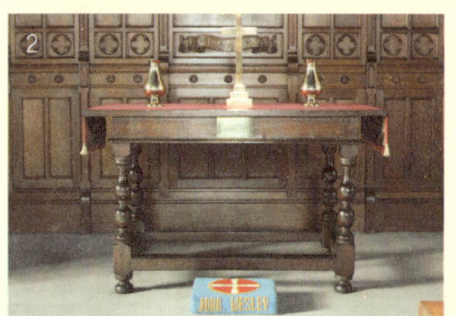

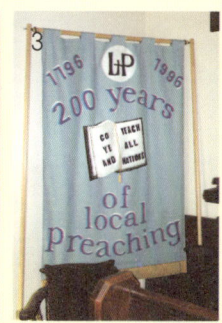

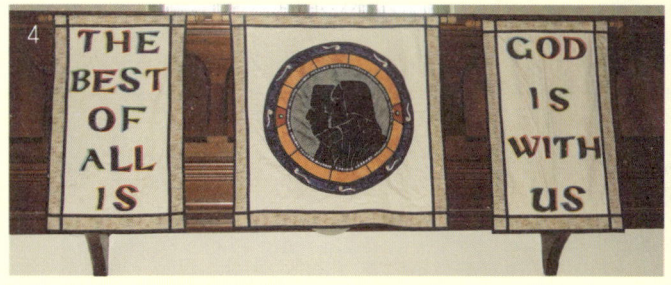

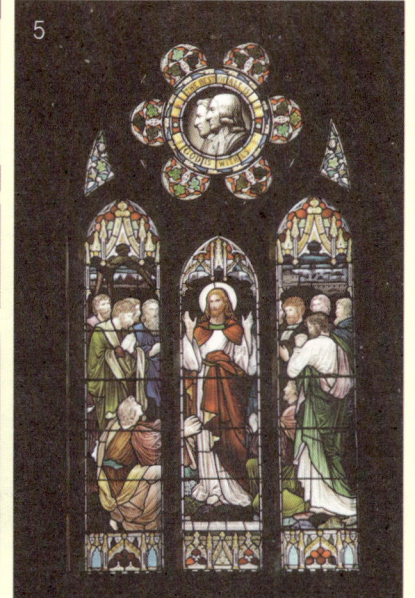

1. 웨슬리 기념교회 내부
2. 웨슬리 기념교회 제단
3. 본처 설교자 200주년 기념 깃발
4. 웨슬리와 관련된 장식들
5. 교회 내부의 스테인드글라스

2

3

5

4

엡워스에서 태어난 감리교 운동가
알렉산더 길함

길함 기념교회는 1944년부터 유스센터(Youth Center)로 사용되고 있다.

6. 웨슬리가 사용하였던 엡워스 중심가의
   레드 라이온 호텔
7. 레드 라이온 호텔에 걸린 웨슬리 사진
8. 레드 라이온 호텔 내부
9. 존 웨슬리 탄생 200주년 기념 동상

제2장 웨슬리의 출생부터 차터하우스까지

웨스트민스터학교

5. 차터하우스(Charter House)의 학창 시절

웨슬리 형제 - 존과 찰스

웨슬리 3형제는 4년 반 동안 런던에 있었다. 웨슬리의 형 사무엘은 웨스트민스터 학교(Westminster School)와 옥스퍼드 대학을 졸업하고 웨스트민스터 학교에서 교편을 잡고 있었다.

존 웨슬리는 10세가 되던 해, 1714년 1월 28일에 버킹엄(Buckingham) 공작의 추천으로 런던의 차터하우스 학교(School of Charter house)에 장학생으로 입학하여 정규적인 교육을 받기 시작했다.26) 그로부터 2년 뒤인 1716년에 동생 찰스 웨슬리도 사무엘 형이 근무하고 있는 웨스트민스터 학교에 입학하였다.

웨슬리가 차터하우스 학교에 다닐 당시의 학교장은 토마스 워커(Thomas Walker) 박사였다. 워커 박사는 웨슬리의 근면함과 양심적이며 규율적인 점을 높이 평가하였다. 웨슬리는 일요일과 공휴일에는 15세나 연장인 형 사무엘과 함께 시간을 보내기도 하였다. 가정의 고상한 정신적 훈련 덕분에 웨슬리는 학교에서 근면하고, 인내하였으며, 관용을 베풀었다. 학교 풍기가 좋지 않

차터하우스 학교

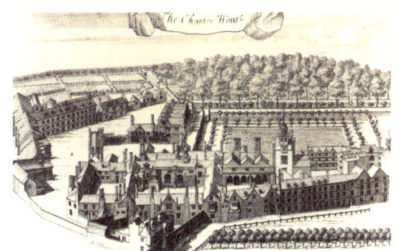

1715년 차터하우스의 모습

런던 시내에 있는 차터하우스 학교는 1371년 위클리프(Wycliffe) 시대에 월터 드 맨니 경(Sir Walter de Manny)에 의해서 설립되었다. 맨니 경은 상당한 신분은 있으나 재산이 없는 사람에게 이 학교를 개방하였다.27) 그 후 소유주가 자주 교체되었으나 1611년에는 토마스 서튼(Thomas Sutton)이 구입하여 몇 동의 건물을 지었고 공원을 새롭게 조성하였다. 그는 노인 환자 80명을 수용하는 시설과 40명을 수용하는 학교 그리고 채플을 건축하였다. 현재 차터하우스는 학교로 사용되지 않으며, 몇 년 전부터 결혼하지 않은 65세 이상 남자들의 숙소로 사용되고 있다.

아 분배된 빵을 빼앗기기도 하였다. 그래서 10세부터 14세까지 소량의 빵밖에 얻어먹지 못했는데, 이러한 사실이 그를 무병하게 만들어 일평생 건강의 기초가 되었다고 고백하였다. 그는 억울한 일을 당할지라도 기쁜 마음과 참는 습관을 길렀다. 그리고 열악한 환경 속에서도 지혜롭게 처신하여 포악한 성질을 습득하지 않았다. 그는 차터하우스에서 다른 사람과 같이 불량한 사람이 되지 아니할 것, 종교에 대해서 호의를 가질 것, 성경을 읽고 교회에 출석하여 기도할 것 등 종교 생활과 인격 형성을 위해 노력하였다.

차터하우스의 최근 모습

차터하우스 시절 웨슬리가 소유했던 신약성경

　재학 시 한 철공장에서 굉장한 폭음을 들었다. 이 철공장은 23년 후에 영국 최초의 감리교회가 되었다. 재학 시 유명한 음악가 헨델과 특별한 교분이 있었다. 특히 헨델은 찰스와 교분이 두터웠다.

　웨슬리는 차터하우스를 졸업한 뒤에도 종종 학교를 방문하여 옛 시절을 회고하며, 친구들에게 편지를 쓰기도 하였다.

　차터하우스는 웨슬리의 제2의 고향이라고 할 수 있다. 그러나 차터하우스에 있는 동안 웨슬리는 신앙적으로 큰 변화가 없었다. 보다 중요한 변화를 체험한 곳은 옥스퍼드 대학이었다.28)

　차터하우스에는 옥스퍼드와 캠브리지 대학에 입학하는 학생들을 위한 장학금 제도가 있었다. 웨슬리가 옥스퍼드의 크라이스트 처치(Christ Church) 칼리지에 입학했을 때 차터하우스는 연 20파운드의 생활보조금을 4분기로 나누어 주었다.29) 1919년 차터하우스 교장을 지낸 프랭크 플레처 신부는 200년 전을 돌아보며 차터하우스 출신 중에 가장 위대한 인물로 웨슬리를 꼽았다.

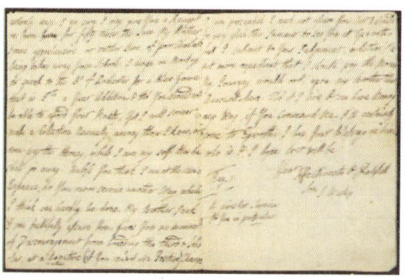

존과 찰스의 학비를 부담하고 있던 사무엘 웨슬리가 그의 아버지에게 보낸 편지(1719. 5. 11)

찰스 웨슬리

찰스 웨슬리와 헨델

헨델(George Frederick Handel, 1685~1759)은 영국에 귀화한 독일 태생의 작곡가다. 그는 오페라, 오라토리오, 기악음악으로 유명하며, 대표작으로는 "메시아"(Messiah, 1741)와 "왕궁의 불꽃놀이"(Music for the Royal Fireworks, 1749) 등이 있다. 음악에 재능을 가진 찰스는 자신보다 22살이나 많은 헨델을 음악가로 존경하고 따랐을 것이다. 헨델 또한 음악적 재능이 있는 찰스에게 관심과 사랑을 주었을 것으로 보인다.

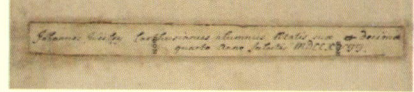

차터하우스 재학 시 웨슬리가 지은 찬송시의 일부분

링컨 칼리지의 안뜰

제 **3** 장

옥스퍼드 대학

제3장 옥스퍼드 대학

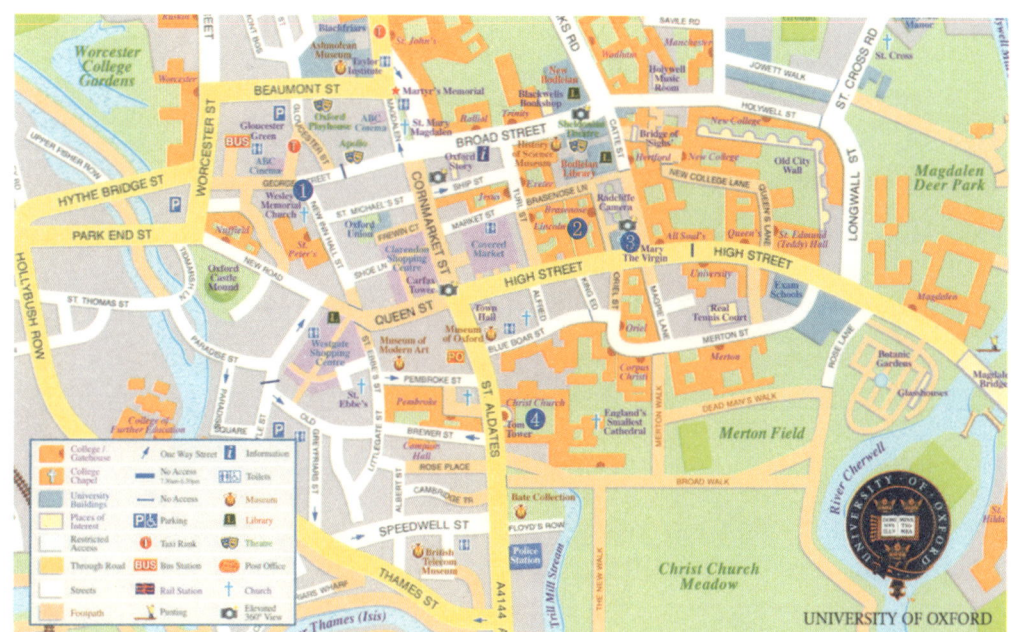

옥스퍼드 대학 지도 - ① 웨슬리 기념교회 ② 링컨 칼리지 ③ 세인트 메리 교회 ④ 크라이스트 처치 칼리지

1. 옥스퍼드 대학 시절

젊은 시절의 웨슬리

웨슬리는 1720년 6월 24일 차터하우스를 졸업하고 그의 영적 고향이 된 옥스퍼드 대학의 크라이스트 처치(Christ Church)에 장학생으로 입학하였다. 웨슬리는 대학에 다니는 동안 형 사무엘의 도움과 차터하우스에서 주는 장학금으로 재정 문제를 처리하였다. 그는 이발료를 절약하기 위해 머리를 길게 기르고 다녔다.[1]

크라이스트 처치 칼리지의 만찬 홀

옥스퍼드 대학의 크라이스트 처치 칼리지

이 칼리지는 원래 헨리 8세 치하에서 가톨릭 신도요, 추밀 고문관이었던 토마스 울지(Thomas Wolsey)에 의하여 세워졌다. 그러나 헨리 8세가 캐서린과 이혼하려고 할 때 토마스 울지가 협조하지 않자 이에 화가 난 헨리 8세는 울지의 재산과 그가 공들여온 카디날 칼리지(Cardinal College)까지 빼앗아 버렸다. 헨리 8세는 1546년 이 칼리지를 크라이스트 처치(Christ Church) 칼리지로 다시 개교하였다. 따라서 크라이스트 처치 칼리지는 국왕과 영국 성공회를 엄격하게 추종하는 분위기를 띠고 있다. 이 칼리지는 일반인들에게 공개되고 있는데, 고색창연한 캠퍼스는 물론 그 규모에 놀라게 된다. 특히 만찬 홀(The Dining Hall)과 예배당(Cathedral)의 아름다움은 극치를 이루고 있다. 만찬 홀 안에는 여러 왕들과 귀족들, 그리고 대학을 빛낸 사람들의 초상화가 걸려 있는데 그중에 웨슬리의 초상화도 걸려 있다.

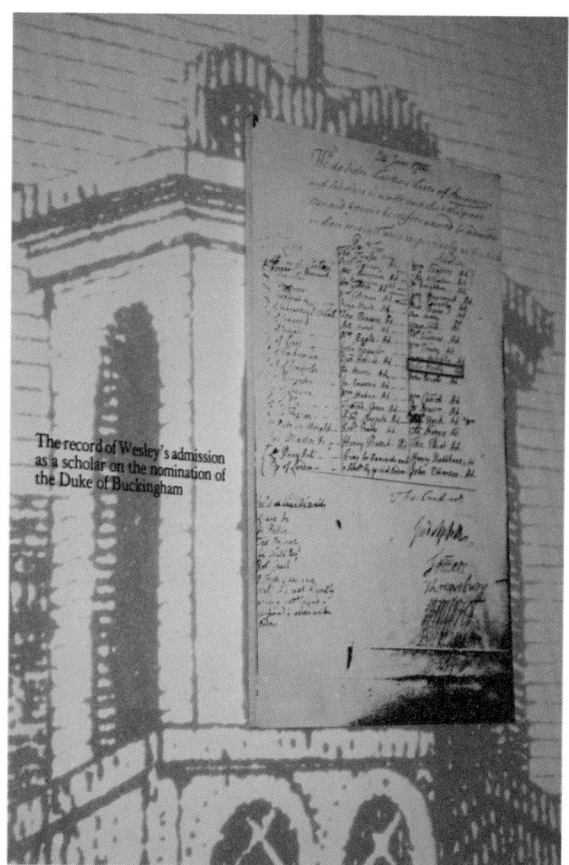
학자로서의 웨슬리에 대한 비킹함 공작의 인준

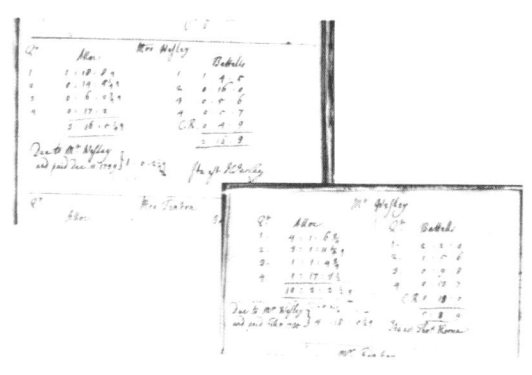
웨슬리의 장학금 내역

웨슬리는 크라이스트 처치 칼리지에서 건강한 편은 아니었지만 승마, 수영, 보트놀이, 테니스, 그리고 산책과 수렵을 즐겼다. 그러나 수중에 들어온 서적들은 거의 다 읽을 정도로 공부 또한 게을리 하지 않았다.

웨슬리는 의사 조지 체인(George Cheyne)의 「건강과 장수에 대한 고찰」(Essay of Health and Long Life)을 읽고 적은 분량의 검소한 식사와 규칙적인 생활을 하기로 다짐하였다.[2] 체인의 이론에 따르면 건강과 장수를 위해서는 먹고 마시는 것을 절제하고 운동을 많이 해야 한다. 체인은 염분이 많이 들어간 음식을 금하고 24시간마다 2파인트의 물과 1파인트의 와인을 마실 것을 권했으며, 또한 고기를 적게 먹고 매일 많은 양의 채소를 섭취할 것을 권장했다. 웨슬리는 체인의 주장대로 적게 먹고 자주 물을 마셨다.

웨슬리는 논리적 재능과 문학에 소질을 보였다. 1724년에 B.A. 학위를 받았고, 졸업 후에도 학자로서의 명성이 있었다.

1725년 웨슬리에게 생의 전환점이 왔다. 성직자가 되느냐 하는 기로에 선 것이다. 웨슬리의 가슴속에는 아직 신의 불꽃이 희미하고 영적 경험을 사모하는 마음이 적었으며 종교 생활도 다만 습관에 지나지 않는다고 생각하였다. 그러던 어느 날 학교 급사와 대화하는 가운데 깊은 감명을 받았다. 입을 것, 먹을 것, 잘 곳이 없어도 하나님께 감사하다는 급사의 말에 감명을 받은 웨슬리는 성공회의 사제가 되기로 결심하고 양친과 상의 끝에 허락을 받았다. 웨슬리의 부모는 성직자가 될 것을 결심한 아들에게 '직업적인 성직자가 되지 말라'는 충고를 하였다. 이 당시 성직자가 되겠다는 웨슬리의 신앙적 각성을 '회심'이라 보고, 이것을 '올더스게이트의 회심'과 구별하여 '첫 번째 회심'이라고 보는 사람들도 있다.

웨슬리는 1725년 9월 19일 옥스퍼드 대학에서 옥스퍼드의 주교 존 포터(John Potter)에 의해 집사사제(Deacon)에 임명될 때까지 학교에 적을 두었다.[3] 집사사제로 임명받은 후에는 1726년 4월부터 9월까지 루트(Wroot, 사무엘 웨슬리는 엡워스 외에도 루트에 있는 교회의 목사직도 겸하였다)로 가서 자주 병으로 고생하는 아버지 사무엘의 목회 업무와 욥기 연구를 도왔다. 그 후에도

루트 교회 정문에 있는 웨슬리 표지판

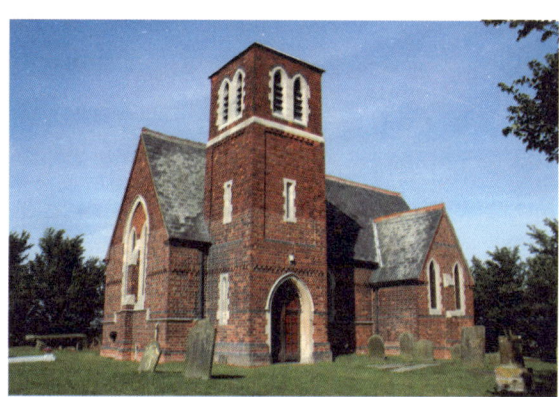
루트 교회

1727년 8월부터 1729년 11월 말까지 부친을 도왔다.[4]

2. 웨슬리와 신비주의

1725년경 웨슬리는 스탠턴(Stanton)에 있는 목사의 딸 사라 킥함(Sarah Kirkham)과 교분을 나누었다. 사라는 웨슬리의 친구 로버트 킥함의 여동생이기도 하였다. 사라는 웨슬리에게 테일러(Jeremy Taylor, 1613~1667) 감독의 저서 「거룩한 삶과 거룩한 죽음의 규율과 훈련」(Rules and Exercises of Holy Living and Holy Dying)과 아켐피스(Thomas ä Kempis, 1380~1471)의 저서 「그리스도를 본받아」(Imitation of Christ)를 소개하였는데, 모두 그리스도인의 완전을 주제로 하여 논술한 책들이다. 1725년은 웨슬리에게 헌신의 결심을 가르친 해라고 볼 수 있다. 웨슬리는 테일러의 책을 읽고 감동하여 깊은 반성과 함께 철저하게 삶 전체를 하나님께 바치겠다는 결심을 하고,[5] 1725년 9월 19일 집사사제의 안수를 받게 된다. 1726년에는 아켐피스의 책을 읽고, 참된 기독교인은 예수를 모방하려 한다는 것을 깨닫고 예수님처럼 살고자 하였다.

그 후에 자신과 동시대인으로서 아르미니안주의와 영국 고교회를 대표한 인물인 윌리엄 로(William Law)의 저서 「그리스도인의 완전」(Christian Perfection)과 「경건하고 거룩한 생활에의 엄숙한 부름」(A Serious Call to a Devote and Holy Life)을 읽고 자신의 삶을 전적으로 하나님께 바치려는 결심을 더욱 강화하였다. 윌리엄 로가 주장하는 그리스도인의 완전은 거룩하고 종교적인 행위를 올바르게 이행하는 데 역점을 두고 있다. 웨슬리의 '그리스도인의 완전론'은 로의 「그리스도인의 완전」을 비롯하여 테일러와 아켐피스의 책에서 영향을 많이 받았다. 우리가 여기서 기억할 것은 이미 언급한 경건주의와 신비주의에 대한 책 외에도 웨슬리는 소년 시절부터 열심히 읽어온 성서를 1729년부터는 더욱 더 열심히 읽고, 성서는 진리에 대한 유일한 표준이요, 종교의 유일한 규범이라고 재확인했다는 점이다.

잠시 웨슬리와 신비주의와의 관계를 살펴보자. 웨슬리는 「그리스도를 본받아」를 읽고 하나님 추구에 대해서는 많은 감동을 받았지만 아켐피스의 경건성이 지닌 타계성에 대해서는 비판적이었다. 아켐피스에 의하면 하나님이 인간을 이 세상에 두신 것은 인간을 끊임없이 비참한 상태에 두고자 함이라는 결론에 이르게 한다. 그러므로 인간이 이 세상에서 행복을 추구하는 일은 죄가 될 수밖에 없다는 것이다. 이에 대해 웨슬리는 "과연 우리는 이 세상에 사는 동안 모든 기쁨을 다 버려야 하는가? 우리의 삶 속에서 일체의 기쁨이 죄라면 누가 기독교에 개종하겠는가?"라는 문제를 제기하였다. 웨슬리는 "내 멍에는 쉽고 내 짐은 가벼움이니라"(마 11:30)는 말씀에 은혜를 받고 우리는 이 땅에서 죄가 되지 않는 한 기쁨을 누려도 무방하다는 생각을 하고, 고난을 미화해서는 안 된다는 입장을 취하였다. 그래서 웨슬리는 하나님이 고난을 통해 인간을 겸손하게 할 수 있으나 고난 그 자체가 선한 것이라고 할 수 없으며 우리는 고난을 극복해야 한다고 보았다.

테일러에게서 웨슬리는 하나님 앞에 양심적으로 서야 함을 배웠다. 웨슬리는 테일러의 조언에 따라 자신의 생활의 모든 순간을 어떻게 사용했는지를 기록하기도 하였다. 고교회주의자인 테일러는 타인으로부터 존경받을 생각을 단념하며, 무시당하는 것을 기뻐하며, 자신을 타인보다 낮고 연약하고 악한 사람이라고 평가하여 자기의 불완전함과 결함에 대해 하나님께 감사해야 한다고 주장하며 우리의 교만을 경계하고 겸손을 강조하였다. 이에 대하여 웨슬리는 인간은 겸손해야 하나 인간 상호간의 상대적 관계 속에서는 겸손도 상대적이어야 한다고 생각했다. 웨슬리는 무신론자 앞에서 나는 악한 사람이며, 그 사람보다 불필요하다고 말하는 것은 모순이라고 보았다.

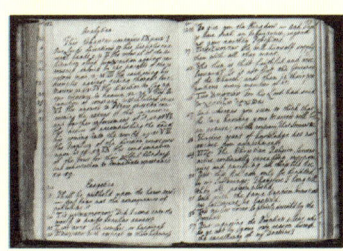

웨슬리의 독서습관

웨슬리의 성경에 대한 숙고 노트(약 1725년)

웨슬리 연구가 그린(V.H.H. Green)은 그의 저서 「젊은 웨슬리」(Young Mr. Wesley)의 부록 1편에서 웨슬리가 1725년부터 1734년 사이에 읽었던 총 580여 권의 책과 희곡 목록을 기록하였다. 웨슬리는 독서광이라고 할 수 있다. 성서는 물론 초대 교회 교부들의 저술만이 아니라 종교개혁기와 현대 신학의 저술도 읽었다. 그는 모든 책을 두 번씩 읽는 습관을 가지고 있었다.[6] 처음에는 책을 재빨리 훑어 내려가 대략적 의미를 파악하고, 두 번째 읽을 때는 요점정리를 하면서 중요한 문장은 따로 적어 놓았다.

웨슬리는 옥스퍼드의 링컨 칼리지(Lincoln College)의 튜터(tutor)로 있을 때, 윌리엄 로(William Law)를 만나 그의 책을 읽고 정신적인 지도를 받았다. 웨슬리가 본격적으로 신비주의에 접근하게 된 것은 이때부터라고 볼 수 있다. 웨슬리는 신비주의적 서적을 읽으면서 완전 추구를 생애의 목적으로 삼아야 한다고 생각하였다. 이런 생각은 로의 저서에서 많은 영향을 받았다. 로에 의하면 완전은 모든 사람이 추구해야 하는 것이며, 각자 특유한 환경 속에서 완전을 추구해야 한다. 완전 추구에 결정적으로 요구되는 것은 의지의 내적 경향이다. 즉 목표에 도달하는 것이 중요한 것이 아니라 그것을 추구하는 자체가 중요하다. 웨슬리는 이 책의 영향으로 이 세상에서의 완전은 불가능하고, 인간은 다만 일생을 통해 자기 노력으로써 완전을 추구해야 되는 것으로 생각하였다. 그러나 인간은 죽음 직전 또는 죽음의 순간에야 비로소 완전에 도달할 수 있을 것으로 생각하였다.

얼마 지나지 않아, 웨슬리는 신비주의에 혐오를 느끼게 되었다. 그는 신비주의자들이 기독교 최대의 적이며, 기독교에 치명상을 줄 수 있다고 생각하고 신비주의에 관한 독서를 포기하였다.[7]

웨슬리는 그의 편지에서 "내가 신앙의 파선을 겪을 뻔했던 암초는 신비주의자들의 서적이었다"고 쓰고 있다. 웨슬리가 신비주의에서 받은 영향은 실제적인 삶 속에서 성결케 되는 것이다. 즉 온 마음과 뜻을 다하여 하나님과 이웃을 사랑하는 생활은 이 세상 삶 속에서 추구되어야 한다는 것이다.

신비주의와의 결별

신비주의에 혐오감을 느낀 이유는 첫째로 신비주의는 하나님과 영혼의 영적 일치를 설명함에 있어서 지나치게 관능적인 용어와 비유 그리고 화상을 사용했기 때문이다. 성결을 사랑하고 존중했던 웨슬리는 이런 것들을 혐오했다. 둘째로 신인(神人) 일치란 인간이 겸허하게 하나님 사랑의 의지를 향해 신뢰와 복종으로 정진하여 나가는 것이지, 바닷물 속에 한 방울의 물이 떨어져 흡수되듯이 인간이 대해(大海) 속에 흡수되어 그 인격을 상실해 버리는 것이 아니라고 생각했기 때문이다. 셋째로 웨슬리는 교회적 신앙을 중시했지 명상에 중점을 두지 않았다. 다시 말해 은혜의 수단인 교회나 성례전을 중히 여겼을 뿐 신비주의적 경험에 빠져 주관주의로 전락하는 것을 경계했다. 이처럼 웨슬리의 신앙은 하나님과의 깊은 교제의 경험 속에서도 마르틴 부버(Martin Buber)의 '나와 너'의 형태로서의 만남의 신앙이다.

3. 신성클럽(Holy Club)의 조직과 활동

1725년 9월 19일 집사사제의 안수를 받은 후, 루트와 엡워스에서 부친의 목회 업무와 욥기 연구를 돕던 웨슬리는 1726년 3월 25일에 링컨 칼리지의 '펠로우'(Fellow, 교수와 행정직을 함께하는 담당하는 특별 연구원)로 선발되어 학생들의 교육을 담당하였다.

'펠로우'로 선발되는 것은 아주 명예로운 일이었다.[8] 1726년 소랄드 교수가 사임함에 따라 링컨 칼리지에 교수직 공석이 생기게 되었다. 이 교수직은 전통적으로 링컨셔 출신이 맡아왔기 때문에 사무엘은 그의 아들이 옥스퍼드 대학의 교수가 될 수 있다는 희망을 가지

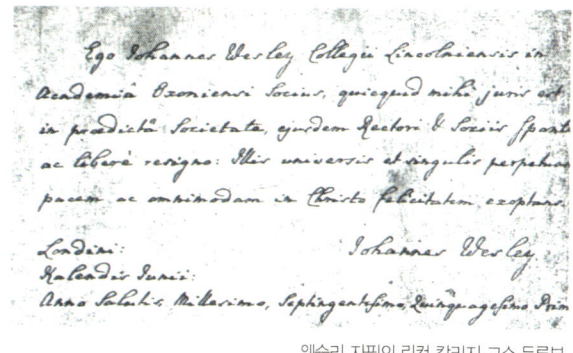

웨슬리 자필의 링컨 칼리지 교수 등록부

고 링컨셔 근처에 살고 있는 링컨 칼리지의 몰리(Morley) 학장에게 연락을 취했고, 웨슬리의 형 사무엘도 링컨 지역의 주교와 교수직을 사임하는 소랄드 교수의 아버지를 만나 웨슬리를 소개하였다. 1726년 3월 17일 웨슬리가 링컨 칼리지의 '펠로우'로 선출되자 온 가족이 기뻐하였다. 아버지 사무엘은 너무 기뻐 그의 경제 사정을 넘어서는 12파운드의 거금을 웨슬리에게 보냈다. 웨슬리 역시 기뻐하며 그 동안 자기를 돕기 위해 고생한 형 사무엘에게 감사하는 편지를 썼다.

링컨 칼리지의 '펠로우'가 된 웨슬리는 희랍어 강사의 직과 토론회의 심판장으로 임명되어 학생들의 토론을 비평하고 평가해 주었다. 그는 '펠로우'로 있는 동안 대학원 과정을 이수하여 1727년 2월 14일에 석사 학위를 취득하였

1

1. 링컨 칼리지 채플
2. 링컨 칼리지의 안뜰
3. 건물 벽에 있는 웨슬리의 반신상
4. 웨슬리 룸이 실제로 있던 곳을 표시한 돌
5. 링컨 칼리지 홀
6. 웨슬리 룸의 내부

옥스퍼드 대학의 링컨 칼리지

링컨 칼리지는 웨슬리가 1726년부터 조지아 주 선교를 위해 잠시 떠나 있는 기간을 제외하고, 1751년 2월 18일 버질 부인과 결혼하기 전까지 약 25년간 '펠로우'로 봉직했던 학교다. 링컨 칼리지를 방문하면 웨슬리가 머물렀던 건물의 2층 벽에 웨슬리가 머물렀다는 표지석을 볼 수 있다. 또한 바로 옆 건물 벽에도 웨슬리의 반신상을 조각해 놓았다. 1926년에 미국 감리교인들은 웨슬리의 링컨 칼리지 사역을 기념하여 링컨 칼리지에 웨슬리 룸(Wesley's Room)을 복원하였다. 여름에 담쟁이로 둘러싸인 링컨 칼리지는 한 폭의 그림처럼 아름답다. 웨슬리가 식사를 했던 다이닝 홀(The Dining Hall)과 때때로 예배를 드렸던 링컨 칼리지의 채플은 방문할 가치가 큰 장소다.

크라이스트 처치 칼리지 학생 시절의 찰스 웨슬리

다. 석사 학위를 취득한 다음해인 1728년 9월 22일에 웨슬리는 영국 성공회 정회원 사제(Priest)로 안수를 받았다.

링컨 칼리지로부터 휴가를 얻은 웨슬리는 1727년부터 또 한번 루트와 엡워스로 가서 아버지 교회에서 목회를 돕고 있던 중, 링컨 칼리지의 학장 존 몰리(John Morley)는 대학 교원이 부족하자 1729년 10월 21일에 웨슬리에게 긴급한 서신을 띄워 그를 옥스퍼드로 초청하였다. 웨슬리는 이에 응하여, 11월 22일에 링컨 칼리지로 돌아와 튜터(Tutor)의 일을 담당하였다. 이런 기회를 통하여 웨슬리는 히브리어, 아람어, 희랍어, 라틴어, 논리학, 윤리학, 철학, 물리학, 웅변학, 시, 신학 등 연구 영역을 넓혀 공부하였다. 그는 방탕하거나 사치스러운 생활을 하지 않았으며, 부모의 훈계를 명심하고 학우들 간에 인기와 우애가 있는 모범적인 인물이었다. 때때로 보내오는 부친의 격려 편지는 웨슬리 형제로 하여금 위대한 종교 지도자가 되게 하였다.

웨슬리가 다시 대학으로 돌아왔을 때 찰스 웨슬리는 1727년 옥스퍼드 대학의 크라이스트 처치 칼리지(Christ Church College)에 입학하여 '신성클럽'(Holy Club)을 결성하여, 동료들과 일정한 시간표를 만들어 학과와 종교적 의무를 규칙적으로 실행하였다. 그로부터 얼마 후에 '펠로우' 생활을 하고 있던 존 웨슬리는 동생 찰스가 조직한 '신성클럽'의 실질적인 지도자로 추대되었다.

신성클럽 회원들은 웨슬리의 지도에 불만 없이 잘 따라주었다. 이 클럽은 성경 연구, 훈련과 명상, 기도와 예배 등을 시행했다. 신성클럽의 회원들이 규칙적으로 이러한 일들을 하였기 때문에 사람들은 이들을 "법식주의자" 또는 "규칙쟁이"(Methodist)라고 불렀는데, 이 이름이 오늘날 감리교회의 공식 명칭이 되었다.

클럽 회원 중 고교회주의자이며 교회교부 연구가인 존 클레이턴(John Clayton)은 초대 교회에서 예배의 중심을 이루는 것은 성찬 예식임을 밝히고 성공회도 개혁해야 한다고 주장하

신성클럽에 대한 진술을 담은 '옥스퍼드 메도디스트' 팸플릿

신성클럽

신성클럽 모임

찰스 웨슬리의 제안으로 3명의 학생들이 1주일에 4일간 저녁에 모여, 고전과 신약 성서를 원어로 읽고, 신앙 서적을 토의하였다. 그 3명의 학생들은 로버트 킥함(Robert Kirkham), 윌리엄 모간(William Morgan), 찰스 웨슬리(Charles Wesley)였다.

신성클럽은 칼리지(college)의 연구원과 학생들 그리고 거리의 남녀들 - 제임스 하비(James Hervey), 벤저민 잉험(Benjamin Ingham), 존 클레이턴(John Clayton), 존 화이트램(John Whitelamb), 웨스트리 홀(Westley Hall)과 같은 사람들 - 이 새롭게 참여함에 따라 점차 확대되어 그 수가 17명에 이르게 되었다.[9]

신성클럽의 첫 사업은 함께 성서를 읽고, 찬송을 부르며, 서로 격려하고 권면하는 것이었다. 성경을 너무 열심히 연구하여 '성경벌레'란 조소까지 받았던 이들은 하나님의 말씀대로 생각하고 말하기에만 힘썼다. 처음에는 일요일 저녁에만 모였지만 나중에는 매일 밤 6~9시에 모여서 기도하고, 희랍어 성경과 고전 문학을 연구하고, 전날 공부한 것을 복습한 다음, 다음날 순서를 정하고 식사하고 헤어졌다. 매주 한 차례 성찬식을 거행하고, 1주일에 2회 금식하며 자기반성과 하나님의 뜻을 구하였고 선행에 힘썼다.

메도디스트

"메도디스트"라는 말은 존 웨슬리보다 찰스 웨슬리가 먼저 들었다. 당시 휘그(Whig) 정부의 지지자들이 여러 칼리지(college)에 잠입하고 있었는데, 대학의 사상과 신앙의 입장이 신성클럽의 출현에 의해 오도되는 것을 두려워한 당국자들은 웨슬리 일파를 환영하지 않았다. 그래서 신성클럽을 멸시하고 조롱하는 의미로 '메도디스트'라고 부른 것이다. 이들의 활동에 대하여 신성클럽(Holy Club), 경건클럽(Godly Club), 성찬형식론자(Sacramentarian), 그리고 신앙회(Religious Society)를 연상시키는 개혁클럽(Reforming Club) 등 여러 가지 별명이 붙었다.[10]

웨슬리가 콘월에 있는 6세 소년에게 그의 선행을 격려하기 위해 준 6펜스 동전

였다. 그래서 이들은 할 수 있는 대로 자주 성찬 예식에 참여하고, 시간표에 따라 성서를 읽고 기도하는 등의 규칙적인 생활을 하였다. 매일 매일 시간을 합리적이고 규칙적으로 사용하는 것은 웨슬리의 완전 추구의 일환이었다. 웨슬리는 시간을 규칙적이고도 유효하게 영혼 구하는 일에 사용하였다. 그는 이를 수도원에서처럼 현세를 떠나서 하는 것이 아니라, 세속의 격렬한 활동 속에서 시행하였다.

신성클럽 회원들은 모간(William Morgan)의 제의에 따라 매주 1~2회 감옥의 죄수를 방문하여 예배를 드리고 성찬식을 집행하며 죄수들에게 물질적 구제를 하였으며, 병자도 위문 방문하였다. 어느 날 웨슬리는 남루한 옷을 걸친 채 배가 고프고 옷도 없다며 구걸하는 소녀를 만났다. 그 후 자신의 서재에 있는 훌륭한 그림을 보며 자책하였고, 수입 중 최소 경비를 제외하고 전액을 구제비로 썼다. 뿐만 아니라 거리의 어린이들을 불러서 공부를 도와주었다. 웨슬리는 가난한 사람들을 위한 구호 기금을 마련하기 위하여 1페니의 돈도 절약하였다. 또한 웨슬리 형제는 여비를 절약하기 위하여 옥스퍼드에서 엡워스까지의 먼 길을 도보로 여행하였다.[11]

휫필드와 웨슬리의 만남

1735년에 이르자 휫필드(George Whitefield, 1714~1770)를 포함하여 메도디스트의 산

실이 된 신성클럽의 회원은 30명이 되었다. 1732년 8월 26일 오랜 병고와 정신착란증으로 윌리엄 모간이 사망하자 옥스퍼드의 학생들 사이에는 그의 죽음에 대한 책임이 신성클럽 회원들에게 있다는 소문이 퍼졌다. 소문의 진상은 웨슬리의 지나친 금식에 대한 권고와 강요가 건강을 해롭게 하여 모간이 죽었다는 것이다. 웨슬리는 이 뜬소문과 헛소문을 부정하기 위하여 모간의 부친에게 편지를 써서 납득시켰을 뿐만 아니라 그를 메도디스트의 회원이 되게 하였다.

실제로 모간은 반년 정도 금식을 했을 뿐 그의 몸이 위독한 상태에 있었기 때문에 1년 반이나 금식하지 않았다.[12] 모간의 부친 리처드 모간은 웨슬리의 서신을 통해 옥스퍼드의 신성클럽에 대해 의문을 풀고, 그의 젊은 아들 리처드를 웨슬리의 보살핌에 맡겼다. 이로써 윌리엄 모간의 사망으로 야기된 문제가 해결되었다. 여기에 더하여 그 당시의 영적 지도자 윌리엄 로는 팸플릿을 만들어 옥스퍼드의 신성클럽을 변호하고 옹호하였다. 로는 신성클럽의 생활 기준은 복음, 성서, 그리고 앵글리칸적이며 초대 교회적인 교회임을 강조하였다.[13]

신성클럽은 계속해서 초대 기독교 및 성공회의 본래적 습관에 따라 기도와 금식 그리고 성찬 수찬을 이행하였으며, 초대 교회를 본받아 가난한 자, 병든 자 그리고 갇힌 자를 돌보았다. 그리고 될 수 있는 한 하나님의 영광을 위해 시간을 바치며, 새벽에 일어나 하루의 시간표를 작성하고 그대로 행동하였다. 1732년 윌리엄 로가 방문한 이후 웨슬리의 제2차 회심 전까지 그와의 교제가 계속되었다. 로의 저서의 영향으로 웨슬리는 하나님께 영혼과 육신과 재산, 모두를 바치기로 결심했다. 로에게 있어서 완전 추구는 하나님에 대한 인간의 지적 복종이 중심을 차지하고 있었다. 로는 그리스도의 왕국에 이르기 위해 온 힘을 기울이도록 독자들에게 호소하였다.

그러나 로가 웨슬리에게 의인의 신앙을 말하지 않은 점에 대하여 웨슬리는 불만을 가졌다. 웨슬리는, 로는 참된 신앙을 갖지 않았으며 예수 그리스도 이외의 것에 신앙의 기초를 두고 있는데 이와 같은 신앙은 악마나 가롯 유다의 것이라고 공격하였고, 로가 말한 기독교는 율법주의이며 인간을 구원하는 것이 아니라 점점 더 죄의 노예로 만들어 가고 있다고 공격하였다. 이에 대하여 로는 자신이 의인의 신앙을 말하지 않은 것이 아니며, 자기 신학과 가까운 독일신학을 읽어보라고 웨슬리에게 권면하였다. 그러나 웨슬리는 모라비안의 지도자인 피터 뵐러(Peter Böhler)와 만나 교제를 나눈 이후부터 더 이상 로와 교제를 나누지 않았다.

4. 신성클럽의 해체

신성클럽의 회원 휫필드(George Whitefield)는 웨슬리보다 먼저 종교적 체험을 하였다. 그러나 웨슬리 형제에게 고백하거나 가르쳐 주지 않았다. 그 이유는 웨슬리 형제가 자기보다 학식으로나 사회적 지위로 우월하다고 생각한 점도 있었으나 웨슬리 형제가 북미로 건너가 서로 떨어져 있었기 때문이다.

엡워스와 루트의 두 교회를 돌보고 있던 존의 부친 사무엘 웨슬리는 몸이 현저히 쇠약해짐을 느끼고, 맏아들 사무엘에게 자신의 후계자가 될 것을 제안하였으나 사무엘은 교사직에 머물겠다는 이유로 거절하였다. 그래서 1733년 아버지 사무엘은 존에게 엡워스 교회의 목회 후계자가 될 것을 요청하고 웨슬리의 의중을 물었다. 그러나 웨슬리는 이 당시에 아버지의 제안에 대하여 특별한 의사를 표명하지 않았다. 웨슬

웨슬리 아버지의 무덤

리의 아버지 사무엘은 존 웨슬리에게 목회를 승계하지 못한 채 1735년 4월 25일 별세한다.

1735년 10월 웨슬리 형제가 북미 조지아의 선교사로 떠나게 되자 신성클럽은 해산되었다. 휫필드도 1738년 2월 조지아로 떠났다. 신성클럽의 목적은 먼저 자신들의 영혼

옥스퍼드 근교에서 웨슬리가 처음으로 설교한 플리트 마스톤 교회

을 구하고 다른 사람들의 영혼을 건지는 일이었고, 웨슬리가 신성클럽을 통해 지향한 바는 인간의 생의 목표는 할 수 있는 대로 행복하게 되는 것이며, 그러기 위해서는 최대한 성화의 길을 가는 것이다. 웨슬리에게 행복이란 하나님을 사랑하는 일이며, 하나님을 사랑하기 위해서는 하나님이 거룩하신 것과 같이 우리도 거룩해야 하기 때문이다. 따라서 인간의 삶은 거룩해야 한다.[14]

아직 웨슬리는 믿음으로 의를 얻는 것과 성령의 증거에 대한 도리를 경험적으로 깨닫지 못했다. 이 경험은 훗날 모라비안 교파 목사의 말과 마르틴 루터의 유명한 주석서로 얻게 된다. 이 무렵 웨슬리의 신학 사상은 성찬의 포도주와 떡이 변한다는 것 외에 영국 성공회의 것과 같았으며, 성경 이외의 교회 전설이나 사도들의 교훈도 엄수해야 된다고 믿었다. 그리고 미국 조지아 선교 여행 중, 그 동안 심취하였던 윌리엄 로의 신비주의를 버리게 된다.

이 당시의 웨슬리는 성서를 구원을 위한 유일한 권위로 생각하였다. 그는 하나님의 말씀에서 양심의 소리를, 그리고 궁극적이며 진지한 실존의 문제를 경청하였다. 그러나 아직 구원의 문제를 진지하게 고려하지는 못했다. 그는 언제나 하나님을 위한 사랑에 대해서 말하였지만, 하나님의 사랑에 대해서는 결코 말하지 않았다.[15]

그러나 옥스퍼드 대학에서 웨슬리 형제에 의해 조직된 신성클럽의 신앙과 생활이 처음에는 한 대학을 깨우쳤고, 그 다음에는 영국 전역에 믿음의 불을

웨슬리 기념감리교회

웨슬리가 설교했던 곳을 알리는 돌판

일으켰으며, 나중에는 북미 대륙과 전 세계에 복음의 빛을 비추었다는 점을 부인할 수 없다. 실제로 신성클럽은 감리교 신앙 운동과 감리교회의 모체가 되었다.

웨슬리가 사이몬에 처음 도착하여 기도했던 곳

제 4 장

조지아 주에서의 목회와 선교

제4장 조지아 주에서의 목회와 선교

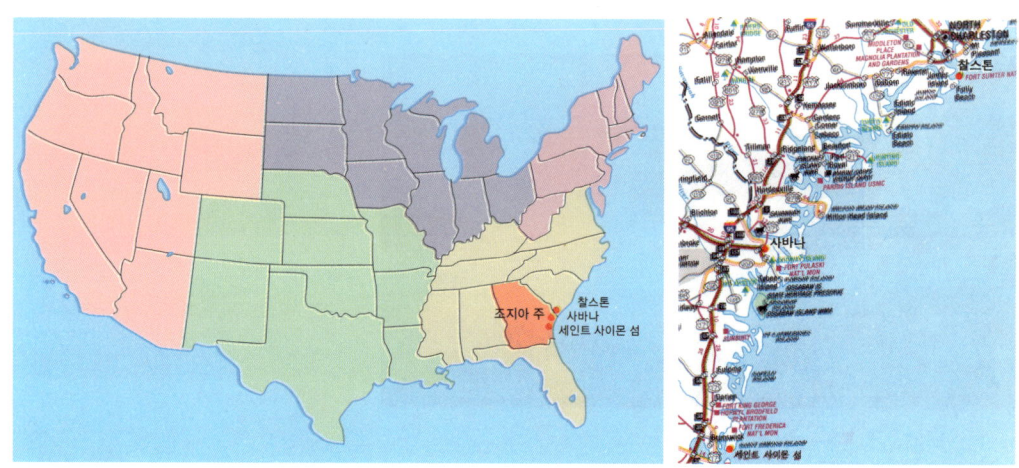

웨슬리의 미국선교지였던 조지아 주 사이몬, 사바나, 찰스톤 지역

1. 조지아 주 선교사로 가게 된 이유와 배경

1734년 10월 16일 아버지 사무엘은 자신의 목회를 아들 존에게 물려주고 은퇴할 생각을 하고 웨슬리에게 엡워스에서 살 것을 제안하였다. 사무엘만이 아니라 그 지역의 많은 빈곤층도 웨슬리를 사랑하고 존경하고 있었기에 그들의 목회자가 되어 주길 바라고 있었다. 11월 8일 웨슬리는 아버지의 제안을 거부하는 편지를 썼으나 아버지 사무엘은 다시 생각해 줄 것을 요구하는 편지를 썼고, 그의 형 사무엘도 "네가 목사 안수례 받을 때는 대학의 교수로 일하기 위한 것이 아니고 교구에서 전도하는 사제로서 일하기로 서약했던 것이 아니냐?" 하면서 아버지의 뜻을 받아들이라는 편지를 썼다.

그러나 웨슬리는 1734년 12월 10일 아버지에게 장문의 편지를 써서 옥스퍼드에 계속 남겠다고 하였다. 웨슬리는 엡워스에서도 다양한 영역의 활동을 할 수 있겠지만 그는 가장 성결하게 지내면서 성결한 삶을 최대한 이룰 수 있는 곳에 머무르고 싶다고 주장했다. 그는 옥스퍼드의 학생들이 엡워스 교인들보다 잠재적으로 더 큰 수확물이라고 생각하였다. 웨슬리는 엡워스에서의 목회는 개울물의 하류를 깨끗하게 하는 것과 같고 옥스퍼드 사역은 개울물의 원천을 깨끗하게 하는 것과 같다고 생각하였다.[1] 또한 옥스퍼드의 일은 웨슬리 대신 할 사람이 없으나 엡워스의 일은 다른 사람이 할 수 있다고 생각하였다. 사실상 웨슬리는 자신을 시골 링컨셔 지방의 외진 교구목사로 묶어 두고 싶지 않았으며, 그의 사역을 아버지의 목회 활동을 답습하는 것으로 만족하지 않았다.

1735년 봄, 웨슬리가 아버지를 만난 후 사무엘은 평화롭게 이 세상을 떠났다. 사무엘은 자녀들에게 기독교 신앙이 무엇인지, 그리고 학문에 대한 사랑과 강한 신념을 전해 주었다. 아버지의 죽음을 접한 웨슬리는 엡워스에서 살고자 하는 마음을 먹었지만 이미 때는 늦었다. 가족들은 모두 흩어졌고, 아버지의 교회는 다른 사제가 맡아 목회하게 되었다.

웨슬리가 아버지의 뒤를 이어 목회를 할 것인가에 대한 논쟁을 시작하기 2년 전에 아메리카의 캐롤라인(Caroline)과 조지아(George)에 영국 식민지를 건설할 수 있는 허가장이 나왔다. 1732년 국왕의 승인을 받은 약정서에 따라 국왕 조지 1세를 기념하여 북미 대륙에 식민지가 건설되었다. 이것은 옥스퍼드 대학의 코퍼스

사무엘이 목회하던 앤드류 교회

크리스티 칼리지(Corpus Christi College)에서 공부하고, 후에 군 경력과 의원 경력을 두루 갖춘 제임스 에드워드 오글레도프(James E. Oglethorpe, 1696~1785)가 제안한 것이었다.

웨슬리는 코퍼스 크리스티 칼리지의 튜터(Tutor)로 일하고 있는 친구 존 버튼(John Burton)의 소개로 아메리카 식민지 건설 책임자인 오글레도프를 만나, 1732년 국왕 조지 2세(George Ⅱ)의 칙허장을 받고 조지아 주로 떠나게 되었다.

처음에 웨슬리는 인디언 선교에 대해 망설였지만 엡워스에서의 기회가 사라진 이상 새로운 도전을 시도하고자 이 문제를 형 사무엘과 윌리엄 로, 그리고 신성클럽의 초창기 회원이었던 존 클레이턴과 상의하였다. 또 어머니 수산나와도 상의하였는데 수산나는 적극적으로 인디언 선교에 대한 계획을 찬성하였다. 결국 어머니의 축복 속에 웨슬리는 복음전도회가 제공하는 연 50파운드의 후원금으로 선교 사역을 떠나기로 결정하였다.

찰스도 조지아 총독으로 임명된 오글레도프 장군의 비서로 동행하게 되었고, 옥스퍼드의 메도디스트였던 벤저민 잉험과 런던 사업가의 아들인 찰스 델라모트(Charles Delamott)가 함께 떠났다. 웨슬리가 조지아로 떠난 목적은 곤궁을 피하려는 것도 아니고, 부와 명예를 얻으려는 것도 아니었다. 단지 자기 영혼을 구원하고 온전히 하나님의 영광을 위해 살기 위하여, 그리고 인디언들에게 복음을 증거하기 위한 것이었다.[2]

첫 번째 선박이 1732년 11월 7일에 영국을 떠나 남 캐롤라이나의 찰스턴(Charleston)에 도착하였다.

오글레도프의 식민지 건설 재단

오글레도프

오글레도프는 1696년 런던에서 군인의 아들로 태어나 여러 전쟁에 참여하였고 후에 옥스퍼드의 코퍼스 크리스티 칼리지에 입학하였다. 부친에게 물려받은 유산으로 오글레도프는 계몽주의적인 박애정신의 입장에서 사회사업을 하였다. 당시 영국은 실업률이 매우 높았으므로 오글레도프는 실업 문제의 해결책으로 조지아에 식민지를 건설하는 일을 계획하였다. 오글레도프의 이 계획은 법적 수속을 거쳐 1732년 1월 27일 국왕에게 제출되었고 1732년 4월 30일에 인가를 얻었으며, 헌법에 따라 식민지 건설 재단은 재판권과 식민지 군대를 지휘할 수 있는 권한을 가지게 되었다.

오글레도프는 이 선박의 수송을 직접 지휘하였다. 1735년 10월 10일에 식민지 건설 재단에서 존 웨슬리를 조지아의 목사로 승인하자, 웨슬리는 1735년 10월 21일 시몬즈 호(Simmonds)라는 배를 타고 조지아로 떠났다(시몬즈 호 외에 런던 머천트 호(London Merchant) 등 모두 여섯 척의 배가 출발하였다).3) 이때 웨슬리에게는 3명의 동행자가 있었다. 친구 벤저민 잉험, 동생 찰스 웨슬리, 런던 상인의 아들 찰스 델라모트였다. 시몬즈 호에는 19명의 선원과 약 80명의 영국인 승객과 60세의 사교 데이비드 니치만(David Nitschmann)이 이끄는 26명의 모라비안 교도들이 승선하였다. 배가 템즈 강 어귀를 지나치자 4명의 메도디스트들은 새벽 4시부터 저녁 10시까지 매시간을 기도와 공부 그리고 선행을 베풀며 보냈다.

웨슬리는 항해 도중에 파도를 만나 두려워하였으나 시몬즈 호 배 안에 있는 모라비안(Moravian)들은 폭풍에도 전혀 두려워하지 않았다. 웨슬리는 폭풍 속에서도 죽음을 두려워하지 않는 그들의 모습에 감동을 받았다.4)

시몬즈 호에서 폭풍을 만나 두려워하는 웨슬리 형제와 침착한 모라비안 교도들

모라비안들의 초대 교회적인 교훈과 행동에 깊은 감동을 받은 웨슬리는 이들과 대화하기 위해 독일어를 배우고, 그 대신 웨슬리는 데이비드 니치만 감독과 안드레아스 도버(Andreas Dober)에게 영어를 가르쳤다.[5]

존 웨슬리가 조지아의 항해를 위해 준비해 온 신앙서적 중에는 토마스 아켐피스의 「그리스도를 본받아」, 윌리엄 로의 「그리스도인의 완전」, 아우구스트 헤르만 프랑케의 「니고데모」(Nicodemus)와 「그레고리 로페즈의 생애」(The Life of Gregory Lopez) 등이 있었다.[6] 특히 프랑케의 「니고데모」라는 책은 웨슬리가 승선 직전 옥스퍼드의 한 학생에게 강력하게 추천한 책이다. 존 웨슬리는 프랑케의 책을 조지아로 향해 가는 동안뿐만 아니라, 이 책의 요약을 출판할 정도로[7] 전 생애를 통해 손을 놓지 않았다.[8]

모라비안 공동체와 친첸도르프

존 후스(John Huss)의 순교(1415) 이후 그의 정신을 유지하려는 사람들이 보헤미아(Bohemia)와 모라비아(Moravia)로 건너가 집회를 갖고, 1457년에 보헤미아 형제단을 창설하였다.

1467년 로마 교회로부터 분리되어 박해를 받으며 여러 지역으로 도망을 다니던 형제단은 1722년 친첸도르프(Zinzendorf)의 영지인 색소니(Saxony)로 피난하여 그곳에 헤른후트(Herrnhurt) 거리를 건설하였는데, 이후부터 친첸도르프가 이 운동을 루터 교회 안의 경건 운동으로 육성하였다. 이들은 교회 일치와 개인의 헌신 생활을 강조하였고, 성서를 신앙과 실행의 표준으로 삼고, 성서의 가르침과 성례전의 집행을 사도들의 규범과 교훈에서 찾았다. 그들의 조직에는 사교(Bishop), 장로(Presbyter), 집사(Deacon)의 세 서열이 있었다. 이들은 복음 전도에 열정을 보였으며 서인도 제도, 남미 아메리카, 아시아에 영향을 미쳤다.

프랑케와 「니고데모」

이 책은 프랑케의 제자 앤튼 빌헬름 뵈메(Anton Wilhelm Böhme)에 의해 1701년에 영어로 번역되었는데,[9] 인간의 두려움에 대한 전모를 그리고 있다. 인간의 두려움은 하나님에 대한 경험의 결여이며, 신앙으로 인간의 두려움은 극복된다고 본다. 프랑케에 있어서 신앙이란 두려움을 알지 못하는 일이다.[10]

로페즈(Lopez)

로페즈는 스페인 사람으로서 1542년에서 1569년까지 반평생을 은둔자로서 멕시코에서 보냈다. 로페즈는 하나님과 이웃 사랑을 통해 완전에 이르려고 하였다. 하나님의 의지와 자신의 의지가 완전히 하나가 되게 하기 위하여 주기도문 가운데 "뜻이 하늘에서 이루어진 것과 같이 땅에서도 이루어지이다"라는 부분을 끊임없이 반복하여 기도하였다.[11] 로페즈는 자기 자신으로 사는 것이 아니라 그리스도께서 자기 안에 살아 계신다고 말하며,[12] 엄격하게 성서에 바탕을 둔 경건의 생활을 하였다. 그는 성서 전체를 암기할 작정으로 매일 성서를 읽었다. 식사도 매우 검소하게 하였는데, 오랫동안 옥수수와 채소, 때로는 우유와 치즈만으로 생활하였다. 그는 하루에 2~3시간 잠잘 뿐 나머지 시간은 기도와 명상으로 밤을 지냈다.[13]

사바나에 도착하는 웨슬리

이 시기에 웨슬리가 열심히 읽었던 또 다른 책은 「그레고리 로페즈의 생애」였다. 웨슬리가 로페즈에게 마음이 끌리게 된 까닭은 그가 오직 하나의 목적 곧 하나님을 향한 삶, 그리고 끊임없이 하나님의 현존 안에 살고 있었다는 점 때문이었다.14)

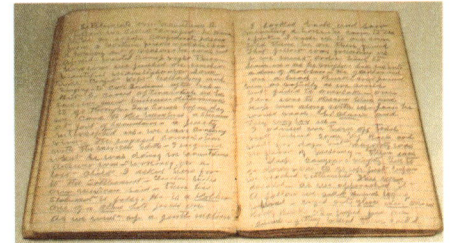

웨슬리의 시몬즈 호 항해 기록

웨슬리 일행은 긴 항해 끝에 1736년 2월 6일 사바나(Savannah) 항에 근접해 있는 티비(Tybee) 섬에 도착하였다.

웨슬리는 오글레도프의 소개로 헤른후트에서 온 이민 개척자들의 지도자이자 신학자인 스팡겐베르크(August G. Spangenberg, 1704~1792)와 교제를 나

제4장 조지아 주에서의 목회와 선교 69

웨슬리 시대의 사바나 전경

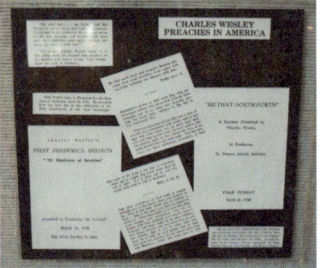

웨슬리에게 영향을 끼친 모라비안들을 기념한 표식

사이몬 프레데락카에서의 찰스 설교 안내물

누게 되었다. 스팡겐베르크는 친첸도르프(Zinzendorf)의 협력자이자 그의 후계자가 된 인물이다. 그는 데이비드 니치만을 통해 웨슬리의 이야기를 이미 듣고 있었다. 스팡겐베르크와의 교제는 웨슬리로 하여금 올더스게이트(Oldersgate)의 회심을 가져다 준 직접적인 원인이 되었다. 웨슬리는 스팡겐베르크와의 대화중에 그의 마음속에 거룩한 섬광이 번쩍이는 것을 느꼈다. "당신의 마음속에 당신이 하나님의 아들임을 성령이 증거한다는 확신이 있습니까? 예수 그리스도가 어떤 분인지 아십니까? 예수께서 당신 자신의 구주이심을 압니까?" 이런 종류의

웨슬리가 사바나에 처음 도착한 곳(Fort Pulaski)을 기념하는 비

질문들은 웨슬리에게는 매우 놀라운 것들이었다.15)

티비 섬에 도착한 4명의 메도디스트들은 각각 따로 활동하였다. 오글레도프는 벤저민 잉험(Benjamin Ingham)과 약 50명의 영국인과 함께 약 150Km 남쪽 연안에 있는 새로운 이주지 프레데리카(Frederica)까지 항해하였고, 웨슬리 형제와 델라모트는 보트를 타고 사바나를 통과하였다.16) 다시 돌아온 오글레도프는 찰스를 프레데리카로 데리고 갔고, 찰스는 프레데리카에서 목회와 선교 사역을 하였다.

2. 목회자 존 웨슬리

존 웨슬리는 보통 4~5시에 일어나 헤른후트 형제들의 아침 기도회에 참석하였고, 이어서 영국 성공회의 아침 기도회를 재판소 건물에서 드렸다. 교회 부지는 준비했으나 아직 건축에 착수하지 못하여 재판소에서 예배를 드리고 있었다. 웨슬리는 성만찬 예식을 매주일 시행하였다.

웨슬리는 자신이 선교사로 임명된 것으로 생각하였으나 사실 그는 교구 목사로 되어 있었다. 찰스 웨슬리는 인디언 담당 비서로서 오글레도프의 오른팔 역할을 감당하는 처지에 있었고, 벤저민 잉

웨슬리는 크라이스트 처치에서 선데이 스쿨을 시작하였다.

제4장 조지아 주에서의 목회와 선교　71

사바나에서 웨슬리가 목회하던 성공회 크라이스트 처치(Christ Chuch)는 1733년에 세워졌다.

사바나에 있는 웨슬리 기념교회

웨슬리가 사바나에서 설교했던 곳을 기념하여 세운 동상

힘만이 선교사로 일하고 있었다. 얼마 지나지 않아 존 웨슬리도 선교사로서의 임무를 시작하여 사바나와 프레데리카의 목사로 일하게 되었다.17) 목사 직무를 시작하고 일 년 동안은 사바나에서 행복하였다.

그러나 불미스러운 일도 없지 않았다. 웨슬리의 사역은 사바나에만 국한된 것이 아니었다. 찰스가 재단 본부에 보고하기 위하여 그리고 개인적으로 아메리카에서의 활동을 위한 원조를 부탁하기 위해 영국에 갈 때는 웨슬리가 프레데리카 교회를 돌보아야 했다. 따라서 때로는 사바나에, 어떤 때는 프레데리카에 머물러 있기도 하였다.

조지 뮬러가 운영했던 고아원. 지금은 브리스톨 칼리지가 되었다. 브리스톨에서는 웨슬리 사후 100년 경에 뮬러에 의해 고아원 사역이 꽃을 피운다.

할레파와의 교제

조지아 식민지 북쪽의 뉴에베네저(New Ebenezer)에는 할레파의 잘츠부르크 사람들(Salzburgers)이 있었다. 이들은 "런던 머천트" 호를 타고 온 이주민들이었다. 이들의 감독자는 폰 레크(Von Reck)였으며, 볼치우스(Johann Martin Bolzius)와 그로나우(Israel Christian Gronau)라는 2명의 목사가 이들을 지도하였다.[18] 1736년 3월 16일에 폰 레크와 그로나우가 웨슬리를 방문하였다.[19] 볼치우스도 1737년 3월과 6월에 웨슬리를 방문하여 친첸도르프 백작에 대한 이야기를 나누었다. 볼치우스는 사바나에 오랫동안 머물며, "우리는 서로 주 예수 안에서 마음이 하나가 되었다"고 진술할 정도로 웨슬리와 가까워졌다. 어느 날 볼치우스는 영국 성공회의 성찬을 받을 수 있도록 허락을 구했는데 웨슬리가 이를 거절하였다. 이에 대해 웨슬리는 훗날 그가 극단적인 고교회주의자이기 때문이 아니라 영국 성공회의 규칙에 제정되어 있었기 때문이라고 말하였다.[20] 이런 사건에도 불구하고 조지아에서의 메도디스트들과 잘츠부르크파의 연대는 계속되었다. 1737년 8월 1일 웨슬리는 스팡겐베르크와 함께 잘츠부르크파 형제들을 방문하였다. 웨슬리는 볼치우스와 그로나우 부인들의 소박한 태도와 극진한 손님 접대를 좋게 생각하였다. 후일 존 횟필드는 존 웨슬리와 뉴에베네저의 교제를 알았을 때 감동하여 그곳에 고아원과 학교를 세우기 위하여 런던과 브리스톨에서 모금을 하였다.[21]

3. 선교사 존 웨슬리

　웨슬리는 몇 번이고 이교도 선교를 실시하려 했으나 그 목적을 달성할 수 없었다. 1736년 6월 30일, 웨슬리는 인디언 지역의 초크타우(Choctaw)족을 선교하려고 계획하였다. 이들은 유럽의 문화와 거의 접촉하지 못하고 있었다. 그러나 오글레도프는 사바나에 목사가 필요하다는 이유로 웨슬리의 계획을 중지시켰다. 웨슬리는 그의 동료와 헤른후트파 형제들과 의논한 후에 오글레도프의 안을 수용하였다.22) 웨슬리의 선교 대상은 인디언만이 아니라 흑인과 유대인들까지 포함되었다. 그 후로도 웨슬리는 스페인계 유대인에게 선교의 관심을 갖고 그들과의 호의적인 교제를 위해 스페인어를 배웠다. 웨슬리는 이교도 선교를 위해 잉험을 영국으로 보내 새로운 동지를 모집하기로 하였으나 잉험은 스팡겐베르크와 함께 행동하다가 완전히 헤른후트파로 전향해 버렸다. 따라서 옥스퍼드의 친구들로부터 원조를 얻는 일이 실패로 끝나 웨슬리는 실망을 금치 못했다.23)

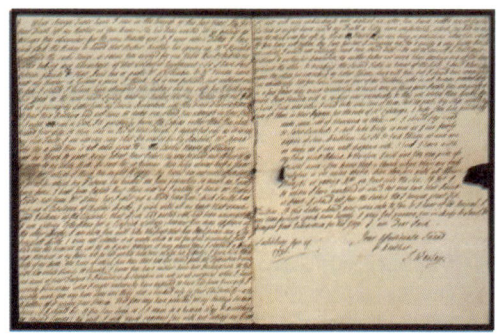
1736년 4월 29일 사무엘 웨슬리가 동생 존 웨슬리에게 보낸 편지

　이즈음에 웨슬리는 형 사무엘의 편지를 받았는데, 편지는 그를 더욱 슬프고 힘들게 하였다. 편지에는 아버지의 죽음 이후 어머니가 30파운드 부채 때문에 유치장 신세를 져야 했고, 그 때문에 사무엘이 30파운드를 지불했으며, 또 다른 사람이 다른 부채로 고통을 주어 15파운드를 지불했다는 이야기를 비롯하여, 만약 형이 죽게 되면 존이 어머니의 생계를 위해 어떤 조치를 취해야 할 것 같다는 이야기도 있었다. 실제로 사무엘 자신은 병약하였고 그에게 딸린 식구들도 있었기 때문에 어머니와 결혼하지 않은 여동생의 생계를 위한 책임에 적지 않은 부담을 가지고 있었다.

흑인에게 선교하는 웨슬리

웨슬리가 남 캐롤라이나의 찰스턴(Charleston)을 방문하였을 때 흑인들을 만나 담화하게 되었다. 그는 대화중에 흑인들이 사람과 동물의 차이에 대해서 불분명하고, 육체와 영혼의 구별도 알지 못하고 있음을 간파하고 다음과 같은 조직적인 흑인 선교의 문제를 계획하였다. 열심있는 농장 주인들의 도움을 받아, 농장에서 일하는 노예들 가운데서 가장 유능한 자를 골라서 기독교 신앙을 가르치고 그들이 다른 노예들을 가르치게 하는 것이다. 웨슬리 자신도 농장 주인의 허락을 받아 흑인의 딸에게 인간의 허무함과 영혼이 죽지 않는다는 사실과 창조의 뜻을 가르쳐 주고, 인간의 최고 행복은 하나님과의 영원한 교제임을 가르쳐 주었다. 다음날 가르쳐 준 것에 대해 질문했을 때 그 흑인이 정확하게 대답하자 웨슬리는 매우 흡족해 하였다.24)

인디언들과의 만남

인디언 지도자 토모치치

인디언에게 선교중인 웨슬리

프레데리카의 커다란 나무 밑에서 인디언 선교를 한 웨슬리를 기념하는 석상

웨슬리는 인디언의 지도자가 오글레도프를 방문하였을 때 그와 대화할 기회를 가졌다. 인디언 지도자는 웨슬리에게 이렇게 말하였다. "우리는 좋지 않은 일을 행합니다. 자기의 어린아이를 죽여 버리지요. 여자들도 그렇게 합니다. 그리고 여자아이들은 태어나기도 전에 죽여 버립니다. 그렇기 때문에 위에 계신 분은 우리에게 그 좋은 책을 보내주지 않습니다."25) 웨슬리는 3주 후에 인디언들을 다시 만날 수 있었다. 그때 웨슬리는 이들이 사랑하는 것들이 네 가지 있음을 알았다. 구름, 태양, 맑은 날씨, 그리고 맑은 날씨 가운데 살고 있는 분. 인디언들은 그분을 믿으며, 그분이 손으로 흙을 빚어 모든 인간을 만들었으며, 인간을 생명의 위기에서 건져 준다고 믿었다. 그리고 그들은 세 분의 사랑하는 분들(안개, 우박, 그리고 비)이 적을 정복해 준다고 믿었다. 그들은 이 세 가지 사랑하는 분들이 언제나 자기들과 함께 한다고 믿었다. 인디언들의 신앙은 이교적인 요소와 기독교적인 요소가 묘하게 혼합되어 있었다.26)

4. 조지아 주 선교의 실패

웨슬리는 어느 날 사바나의 제2행정관인 파커의 아이에게 세례를 베풀어 달라는 요청을 받았다. 파커 부인은 침례, 곧 아이를 물속에 담그는 것을 원하

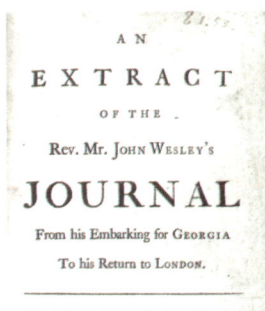

조지아 주 선교에 관한 웨슬리의 저널

지 않는다고 말했으나 웨슬리는 아이가 병약하다는 것을 증명하기 전에는 그렇게 할 수 없다고 단호하게 거절하였다. 파커 부인은 다른 성직자를 찾아가 아이의 머리에 물을 뿌리는 방식으로 세례를 받게 하였다.27) 이런 행동은 그에게 정적들이 생겨나는 원인이 되었고 정적의 비난을 받다가 결국 대배심원 앞에 서게 되었다.

게다가 웨슬리 형제에게 도움이 되지 않는 사건들이 발생하여 웨슬리의 조지아 선교 활동을 어렵게 하였다. 찰스와 존에 대한 모함과 공모가 프레데리카에서 계획되었다. 그 사건은 의사와 결혼한 하킨스 부인(Mrs. Hawkins)과 그녀의 친구 웰치 부인(Mrs. Welch)에 의해 일어났다. 하킨스 부인은 찰스 웨슬리에게 강한 반감을 가지고 있었는데 그 이유는 찰스가 자기의 위선적인 신앙을 눈치챘다고 믿었기 때문이다.

웨슬리의 사역에 치명적인 사건이 발생하였다. 1736년 웨슬리는 18세의 아리따운 처녀, 소피아 홉키(Miss Sophia Christiana Hopkey) 양과 교제하게 되었다. 그녀는 사바나의 보급품 감독관이며 행정장관인 토마스 코스턴(Thomas Causton)의 처조카였는데, 그녀와의 교제가 가십(gossip)거리가 되었다.

모함을 받고 목회에 제한을 받다

하킨스 부인은 찰스를 함정에 빠뜨리고자 웰치 부인이 오글레도프와 간음죄를 범했다고 찰스에게 거짓말을 하였고, 이것을 사실대로 믿은 찰스는 확인도 하지 않고 경솔하게, 이 말이 오글레도프의 귀에 들리게 하였다. 이에 격분한 오글레도프는 하킨스 부인이 바라는 대로 찰스 웨슬리에게 반감을 품고 프레데리카에서 목회를 하지 못하도록 조치해 버렸다.28)

그러나 하킨스 부인은 이에 그치지 않았다. 하킨스 부인은 찰스가 존 웨슬리에게 보낸 편지 한 통을 입수하였는데 그 편지에는 하킨스 부인의 친구들에 관한 바람직하지 못한 일들이 적혀 있었다. 그 후에 존 웨슬리가 프레데리카를 방문하였을 때 하킨스 부인은 존을 자기 집으로 초청해 놓고 권총과 가위로 존을 위협했다. 존은 그녀의 손을 잡고 흉기를 빼앗는 데 성공하였으나 그녀는 격렬하게 존에게 덤벼들어 존의 팔을 물어뜯었다. 존은 사바나로 돌아와서 헤른후트파 사람들에게 하킨스 부인에게서 입은 상처를 보여주었다.29) 이 사건 이후 오글레도프는 존 웨슬리에게 호의적인 태도를 보이지 않았으나, 존 웨슬리는 오글레도프에 대한 존경심을 지속시켰다.

웨슬리는 하킨스 부부를 교화시켜 교회의 온전한 신자로 만들려고 노력했으나 그리 쉬운 일이 아니었다. 하킨스 부인은 때때로 차분하고 헌신적이었지만, 어떤 때는 사나웠고 사악한 소문을 퍼뜨리며 다녔다. 그녀는 폭력적이었다가 신앙적이기를 반복하였다.30)

조지아 주 선교의 실패 원인

조지아 주에서 웨슬리는 열심히 선교 사역에 전념했으나 극단의 교회주의와 금욕주의에 일관한 나머지 열매를 맺지 못하였다. 웨슬리의 고귀한 생활과 높은 교양이 거친 식민지 사람들과 조화를 이루지 못한 것이다. 웨슬리의 목적은 인디언들에게 복음을 전하는 일이었으나 실제로 조지아에 와보니 성공회의 사제로 일할 수밖에 없었다.

조지아 주 사람들은 웨슬리 형제의 경건한 모습에 부담을 느꼈다. 귀족 손에 농사꾼의 장갑을 낀 톨스토이의 모습을 탈피하지 못했다는 이야기다. 웨슬리의 고교회주의가 조지아 주 사람들에게 반감을 일으켰는데, 그들은 대체로 다음과 같은 것에 대하여 반감을 가졌다. ① 웨슬리는 영국 성공회에서 세례를 받지 아니한 비국교회 회원들에게 성찬과 장례식을 거부하였다. 성찬을 받으려면 그들의 신앙과 교리를 버리고 웨슬리에게 다시 세례를 받아야 한다고 주장하였다. ② 비국교도 자녀들에게 다시 세례를 주어 일반 신도들의 호감을 얻지 못하였다. ③ 로마 가톨릭 신도들을 성공회 회원과 마찬가지로 성도로 취급하였다. ④ 고백, 고행 그리고 금욕을 요구하였고 성찬 예식의 포도주에 물을 섞었다. ⑤ 찰스도 아버지, 아들, 성령의 이름을 부를 때마다 세 번 물 속에 잠기게 함으로써 영아 세례를 베풀었다. ⑥ 웨슬리는 지나치게 예배 출석을 강요하였다.

이성에 흔들리는 웨슬리

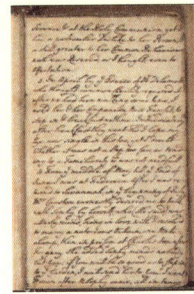

1736~1737년에 소피아 홉키와 나눈 사랑의 내용

오글레도프와 코스턴은 웨슬리와 홉키의 교제를 반가워하고 지원하였다. 코스턴은 웨슬리에게 "나의 처조카를 당신에게 맡깁니다. 그녀를 당신의 희망대로 해 주십시오. 그녀를 당신 손에 받아주십시오. 그리고 당신이 하려는 일을 그녀에게 약속해 주십시오. 나도 돕겠습니다"31)라고 말하였다.

맬리챔프의 약혼녀인 소피아 홉키는 웨슬리의 교인이었는데 두 사람 사이의 우정은 그가 그녀에게 신앙서적을 읽어 주기 시작하면서 발전했다. 그들은 함께 있는 것을 즐거워했고 함께 노래를 부르거나 저녁에 산책을 나가기도 하였다.32) 성적 호기심과 신앙적 가르침이 어지럽게 뒤엉키는 것을 경험하면서 웨슬리는 다른 사람이 알 수 없도록 희랍어로 동생에게 편지를 썼다; "나는 매시간 유혹에 처해 있다. 이곳에는 젊고 아름다우며 하나님을 두려워할 줄 아는 여성이 두세 명 있다. 내가 육체의 정욕에 이끌려 그들을 상대하게 되지 않도록 나를 위해 기도해 주기 바란다."33)

머리 위로 저녁하늘의 불빛이 비치던 어느 날 웨슬리는 "홉키 양, 내가 나의 삶을 당신과 함께 나눌 수 있다면 나는 행복한 사람이라고 생각하겠습니다"라고 말해 버렸다. 이처럼 홉키와 웨슬리는 서로 사랑하였으나 웨슬리가 혼인을 주저하며 불투명한 태도를 보여 문제가 되었다.

웨슬리가 결혼을 망설인 이유는 웨슬리 자신이 독신생활을 호의적으로 생각하였을 뿐만 아니라 모라비안 친구의 권유 때문이었다. 찰스 델라모트는 만약 웨슬리가 홉키와 결혼한다면 웨슬리를 떠나겠다고 말하며, 하루 빨리 그녀와 헤어지라고 하였다. 그 이유는 웨슬리의 지반이 매일 매일 상실되어 가고 있었기 때문이었다.34) 웨슬리는 델라모트의 주장이 옳다고 인정하고 제비뽑기로 결혼 문제를 결정하기로 하였다. 세 개의 답이 준비되었는데, 결혼할 것, 금년에는 이 문제를 생각하지 않을 것, 결혼에 대해서는 더 이상 생각하지 않을 것 등이었다. 기도 후에 제비를 뽑았는데 델라모트가 세 번째 답을 뽑았다.35) 웨슬리는 이에 대한 확신을 갖기 위하여 다시 한번 제비뽑기를 의뢰하는 등 이에 대한 내적인 갈등을 겪었다. 웨슬리의 친한 친구인 텔치히(Johann Toltschig)와 잉험도 홉키와의 결혼에 대하여 부정적이었다.

한편 웨슬리의 일기에 의하면 헤른후트파에서 오랜 시간 기도한 후 제비를 뽑았는데 그 결과는 결혼하는 것이었다.36) 그러나 모라비안 교도의 지도자 니치만을 만나 모라비아교도들의 습관에 따라 제비뽑기(지팡이를 세워 자신에게 쏠리면 결혼하는 것이고, 반대쪽으로 쓰러지면 결혼하지 않는 것)를 하였더니 결혼하지 말라는 결과가 나왔다. 다분히 미신적인 면이 있었다. 웨슬리는 내적 갈등을 겪었지만 홉키와 결혼하지 않겠다는 굳은 결심을 하였다. 이유는 두 가지였다. 첫째는 이교도 선교를 단념해서는 안 되며, 둘째는 그가 결혼 상태에서 오는 복잡한 유혹에 빠져서는 안 된다는 것이다.37)

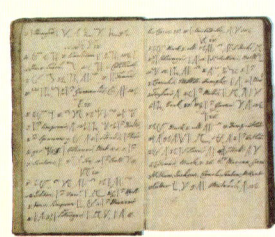

존 웨슬리의 일기

홉키 양은 맬리챔프와 파혼을 하고 웨슬리가 정식으로 청혼할 수 있는 시간을 주었지만, 청혼을 주저하는 웨슬리의 모호한 태도에 질려 윌리엄슨(Williamson)과 약혼해 버렸다.38) 윌리엄슨과의 약혼은 웨슬리의 마음을 다시 되돌리려는 마지막 수단이었다. 홉키는 웨슬리에게 마지막 기회를 주고자, 윌리엄슨과 함께 웨슬리를 찾아와서 웨슬리가 반대하지 않는다면 윌리엄슨의 청혼을 받아들이겠다고 하였다. 이는 웨슬리가 반대하면 청혼을 받아들이지 않겠다는 것을 의미하였다. 1737년 3월 11일 홉키는 윌리엄슨과 결혼식을 올렸다.

웨슬리는 윌리엄슨 부부를 목회자의 입장에서 열심히 돌보아 주었다. 결혼 후에도 웨슬리와 홉키의 개인적인 교제가 계속되자 윌리엄슨은 웨슬리에게 개인적인 종교 수행을 하지 말라는 권고를 하였으나 웨슬리는 그를 질책하였다. 그 후 홉키의 이모부 코스턴은 부하들을 데리고 와서 웨슬리에게 홉키를 힐난한 일에 답변을 요구하였다. 웨슬리는 사제로서 행하는 목회 행위에 대해 치안판사가 간섭하는 것은 부당하다고 항의하였다. 이로써 윌리엄슨 부부, 코스턴 치안 판사, 웨슬리 사이에 심한 대립관계가 성립되었다.

1737년 8월 7일 웨슬리는 윌리엄슨 부부에게 성찬 정지령을 내려 성찬 예식에 참석하는 것을 거부하였다. 거부 이유는 예배 출석을 게을리 하고, 교인의 의무를 다하지 않는다는 것이었다. 존 웨슬리에게 불신과 적개심을 품은 윌리엄슨은 홉키에 대한 명예훼손죄와 성찬 예식 참여 거부를 이유로 웨슬리를 고소하여 재판정에 서게 하였다.39)

게다가 프레데리카의 성공회 반대파 목사 다이슨(Dison)은 이 기회를 이용하여 사바나의 행정장관이 자기에게 사바나의 교회 활동을 위임하였다고 주장하며 웨슬리의 목사 직무를 탈취하려고 하였다. 그는 매주 목요일에 성찬 예식을 거행하겠다고 공포하고 9월 8일에 최초의 예배를 드렸는데 코스턴 부인, 소피아와 그의 남편 외에 8명, 도합 11명이 출석했으나 웨슬리는 이들에게 주의만 주고 말았다.40)

델라모트는 더 이상 거짓 소문이 퍼지는 것을 막기 위하여 웨슬리에게 영국으로 돌아갈 것을 권했다. 웨슬리도 이교도 선교가 실현될 수 없다는 사실을 피부로 느끼고 있었다. 11월 22일 코스턴과 회담한 이후에 웨슬리는 법정으로부터 치안을 문란하게 하였다는 오명까지 뒤집어쓰게 되었다. 그리고 행정관은 웨슬리의 식민지 퇴거를 막기 위하여 보안관에게 명령을 내리고 주민들에게도 웨슬리의 퇴거를 도와주지 못하게 하였는데, 웨슬리는 비록 포박을 당하지는 않았지만 자신이 죄수와 같은 상황이라고 생각하였다.

웨슬리의 조지아 선교 사역은 실패로 끝났다. 웨슬리의 최대 관심사였던 이교도 선교는 여러 가지 사건으로 시도되지 못하였을 뿐만 아니라, 끝없이 이어지는 목회업무와 이주자들의 법률적·경제적 문제는 웨슬리 자신에게 자유로운 시간을 주지 않았다. 또 여러 가지 사건으로

조지아 주의 선교 실패로 웨슬리는 찰스턴 항에서 런던으로 떠났다.

웨슬리의 외부 활동에 대한 모든 기회가 상실되었고, 그의 목회적 권위는 쇠락하였다. 아마도 홉키와의 문제가 웨슬리로 하여금 조지아를 떠나게 한 결정적인 사건이었을 것이다.

조지아 선교에 대한 웨슬리 자신의 평가는 매우 절망적이었다. "나는 인디언을 개종시키기 위해 미국으로 건너갔다. 그러나 오! 누가 나를 개종시켜 줄 것인가? …… 나는 그 당시 자녀의 믿음은 고사하고 종의 믿음도 갖지 못했다."41) 웨슬리 자신이 조지아에서 보낸 시간과 경험들은 웨슬리로 하여금 회심으로 나아가게 하였다.

세인트 사이몬 제도에 있는 웨슬리 성지 'Epworth By the Sea'

1·2. 엡워스 바이 더 씨 전경과 정문
3. 웨슬리가 사이몬에 처음 도착하여 기도했던 곳
4. 메도디스트 박물관
5. 러블리 래인 처치 전경
6. 교회 안의 웨슬리 관련 스테인 드글라스

80 사진으로 따라가는 존 웨슬리

제4장 조지아 주에서의 목회와 선교

법정으로 비화된 성찬 거부 사건

코스턴은 웨슬리에게 식민지의 모든 주민들 앞에서 홉키에 대한 성찬 거부 이유를 설명해 달라는 내용의 편지를 썼다. 그러나 웨슬리는 교회 규칙에 관한 일을 일반 대중의 재판으로 폭로할 의사가 없다는 것과 코스턴 자신이 주민들의 불만을 사고 있다는 사실을 들어 그의 요청을 거부하였다. 이에 격분한 코스턴은 8월 12일과 13일에 웨슬리가 홉키에게 보냈던 몇 개의 편지를 마음대로 뜯어 고쳐서 웨슬리가 홉키로부터 결혼 신청을 거부당하였기 때문에 화풀이를 한다는 소문을 냈다.42)

실제로 웨슬리는 홉키를 혼인시켜 주었던 퓨리스버그의 성직자가 결혼식이 있고 나서야 혼인허가서를 발부했다는 소식을 듣고 그 결혼은 합법적이지 않다고 찰스턴에 상주해 있는 런던 주교 대리인에게 항의했다. 웨슬리는 1737년 7월 5일 홉키에게 쓴 편지에서, ① 홉키는 맬리챔프에 대한 마음을 접지 않고서 접었다고 했고, ② 윌리엄슨과 결혼할 의사가 없다고 말하면서 다른 한편으로 그 계획을 가지고 있었으며, ③ 이런 사실을 숨기기 위해 일부러 위선적인 행동을 했다고 지적하면서도 이런 일에 대한 기억을 하지 않겠다고 하였다.

윌리엄슨은 성찬 사건으로 명예훼손이 되었다며 웨슬리에게 1,000파운드의 피해 보상금을 요구하는 소송을 내었다. 최고 행정관인 홉키의 이모부 코스턴의 지시에 따라 44명의 대배심원이 구성되었는데 대부분 웨슬리를 지지하지 않는 사람들이었다. 대배심원들은 여러 가지 죄목을 거론했는데 그중에 다음과 같은 것들이 있었다. ① 남편의 의사에 반하여 윌리엄슨 부인에게 말을 걸고 편지를 쓴 것, ② 그녀를 성찬식에서 제외시킨 것, ③ 파커의 아이에게 세례 주는 것을 거부한 것, ④ 영국 성공회에 충성 서약을 하지 않는 것 등이었다. 웨슬리는 자신을 변호하기 위하여 여섯 번이나 법정에 출석했지만 대배심원들 중 12명만이 웨슬리의 죄목에 반박하는 의견을 내었다.

설교에 대한 비난

교회의 지도적인 회원 가운데 한 사람인 윌리엄 홀톤(Holton)은 웨슬리가 하는 모든 일에 불평하며 웨슬리를 괴롭혔다. 그는 웨슬리가 어떤 특정 인물을 겨누어서 설교한다고 생각하였다.43)

1736년 6월 윌리엄 홀톤이 자기를 냉대하고 있음을 느낀 웨슬리가 그 이유를 물었더니 홀톤은 이렇게 대답하였다. "나는 당신이 하는 그 어느 것도 좋아하지 않는다. 당신의 설교는 어느 특정인들에 대한 빈정거림으로 가득 차 있기에 나는 이제 당신의 설교를 듣지 않을 것이다. 다른 사람들도 나와 같은 생각을 하고 있다. 왜냐하면 우리는 더 이상 우리 자신을 매도하는 이야기를 듣고 싶지 않기 때문이다."44) 이 말을 들은 웨슬리는 심한 상처를 받았다. 이러한 사건은 사바나에서의 웨슬리 선교 사역에 먹구름을 끼게 하는 것이었다.

조지아를 떠나는 웨슬리

법적으로 보면 교회 일은 교회 재판에 회부되어 교회 재판 법정에서 이루어져야만 했다. 웨슬리는 그가 명예훼손을 했는지의 여부를 사바나 재판소의 재판을 통해서 결정되어야 한다고 주장하였다. 언제 끝날지도 모르는 재판을 기다리고 참기란 쉬운 일도 아니고, 또 웨슬리에 대해 불평하는 자들이 있었기에 웨슬리는 영국에 있는 조지아의 평의회에 제소하겠다는 말을 남기고 몇 사람의 친구와 함께 1737년 12월 2일 야간에 조지아를 떠났다. 그리고 1737년 크리스마스 직전인 12월 22일에 델라모트의 안내를 받아 "사무엘 호"의 배에 올랐다.45) 특별히 말리려는 사람도 없는 것으로 보아 사바나의 대다수 주민들은 웨슬리의 도피가 이 어려운 문제를 해결하는 최선의 방법이라고 생각했을지도 모른다.

웨슬리의 조지아 주 선교에 대한 긍정적 평가

우리는 웨슬리의 조지아 선교 사역에 대해 부정적 사고를 하기 쉽다. 그러나 캐롤라이나에 상주해 있던 주교 대리인 알렉산더 고든은 웨슬리가 무분별한 행동이나 경솔한 언사에 대한 책임이 없지 않지만, 범죄에 해당하는 어떤 행위도 하지 않았다고 주교에게 보고하였고,46) 신탁통치이사회 의장인 에그몬트 경은 웨슬리가 비록 경솔하긴 하였지만 어떤 범법 행위도 저지르지 않았다고 못 박았다.47) 휫필드도 웨슬리가 조지아에서 다져 놓은 기반은 어느 누구도 흔들 수 없다고 평가했으며, 웨슬리의 편지를 편집한 커녹(Curnock)은 순회제도, 속회모임, 애찬 및 즉석 설교와 기도 등 모든 감리교 제도는 이미 조지아에서 잉태되고 발전되었다고 주장하였다.48)

올더스게이트 거리의 웨슬리 회심 기념판

제 5 장

웨슬리의 회심

제5장   웨슬리의 회심

1. 회심의 배경

존 웨슬리의 회심 배경에는 여러 요소들이 있지만 그중에서도 조지아 선교 실패, 부모의 강한 영향력, 가스똥-밥티스테 드 랑띠(Gaston Jean-Baptiste de Renty)의 전기의 영향, 그리고 피터 뵐러(Peter Böhler)의 영향이 그 대표적 요소라 할 수 있다.

미국의 조지아 주로 선교를 떠날 당시 웨슬리는 하나님을 위해 가치 있는 일을 하겠다는, 그리고 아메리카 인디언들과 정착민들의 영적 삶에 중대한 공헌을 하겠다는 커다란 자부심과 희망을 가지고 있었다. 하지만 선교 사역의 실패로 그의 심신은 상처투성이가 되었다. 이전의 좋은 이미지는 고소 사건과 식민지 정착촌에 퍼진 중상모략으로 인해 심각한 손상을 입었다. 영국으로 귀국하는 웨슬리의 마음은 좌절과 절망으로 가득 차 있었다. 억지로 안정을 찾으며 함께 배를 탄 흑인 소년에게 기독교 신앙을 가르치며 다시금 전도자의 길을 걸었다. 그러나 엄습해 오는 고뇌를 막을 길은 없었다.

웨슬리는 1738년 2월 1일 영국으로 돌아왔다. 자신은 외관상 훌륭한 신자였으며, 위험이 없을 때 설교도 잘하고 믿음도 좋아 보였다고 생각했다. 그러나 약 1년 11개월 동안(1736. 2. 6~1737. 12. 22) 조지아에서 아무것도 이루어 놓은 것이 없음을 회고하였다.

웨슬리 회심의 또 다른 배경에는 엡워스에 있는 부모와 가족들의 영향이 있었다.¹⁾ 웨슬리는 아버지로부터 엡워스에서 자신의 후계자로 목회해 달라는 부탁을 거절한 후 아버지의 소망에 대한 보상 심리에서 미국으로 떠났을 가능성이 있다. 어머니 수산나가 이를 승인해 준 사실에서 그 가능성의 진위를 볼 수 있다. 부모님의 뜻을 충족시켜 드리고 자신의 큰 포부와 희망을 성취하기 위해 엄청난 수고와 노력을 기울였지만 이 모든 것이 헛수고로 돌아오자 웨슬리의 좌절과 절망은 더욱 증대되었다.

웨슬리는 독서에 전념하기 시작했다. 웨슬리는 1736년 5월 20일에 읽은 책을 소중히 생각하여 아메리카에 머물 때도 항상 그 책을 책상 오른편에 두었다. 프랑스 백작 가스똥-밥티스테 드 랑띠의 전기였는데, 웨슬리는 이 책을 읽고 깊은 감명을 받았다.²⁾ 웨슬리는 다른 사람에게도 이 책을 읽도록 권면하였는데, 드 랑띠를 그리스도인의 삶의 모범으로 삼았다.³⁾

조지아 주 선교 실패로부터 얻은 교훈

조지아 주에서의 선교는 실패로 끝났다. 신대륙에 교회를 새롭게 세워 보려는 웨슬리의 웅대한 포부는 깨어졌다. 이런 쓰라린 좌절과 경험은 그의 신학에 조명되었다. 조지아 주 선교 실패에서 얻은 것은 자기 자신이 아직 죄악 가운데 있다는 것에 대한 인식, 인간 문제에 있어서 루소(Jean J. Rousseau, 1712~1778, 스위스 태생의 프랑스 사상가, 문학가)적인 낙관주의를 가질 수 없다는 자각, 인간(웨슬리 자신)의 노력으로 하나님 앞에 의로워질 수 있다고 생각했던 일이 허망한 것이라는 인식이었다.

웨슬리는 1738년 영국에 도착한 날 쓴 편지에 다음과 같이 그의 심정을 고백하였다.

"다른 사람을 회심시키기 위해 아메리카로 떠났으나, 나는 아직까지도 하나님 앞에서 회심하지 못했다는 사실을 깨닫게 되었다. 나는 땅 끝까지 가서 이것을 배웠다. 나는 하나님의 영광에 이르지 못했고 내 마음은 구석구석 온전히 더러워져서 꺼림칙하다. 나의 생활 전체가 그러하다. 왜냐하면 못된 나무가 좋은 과실을 맺을 수 없기 때문이다."⁴⁾

드 랑띠의 전기

이 책은 1651년에 출판된 프랑스의 신비주의자 가스똥-밥티스테 드 랑띠(Gaston Jean-Baptiste de Renty, 1611~1649) 백작의 전기로 예수회(Jesuit)에 소속된 고해 사제가 썼으며 1701년 피에르 포아레(Pierre Poiret)가 "진실한 그리스도인"(The True Christian)이란 제목으로 다시 출판하였다.

웨슬리는 드 랑띠의 전기를 통해 자신이 스스로 꿈꿔왔던 이상적인 그리스도인의 삶을 발견하였다. 드 랑띠는 웨슬리가 추구해야 할 이상을 분명하게 제시해 주었다. 이 책의 중심적인 두 가지 특징은 신비주의적 기도와 자기 포기의 삶이었다. 드 랑띠는 부자였으나 예수님과 제자들의 가난한 생활을 실천하기 위하여 결혼식 초야에 아내와 별거할 정도로 모든 것을 버리고자 하였다. 드 랑띠의 위대함은 교회를 향한 헌신과 가족에 대한 관심, 그리고 불쌍한 사람들, 특히 병자와 노인들에 대한 돌봄에 있었다. 그는 그레고리 로페즈(Gregory Lopez)처럼, 모든 점에서 하나님께 온전히 헌신하고자 하는 희망을 갖고, 끊임없이 하나님의 현존에 살았던 사람이었다. 겸손은 그의 생활의 철칙이었으며, 그의 그리스도인의 완전의 핵심은 사랑이었다. 드 랑띠에게 있어서 성화와 구원의 기쁨은 깊이 통일되어 있었다. 웨슬리는 드 랑띠에게서 성화에 도달한 그리스도인의 완전을 발견하였다.⁵⁾

피터 뵐러

　　마지막으로 웨슬리 회심에 영향을 끼친 이는 피터 뵐러였다. 뵐러는 회심을 경험한 신앙심 깊은 사람이었다. 웨슬리가 뵐러를 처음 만난 것은 1738년 2월 6일 네덜란드 상인 바이난츠(Weinantz)의 집에서였다. 뵐러는 미국으로 떠나기 전 몇 주 동안 런던에 머물렀는데 그때 웨슬리와 만난 것이다. 런던의 지리를 잘 모르는 뵐러에게 웨슬리는 여러 모로 도움을 주었고, 그가 5월 8일 미국으로 떠날 때까지 자주 만났다. 뵐러는 웨슬리와 대화를 나누면서 웨슬리가 불신앙의 상태에 있으며 믿음이 필요하다는 것을 말하였고 "믿음이 생길 때까지 믿음을 선포하라"고 권면하였다.[6] 그리고 그리스도인의 삶의 특징은 성결과 행복이라는 말도 해주었다.[7]

뵐러의 조언
4월 22일 뵐러는 웨슬리에게 그가 생각하는 기독교의 핵심을 말해 주었다. 그것은 하나님에 대한 절대적인 신뢰와 확신, 그리스도의 은혜로 우리의 죄가 용서받음을 믿고 하나님의 은혜만으로 만족하는 삶이었다.[8] 웨슬리는 이러한 삶이 순간적으로 주어진다고 믿지 못했다. 그러나 사도행전을 연구하면서 거의 모든 회심 사건이 순간적으로 일어난다는 사실을 발견하고 놀랐다. 웨슬리는 선교 실패에서 오는 모든 상처를 뒤로 하고 뵐러의 사상을 적극적으로 수용하였다. 뵐러의 영향력은 회심의 순간까지 웨슬리의 삶과 수개월 동안의 설교 방향을 결정했다.

피터 뵐러(1712~1775)
뵐러는 미국과 영국의 모라비안 교회의 특별위원이었다. 그는 1712년 프랑크푸르트에서 출생하였으며 웨슬리보다 9살 연하였다. 뵐러는 의사가 되기를 바라는 아버지의 뜻과는 달리 한 여인이 사형을 당하면서도 신앙을 지키는 모습을 보고 크게 감동을 받고 예나(Jena) 대학에서 신학을 공부하였다. 그 후 스팡겐베르크(Spangenberg)가 지도하는 헤른후트 학생단에 입회하였다. 니콜라스 본 친첸도르프(Nicholas von Zinzendorf)와의 만남에서 참된 회심을 경험한 후에는 전 삶을 헤른후트 형제단을 위해 헌신하기로 결심하였다. 1734년 라이프치히 대학(Leipzig)에 입학하여 법학 석사 학위를 취득하였다. 목사 안수를 받고 헤른후트 가까운 곳인 베르델스돌프(Berthelsdorf)에서 부목사로 일하였다. 그 후 영국과 아메리카에 있는 모라비안 공동체의 지도자이자 친첸도르프의 대리인으로서 일을 하였고 감독의 직까지 오르게 되었다. 1775년 4월 27일 영국 풀넥크(Fulneck)에서 심장마비로 세상을 떠났다.[9]

2. 칭의의 교리

웨슬리는 루터에 의한 의인의 교리(The Doctrine of Justification)를 모라비안 교도를 통해 알게 되어, 구원에 이르게 하는 의(義)는 예수 그리스도를 통해 얻게 된다는 것을 고백하였다. 조지아 주 선교 당시 모라비안의 지도자 스팡겐베르크와 1738년 2월 1일 영국에 와 있던 모라비안의 지도자 피터 뵐러와의 교제를 통해서도 믿음에 의해서만 의롭게 될 수 있다는 진리를 깨달으려고 노력하였다.

뵐러는 헤른후트파의 한 사람으로 젊은이들의 중심적인 인물이었다. 뵐러는 옥스퍼드에서 학생과 대학 교구 목사들 사이에서 주목할 만한 운동을 하였으며, 런던에서도 헤른후트파의 본을 따라 '반'(band)을 조직하였다. 뵐러의 영국인 친구들은 페티래인(Fetter Lane)에 모여서 '반' 모임을 가졌다. 이 당시 반 모임은 헤른후트파의 반보다 다소 큰 최소 5명, 많으면 10명으로 구성되었으며, 주 1회 모여서 개인적 신앙 경험과 여러 문제들을 서로 이야기하였다.[10]

> **헤른후트파의 반(Band)**
> 뵐러는 1727년 7월 9일에 헤른후트파에서 시작한 반(Band)을 영국에서 조직하였다. 반은 원래 두 사람 또는 세 사람의 회원으로 구성되고, 서로 대화 나누는 것을 중시하며, 반에는 '반 간사'(band-keeper)를 두었다. 반 간사는 독립하여 있지 않고 친첸도르프 감독 아래 있었으므로 모든 일을 친첸도르프에게 보고해야만 했다.

뵐러는 웨슬리에게 "나의 형제여, 나의 형제여, 당신의 철학을 버리지 않으면 안 됩니다"라고 말하였다. 그가 말하는 철학은 영국 성공회에 뿌리 깊게 자리 잡은 자연신학을 의미하였다. 그러나 웨슬리는 그의 말을 이해할 수 없었고, 뵐러는 강도 높게 웨슬리에게 믿음을 강조하였다. 3월 5일 뵐러와 대화하는 가운데 웨슬리는 자신에게 사람들을 구원으로 인도할 수 있는 신앙이 결여되어 있음을 확신하고 설교하는 것을 중지해야겠다고 생각하였다.

행함으로 구원을 얻는다는 신앙적 기초가 무너진 어느 날, 웨슬리는 뵐러를 만나 전도를 중지해야겠다고 말하였으나 뵐러는 중지하지 말라고 하였다. 이에 웨슬리가 "무엇을 가지고 전도하겠는가?" 물으니 뵐러는 "선생의 믿음을 전하시오. 믿음을 얻을 때까지 그리고 믿음을 얻은 후에는 그 얻은 믿음을 전하시오"11)라고 권면하였다. 이 말은 믿음을 가질 때까지 믿음을 설교하라는 것이었다. 그렇게 할 때 웨슬리는 믿음을 가지게 됨으로 믿음을 설교하게 될 것이라는 말이다.

웨슬리가 믿음이 없어도 믿음에 대한 설교를 해야 한다는 뵐러의 충고를 받아들여 사형수에게 전도하니 그가 구원을 받았다. 3월 26일 웨슬리는 옥스퍼드 근처 횟담(Whitam)에서 '새로운 피조물'에 대하여 설교하였다. 그 다음날 웨슬리는 친구 킨친(Kinchin)과 함께 사형 선고를 받은 죄수를 방문하고, 두 사람의 죄수에게 죄를 용서받을 수 있다는 사실을 설교하고 죄수와 함께 기도하였다. 그러자 죄수는 벌떡 일어나서 죽을 각오가 되어 있으며, 그리스도께서 자신의 죄를 용서해 주셨으므로 더 이상 죄가 없다고 하였다. 그 죄수는 침착함과 평안한 마음으로 형장으로 갔다.12)

뵐러가 친첸도르프에게 보낸 편지에 이런 구절이 있다.

"구주를 믿는 우리들의 방법은 영국 사람들에게는 너무나 용이한 것이어서 그들은 자신을 그것에 일치시키지 못합니다. 그들은 자기 의를 주장합니다. 자기들의 신앙을 그들 자신의 행위에 의해 증명하려고 합니다. 그런 까닭에 자신들을 학대하고 괴롭히게 되는데 실로 비참한 일입니다."

이 구절은 영국 사람들이 믿음으로 의를 얻는 도리를 아직 깨닫지 못하고 자신의 행동으로써 의를 얻는 줄 믿고 있으며, 믿음으로 의를 얻는다는 도리가 너무나 평이한 것이기 때문에 도리어 믿지 못한다는 사실과 또 그런 믿음을 가지지 못하였기에 그들 스스로가 고민하고 있다는 말이다.

이때 웨슬리는 윌리엄 로가 마땅히 의인 신앙(justifying faith)에 관하여 설명했어야 함에도 불구하고 오로지 율법에 대해서만 설명한 것같이 생각되어

로를 비난하였다.13) 즉 인간은 자신의 공적과 의를 버리고 온전히 그리스도에게 달려가야 함에도 불구하고 로는 이 같은 사실에 대해서 아무것도 말하지 않았다는 것이다. 웨슬리는 로가 이 진리를 가르치지 않은 것을 잘못이라고 하였다.14)

웨슬리는 종종 형식화되고 의식화된 기도를 중지하였다. 그리고 기독교 윤리 대신 그리스도의 피로서 속죄의 구원을 얻는다는 신앙을 중시하였다. 입버릇처럼 "주여, 나의 불신앙을 도와 달라"고 외쳤다. 웨슬리는 온갖 기회를 포착하여 그리스도의 피로 죄사함을 얻는 하나님의 은혜에 대한 신앙을 설교하였다. 그는 이 '새로운 신앙'(new faith)을 찰스에게 몇 차례 설득하여 동의를 얻어냈다.15) 뵐러는 그의 일기에서 찰스 웨슬리는 자신이 불쌍한 죄인이라는 사실과 자기에게 구원의 주님이 계시지 않았음을 발견하였다는 것과 그리고

신앙의 갈등을 겪는 웨슬리

뵐러에 의하면 그리스도에 대한 참된 신앙은 죄에 대한 지배와 하나님이 나의 죄를 용서하셨다는 의식에서 오는 끊임없는 마음의 평화와 행복이었다. 뵐러와 그의 동지들의 신앙 간증을 들은 웨슬리는 ① 믿음을 얻기 위하여 노력할 것과 ② 나의 공로와 의를 부인해야 될 것과 ③ 은혜의 방법으로 끊임없이 기도로써 그리스도의 피를 굳게 의지하는 믿음과 예수를 나의 구주로 믿는 마음을 갖고자 하였다. 이때부터 웨슬리는 자신의 의와 성화와 속죄를 위해 그리스도를 의지하였다. 즉 하나님의 은총에 의해 이루어지기를 간구하였다. 회심 체험 이전의 웨슬리는 논리적으로 의인의 교리가 성서적으로 옳다는 것을 확신하였다. 웨슬리는 믿음이란 인간이 하나님께 대하여 가지는 확고한 신뢰이며, 인간은 그리스도의 공로로 죄를 용서받고 그 은혜로 말미암아 살 수 있다는 사실을 성서적으로 발견하였다.16)

웨슬리의 설교를 들은 뵐러는 매우 불만족스러워 하며 그날 저녁 웨슬리의 방에서 설교에 대한 토론을 하였다. 뵐러는 웨슬리에게 불신앙이 최대의 적이라는 루터의 진리를 가르쳤다. 웨슬리는 자신이 순수한 신앙을 가지고 있지 않다고 보고, 이제 더 이상 이론적 질문은 하지 않겠다고 말하였다. 뵐러는 신앙은 하나님에 의한 새로운 창조이며, 이 일은 하나님 자신이 이루시는 것이라고 말하였다. 그때 웨슬리는 하나님이 전부이며 자기 자신에게 아무것도 의뢰하지 않는 것이 기독교의 유일한 진리라고 생각하였다.17)

5월 7일 뵐러는 존 웨슬리가 옥스퍼드로 가는 길에 켄싱턴(Kensington)까지 마중하면서 다시 한번 믿음이야말로 그리스도인이 구해야 할 목표이며, 믿음(그리스도께서 흘리신 피로 말미암아 죄의 용서에 대한 믿음)이 초대 기독교의 핵심이라는 것을 강조하였다. 그리고 완전한 기독교 윤리에 의하여 구원에 도달한다는 것은 잘못된 생각이라고 말하였다.

찰스 웨슬리의 회심

1738년 5월 21일 찰스가 웨슬리보다 먼저 복음적 회심인 중생의 기쁨과 내심의 평화를 경험하였다. 찰스는 병중에 요양하다가 철공장에서 일하는 친구 브레이의 집에 머물게 되었다. 요양 중 우연히 루터의 「갈라디아 주석」을 주의 깊게 읽고 또 기도하고 명상한 결과 1738년 오순절 중생의 경험을 하였다. 브레이가 "허물의 사하심을 얻고 그 죄의 가리움을 받는 자는 복이 있다(시 32:1)"는 말씀을 읽어주자, 찰스는 단순한 믿음으로 속죄의 능력을 의지하는 마음을 얻었으며 그 속죄를 믿을 때, 그의 마음에 무거운 짐을 벗어 놓은 것 같은 가벼움과 참된 평화가 깃들었다.

예수의 피로 말미암은 은혜를 간구하였다는 것을 기록하였다.[18]

3. 웨슬리의 회심 경험

세인트 폴의 야드에 세운 웨슬리 동상

찰스가 회심한 지 3일이 지난 5월 24일, 웨슬리는 아침 5시에 일어나 성경구절을 찾아 읽었다. 그 구절은 "이로써 그 보배롭고 지극히 큰 약속을 우리에게 주사 이 약속으로 말미암아 너희로 정욕을 인하여 세상에서 썩어질 것을 피하여 신의 성품에 참여하는 자가 되게 하셨으니……"(벧전 1:4)라는 말씀이었다. 그가 집을 나서서 다시 한번 성경을 폈을 때 나타난 말씀은 "네가 하나님 나라에 멀지 않도다"(막 12:34)였다.

오후에 세인트 폴(St. Paul) 교회의 예배에 출석하였다. 저녁에 울적한 마음으로 8시 45분 런던의 올더스게이트 거리(St. Oldersgate)에서 성경 연구와 기도를 목적으로 몇몇 신앙 동지들이 모이는 작은 집회(모라비안 교도의 집회)에 참석하였다. 누구인지 모르나 어떤 사람이 루터의 '로마서 서문'을 읽고 있었다.

웨슬리는 이 말씀을 듣고 있을 때, 이상하게 마음이 뜨거워지고 그리스도만이 구주가 되며 자신의 죄가 씻기어 구원받았다는 확신을 갖게 되었다. 일기에 의하면, "내 마음이 이상하게 뜨거워지는 것을 느꼈다. 나는 구원을 얻기 위해서 오직 그리스도만을 신뢰하였다. 그리스도께서 나의 죄를 사하시고 죄와 죽음과 율법에서 건져주셨다는 확신을 얻었다. 이것을 모든 사람에게 증거하였다."19)

이것이 웨슬리의 회심 사건이다. 이 회심으로 웨슬리는 인간이 선한 행위로서 구원을 얻지 못한다는 사실을 철저히 깨닫고 하나님의 은총으로만 의롭다 함을 얻는다는 사실을 확신하게 되었다. 웨슬리의 회심은 웨슬리의 생애에 있어서 결정적인 중요성을 가진다. 웨슬리에게 회심은 신앙의 확신을 가져오게 하였고 또 죄의 극복을 가져오게 하였다.

존 웨슬리가 회심한 곳에 그의 회심을 기록한 동판

웨슬리를 변화시킨 로마서 서문
"믿음은 우리 안에 계신 하나님의 역사다. 하나님의 역사는 우리를 변화시키고 우리를 하나님에게서 새롭게 탄생시킨다. 옛 아담을 죽게 하고 우리를 마음과 성품과 정신, 그리고 모든 힘으로부터 전혀 다른 인간으로 변화시킴과 동시에 성령으로 힘 입혀 주신다. 아! 신앙은 생동적이며 창조적이고 활동적이며 강력한 것이다. 그러므로 끊임없이 선한 일을 행하지 않을 수 없게 된다. 선한 일을 할 것인가 아니 할 것인가를 묻는 것이 아니라 오히려 그런 것을 묻기 이전에 이미 선한 일이 행하여져 있으며 또한 언제나 행하게 된다."20)

웨슬리의 회심과 성서
웨슬리가 조지아 주 선교 실패 후 뵐러와 대화하면서 추구한 것은 죄의 극복과 죄의 용서하심에 기초한 끊임없는 평화였다. 그래서 자기 자신의 의를 버리고 하나님으로 말미암아 선물로 주어지는 의를 추구하였다. 이러한 삶의 추구에 결정적이며 최종적인 충격을 준 사람이 뵐러였다. 그러나 웨슬리 회심의 본질적인 안내자는 웨슬리가 오랜 세월에 걸쳐 매일 읽었던 헬라어 신약성서였다. 의인 신앙을 분명히 한 것은 성서였다. 따라서 성서에 대한 웨슬리의 객관적인 인식이, 웨슬리가 루터의 로마서 서문 낭독을 들었을 때, 그의 개인적인 확신이 된 것이다. 사실 웨슬리가 회심에 이른 것은 웨슬리가 루터의 글을 읽어서가 아니라 루터의 말을 들음으로써 발생한 것으로 보아야 한다.21)

옥스퍼드의 세인트 메리 교회

회심 경험 후 나흘째인 5월 28일 저녁에 영국 성공회 목사 허튼(John Hutton)의 집에서 격렬한 논쟁이 벌어졌다. 웨슬리가 자신은 5월 24일 이전에는 그리스도인이 아니었으나 이제는 그리스도인이 되었다고 말하자 허튼 목사 부부는 웨슬리가 미쳐버린 것이 아닌가 의심하면서, 웨슬리에게 이미 받은 두 성례의 효력을 경시해서는 안 된다고 경고하였다. 허튼 부인은 만일 웨슬리가 회심 이전에는 그리스도인이 아니었다면 그는 위선자가 될 수밖에 없다고 주장하였다. 허튼 부인은 웨슬리의 형 사무엘에게 동생을 올바르게 지도하라는 내용의 편지를 보냈다. 허튼 부부의 자녀들도 웨슬리를 성자처럼 존경하고 있었기 때문에 가족들 사이에 말썽이 되었다.[22]

웨슬리의 회심은 웨슬리의 성격과 그의 전도 방법에 큰 변화를 가져다주었다. 회심 후 18일이 지난 1738년 6월 11일, 웨슬리는 옥스퍼드의 세인트 메리 교회(The University Church of St. Mary The Virgin)에서 "믿음으로 말미암는 구원"(Salvation by Faith)이란 제목으로 설교하였다.

설교 본문은 "너희가 그 은혜를 인하여 구원을 얻었나니 이것이 너희에게서 난 것이 아니요 하나님의 선물이라"(엡 2:8)는 말씀이었다. 이 설교는 이때부터 감리교 신앙신조의 표준이 되었다. 웨슬리는 이전과 달리 회심 경험을 토대로 설교하였다. 도덕적 교훈과 차디찬 이론, 능력이 결핍된 엄격한 의식주의자인 웨슬리가 구원과 생명 체험을 토대로 복음을 전하였다. 이 복음 운

회심사건을 설명하는 웨슬리

올더스게이트 거리를 알리는 표지판

올더스케이트 거리에는 또 다른 웨슬리 회심기념비가 있다. 미국 학자들은 이 자리를 웨슬리 회심지로 판단한다.

동의 시작이 메도디즘(Methodism)을 탄생하게 만들었다. 영국 인텔리의 한 사람이 얻은 깨달음은 영국 감리교회의 참된 근원이 되었다. 웨슬리의 회심 경험은 옥스퍼드와 영국 역사의 신기원을 만들어 내었다. 그러나 회심 전에도 웨슬리는 열심히 하나님을 추구하였던 크리스천이었음을 잊지 말아야 한다. 웨슬리의 첫 번째 회심이 고교회적 배경에서 나온 것이라면, 웨슬리의 두 번째 회심은 퓨리탄과 모라비안(Moravian)의 배경에서 나온 것이다.

회심 후에 웨슬리는 의인 신앙과 함께 성화에 대하여 새로운 이해를 하게 되었고, 회심을 통하여 성화는 하나님의 은사로 인간에게 주어지는 것이라고 생각하였다. 그리고 회심 전에는 지상에서의 완전이 불가능하다고 보았으나 회심 후에는 가능하다고 보았다. 웨슬리는 자신이 의인의 체험을 하였음에도 불구하고 회심에 의하여 비약적인 성화의 체험을 할 수 없었다는 점에서 무척 괴로워했다.

속회 회원증

제 6 장

웨슬리의 열정적 초기 사역과 감리교회의 태동

제6장 웨슬리의 열정적 초기 사역과 감리교회의 태동

웨슬리가 회심을 통하여 성령을 체험한 후에 행한 많은 사역들은 초기 감리교회 형성에 큰 영향을 주었다. 특히 웨슬리의 부흥 운동은 연합신도회의 형성으로 시작되면서 제도적인 질서와 규율을 실천함으로써 확장되었다. 앞장에서 살펴본 바와 같이 웨슬리의 회심 배경에는 모라비안 지도자들의 영향이 컸다. 따라서 회심을 경험한 웨슬리는 모라비안의 공동체 본부인 헤른후트 형제단을 방문하였고 이를 통해 많은 배움과 영감을 얻게 되었다. 그러나 곧 그들에 대한 문제점을 보게 되면서 그들과 함께 하였던 페터래인 신도회와 결별하게 된다. 이런 결별은 브리스톨의 뉴룸과 런던의 파운더리 채플이 설립되는 결과를 가져왔다. 이들의 설립으로 초기 감리교회가 태동하게 되었다.

친첸도르프

1. 웨슬리의 모라비안 교도 방문

웨슬리는 중생 경험 18일 후인 1738년 6월 11일 옥스퍼드에서 "너희가 은혜로 말미암아 믿음으로 구원을 얻었다"라는 제목으로 설교하였다.

이 설교는 중생을 토대로 한 것인 만큼 중생 이전의 이론에 치우친 설교와는 그 내용이 달랐다.

회심한 웨슬리는 1738년 6월 14일 모라비안에 대해 보다 많은 것을 알고 싶어 했다. 그래서 4명의 영국인과 4명의 독일인을 동반하고 모라비안 교도들을 방문하였다. 웨슬리가 모라비안 교도들을 방문하는 목적은 복음적 회심 체험에 대한 감사를 표시하기 위해서, 그리고 믿음이 굳센 사람들과의 교제를 통해서 자기의 연약한 믿음에 도움을 얻기 위함이었다.

웨슬리는 헤른후트에서 보낸 11일 동안 그가 보고 들은 것에 크게 감명을 받았다. 그는 애찬식에 참여하고, 성경공부에 참석했으며, 그들과 함께 예배를 드렸다. 8월 11일 헤른후트를 떠나면서 모라비안 형제들에 대한 깊은 존경심과 매력을 느꼈다. 웨슬리는 이 방문을 통하여 모라비안들의 신앙과 실제 생활의 모습을 실제로 보고 듣는 중에 자신이 새로이 얻은 종교적 체험에 대해 더 깊은 확신을 얻게 되었다.

독일 경건주의와 웨슬리와의 접촉은 조지아 주 선교 시 가지고 갔던 몇 권의 서적 가운데 프랑케(August H. Franke)의 「니고데모」(Nicodemus)로부터 시작되었다. 이 책은 이 세상에 속한 것들을 완전히 단념하는 생활과 초대 교회를 동경하는 것을 내용으로 하고 있다. 이런 내용들이 웨슬리의 마음을 끌

웨슬리와 친첸도르프의 만남
Copyright©General Board of Global Ministries, UMC

친첸도르프 백작과의 만남

웨슬리는 모라비안 교도의 지도자 친첸도르프(Ludwig von Zinzendorf) 백작을 방문하였다. 친첸도르프는 독일적 민족성과 루터주의의 배경을 가진 인물로서, 다음과 같은 의인의 교리를 믿고 있었다.

그리스도인의 완전이란 그리스도의 피의 공로에 대한 신앙에 불과하다. 그것은 그리스도로부터 전가되는 것이지 신자 고유의 것이 아니다. 하나님께서 의롭다고 하시는 그 순간 신자는 온전히 성화되는 것으로서 그때부터 죽음에 이르는 시간까지 신자는 그 성격에 있어 더하지도 덜하지도 않는다. 온전한 의인이나 성화는 같은 순간에 이루어지는 사건이다. 의롭다고 여겨지는 순간부터 신자의 마음은 가능한 한 깨끗하다.

헤른후트 형제단 방문

헤른후트 - 모라비안 교도의 본부

웨슬리는 드레스덴에서 약 30마일 떨어진 헤른후트 형제단(Herrnhut Brethen)을 방문하였다. 헤른후트는 라우지첼(Lausitzer)의 고지대에 있으며, 수풀 속에 묻혀 있고, 밭과 정원으로 둘러싸인 아름다운 지형 속에 있으므로 웨슬리는 좋은 인상을 받았다. 웨슬리는 이곳에서 2주간(1738. 8. 1~8. 14) 머물며[1] 예배, 애찬회, 성서 연구회에 참석하였다. 또 그들의 묘지도 방문하여 정확한 관찰과 관심으로 헤른후트의 어린이들이 어떤 모양으로 매장되었는지, 그리고 그 묘지의 배치와 구획 정리에 대해서 자세하게 적어 두었다.

헤른후트 형제단은 몇 개의 가족으로 나누어 공동생활을 영위하였다. 이들은 5~7명의 반(Band)으로 조직되어 있으며, 반 단위로 매주 2~3회 모여 종교적 체험담을 나누고 서로 신앙을 격려하였다. 전체적인 집회는 하루에 세 번 기도회, 독경회, 찬양회로 모였다. 이외에도 기혼자 동아리, 독신남성 동아리, 독신여성 동아리, 미망인 동아리 등 여러 동아리를 만들어 활동하였다. 이들은 제비를 뽑는다든지, 성경을 닥치는 대로 펴서 그 상황에 대한 하나님의 뜻을 알고자 하는 방법을 존중하였다.

헤른후트 형제단의 생활은 초대 교회 신도들의 생활과 같은 것이었다. 웨슬리는 그들의 신앙과 주님에 대한 사랑, 온유하고 절도 있는 태도, 순결함과 형제 사랑에 대하여 기쁨을 표명하였다. 그리고 형제단의 조직, 특히 회의와 반 모임과 어린이들에 대한 교육 방법과 용의주도한 목회에 감명을 받았다.[2]

모라비아니즘과의 결별

웨슬리는 점차로 모라비아니즘에 대한 환상으로부터 벗어나기 시작했다. 독일 여행을 통하여 모라비아니즘의 현실에 대해 비판의식을 갖게 된 것이다. 웨슬리는 모라비아니즘에 대해 깊은 존경과 자기의 신앙에 끼친 그들의 큰 영향에 감사하면서도 냉철하게 모라비아니즘의 현실을 비판하면서 자기 길을 가기로 결심하였다. 특히 루터주의의 맹점을 발견하게 되면서 모라비아니즘의 정적주의와 도덕무용론(Antinomianism)에 회의를 갖고 정적주의와 도덕무용론 대신 사랑으로 역사하는 신앙을 통해 나타나는 성화를 실현해 나가는 신학을 정립하게 되었다. 이러한 신학적 토대 위에서 그의 부흥 운동이 시작되었고, 초대 교회와 영국 성공회의 전통을 균형적으로 종합하여 자신의 신학적 틀을 잡아나갔다.

웨슬리의 할레 방문

웨슬리는 오랫동안 할레의 고아원의 아버지 고트리프 아우구스트 프랑케를 존경하고 있던 터라 할레(Halle)를 방문하였다. 웨슬리는 할레 고아원의 큰 건물을 보고 경탄을 금할 수 없었다. 고아원에는 학교, 약국, 인쇄소가 있었으며, 650명의 아이들이 수용되어 있었고 3,000명의 아이들이 교육을 받고 있었다.[3]

웨슬리는 할레 고아원에서 실시하는 교과목과 교육 시간에 흥미를 가졌다. 그들의 일과는 하급생은 오전 5시에서 오후 8시까지, 상급생은 오후 10시까지였다. 이들은 오전 11시부터 12시까지, 점심식사 후 1시간, 그리고 오후 7시부터 8시까지, 하루에 세 번 산책 시간을 가졌다. 후일 웨슬리가 킹스우드(Kingswood)에 학교를 설립하고 경영할 때, 이와 같은 헤른후트의 경험이 많은 도움이 되었다.[4]

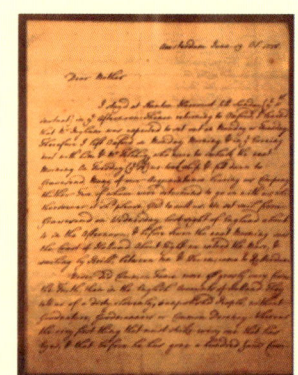

어머니에게 쓴 웨슬리의 편지, 홀란드 여행에 대한 내용이 담겨 있다.(1738년 6월 19일)

었을 것으로 본다. 웨슬리는 헤른후트를 떠날 즈음 할레에서 프랑케를 만났다. 프랑케는 영국에서 주목받고 있는 인물이었는데, 웨슬리를 매우 우호적으로 맞아 주었다.5)

2. 페터래인 신도회(Fetter Lane Society)로부터의 분리

영국으로 돌아온 웨슬리는 브리스톨과 런던에 있는 연합신도회 발전에 혼신의 힘을 다하였다. 웨슬리는 앵글로 색슨의 민족성과 이성적으로 훈련된 생활을 현실화하려는 가톨릭의 편견을 가진 소유자라 볼 수 있다. 신앙에 의한 의인의 교리를 모라비아니즘을 통해 알게 되었으나 시간이 흐르면서 웨슬리의 독특한 경건과 신학으로 흡수되었다.

페터래인 신도회

모라비안 교회의 전경(좌)과 표지석(우)

1738년 5월 1일 런던에서 '페터래인 신도회'(Fetter Lane Religious Society)가 창립되었다. 이 신도회는 페터래인 32번가에 있는 런던의 도서 상인 리처드 후튼(Richard Hutton)의 집에서 처음 모임을 가졌다. 성공회 소속으로 모라비안 성향이나 감리교적 성향을 띠지 않았으며, 1주일에 한 번씩 모임을 갖고 서로에게 잘못을 고백하고 기도하는 것이 목적이었다.6) 웨슬리가 회장직을 맡고 있는 이 신도회는 각각 5~10명의 회원들이 매주 만나는 반모임(band)들로 구성되어 있었다. 후튼의 집에서 시작된 이 신도회는 페터래인에 위치한 큼직한 예배당으로 장소를 옮겼다.

어머니 수산나의 지원

이때까지 웨슬리의 회심에 대해 사무엘과 더불어 냉담한 반응을 보였던 수산나가 웨슬리의 복음 운동을 지원하기 시작하였다. 교회에서 성례전 제정에 대한 말씀을 들었을 때 죄의 용서에 대한 확신을 체험하였기 때문이다. 수산나와 친분이 있던 헌팅턴 백작부인 셀리나(Selina, 1701~1791)도 '페터래인 신도회'를 방문하였다. 셀리나는 여름에는 영국 북부의 도밍턴 파크(Dommington Park)에 있는 별장에서 지냈고, 겨울이면 런던에서 지냈다. 웨슬리와 함께 인디언 선교를 위해 조지아까지 동반한 웨슬리의 친구 벤저민 잉험이 헌팅턴 백작의 여동생과 결혼하였기 때문에 이들은 서로 교제를 나누며 복음 사역을 협조하였다.

페터래인 표지판

신도회가 정상 궤도에 오르자 웨슬리는 가끔 런던을 비웠다. 웨슬리 부재 시 신도회를 맡고 있던 찰스는 회원들의 단결을 위해 부단히 노력하였다. 그러나 1739년 6월에 신도회는 영국 성공회로부터 독립하려는 경향을 보이기 시작했다.

1739년 브리스톨에서 런던으로 돌아온 웨슬리는 페터래인 신도회가 '극도의 혼란'에 빠져 있음을 알게 되었다. 그의 부재중에 유능한 모라비안 교도인 필립 헨리 몰터(Philip H. Molther)가 1739년 10월 18일 런던에 도착하였다. 그는 페터래인 신도회에 가입하여 무위정적(無爲靜寂)이라고 하는 종교적 정적주의의 한 형태를 가르쳤다. 그는 낮에는 신도회 회원들의 가정을 방문하여 신앙 상담을 하며 대화를 나누었다. 이 같은 정력과 헌신이 결합된 몰터의 카리스마적 영향력이 있었기에 웨슬리로서는 그를 대응하기가 쉽지 않았다. 결국 웨슬리는 모라비안 교도들과의 결별을 택했다.

피터 뵐러가 런던에 좀 더 머물렀거나, 아니면 웨슬리가 브리스톨에서의 사역을 발전시키는 일보다는 런던에 좀 더 많은 힘을 쏟았더라면 이러한 사태는 발생하지 않았을지도 모른다.7) 유럽과 미국에 정착촌을 마련한 친첸도르프는 영국에 정착촌 마련의 교두보로서 페터래인 신도회를 자신의 모라비안 종파의 연장선상에서 바라보았다. 그러나 웨슬리는 이 신도회를 영국 성공회 안에 존재하는 감리교 운동으로 보았다.

웨슬리는 '페터래인 신도회'를 창설한 이후 복음 운동을 시작했으나 필립 몰터와의 심한 의견 대립으로 인해 페터래인 신도회를 떠남으로써 신비주의 운동을 추구하는 신앙에서 탈퇴하게 된다. 웨슬리는 9개월 동안 이들과 논쟁하고 그들에게 훈계하고 경고해 왔지만 실효를 거두지 못하자 1740년 7월 20일 그들과 결별하였다.

필립 몰터

몰터는 프랑스의 알자스 지방 출신으로 예나 대학에서 신학을 공부하였으며, 친첸도르프 백작 아들의 가정교사직을 맡아 프랑스어와 음악을 가르쳤다. 1739년 안수를 받고 모라비안 종파의 성직자가 된 후 펜실베이니아에 있는 모라비안 교도 정착촌을 방문하는 길에 런던에 들렀다가 독일로 소환되기 전까지 일 년 간 머물렀다. 몰터는 훌륭한 설교자였고 대단히 정력적인 사람이었다.

몰터와의 갈등

몰터는 항상 웨슬리가 들으라는 듯이 그가 도착하기 전에는 '페터래인 신도회'의 회원 누구도 참된 신앙을 갖지 못했다고 주장하였다. 몰터는 믿음에 이르는 길은 그저 그리스도를 기다리며 아무것도 하지 않는 것뿐이며, 믿음을 얻기 위해 예배, 금식, 개인기도 및 성찬식과 같은 은혜의 수단을 사용하거나 선행에 참여하는 것은 소용이 없다고 가르쳤다. 이런 정적주의에 반대하여 웨슬리는 은혜의 수단을 역설하였다. 그리스도인의 완전을 열망하는 점에서는 웨슬리도 정적주의에 동의하였지만 은혜의 수단을 사용한다는 점에 차이가 있었다. 웨슬리는 많은 사람들, 특히 여성들이 정적주의의 영향으로 신앙을 잃거나 고의적으로 신앙을 포기하거나 최소한 회의에 빠지게 된다는 사실을 알게 되었다. 몰터는 신앙에는 반드시 완전한 지식과 성령의 내적인 증거가 따르는 것으로서 그런 것이 보이지 않는 사람에게는 신앙이 있을 수 없다고 주장하였다.

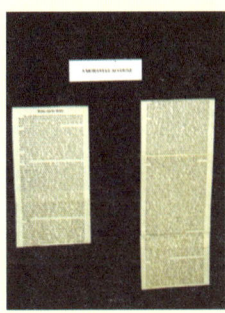
웨슬리에 대한 모라비안의 진술

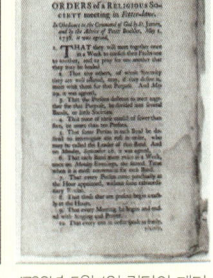
1738년 5월 1일 런던의 페터래인 소사이어티의 규칙

문제가 된 것은 몰터가 주장하는 바와 같이 참된 의인의 신앙이란 자기도취(Narcissism)인 그리고 정적주의적인 주관적 감정에 따르는 것인가, 아니면 웨슬리가 주장하는 바와 같이 하나님과 인간의 인격적인 관계 속에서 인간 편에 서서 의지적으로 하나님을 신뢰하는 것인가 하는 것이었다. 웨슬리는 주관주의를 떠나서 교회의 은혜의 수단인 성례전, 교제, 기도, 훈련 등을 중시하는 입장을 취하고 페터래인 신도회와 결별을 선언하였다.

친첸도르프와의 결별

1741년 9월 3일 웨슬리는 런던에 있는 4개의 법학회관 중 하나인 그레이스 인(Gray's Inn)에 있는 정원에서 헤른후트파의 최고 지도자 친첸도르프를 만나 대화를 나누었다. 두 사람은 의인이 예수 그리스도의 희생적 죽음을 통해 은혜로만 실현된다는 것과 하나님이 새로운 인간의 창조자라는 전체적인 교리에는 동의하였지만 각론에 들어가서 심한 견해 차이를 보였다. 친첸도르프가 루터처럼 완전히 하나님에게 의존된 새로운 인간만을 본 데 반하여, 웨슬리는 하나님에게 의존된 새로운 인간을 목표로 하여 사는 삶을 보았다. 대화하는 가운데 웨슬리는 친첸도르프와의 이별을 생각하지 않았지만 친첸도르프는 웨슬리가 그를 추종하는 자들을 나쁜 길로 인도한다고 확신하면서 웨슬리의 완전 교리를 이단적으로 보았다.[8] 그 이후에도 웨슬리는 헤른후트파 사람들과 접촉하고 화해를 시도하였지만 헤른후트파 사람들은 웨슬리가 기독교의 중대한 위협이 된다고 생각하였으며,[9] 웨슬리를 독재적인 사람으로 보았다.[10]

그 당시 제임스 후턴, 매튜 클락, 토마스 브레이, 에드먼드와 같은 모라비아 교도들은 영국에 헤른후트파 교회를 설립하려고 하였다. 그러나 이들의 시도가 쉽지 않음을 인식하고 '페터래인 신도회'를 통해 자신들의 정신을 드러내고자 하였다.11)

웨슬리는 모라비안 교도들과의 논쟁을 접고 그를 지지하는 18~19명의 다른 회원들과 함께 신도회를 떠나 파운더리(Foundery)에서 감리교 신도회(Methodist Society)란 모임을 창설하고 영국 성공회 안에서 독립적이고 자유로운 운동의 기초를 다지는 일에 매진하였다.

3. 감리교 운동의 시작

웨슬리는 1739년 5월 2일 3,000명 앞에서 설교한 이후부터 말을 타고 다니면서 잉글랜드는 물론 스코틀랜드와 아일랜드에서 설교하였다. 폭도들의 폭행과 함께 죽음의 위기가 왔지만 그는 하루에도 수차례씩 설교를 하였다. 웨슬리가 설교할 때 폭도들도 그 자리에 있었지만 웨슬리의 설교를 듣고 은혜를 받았으며, 길 가던 자도 은혜 받고, 자기 딸이 은혜 받는 것에 격분하여 시비 거는 자도 은혜를 받았다.

영국 비국교도 목사인 이삭 테일러(1759~1829)는 존 웨슬리와 찰스 웨슬리의 감리교 운동을 다음과 같이 평하였다.

"신앙 부흥 운동을 시작한 인물은 비록 학자와 신사였으나 이들은 적군을 향하여 돌진하는 군인들을 능가할 만한 용기를 가졌다. 우리는 10만의 군인보다는 복음 전하면서 폭도들에게 폭행을 당하되 두려워 않는 이 두 사람을 얻기가 더 어려울 것이다."

드류대학에 있는 웨슬리 관련 배너

1) 브리스톨에 교회 개척

웨슬리가 옥외설교를 시작한 지 한 달 만에 브리스톨 중앙의 호스페어(Horsefair)에 땅을 마련할 수 있었다. 웨슬리는 1739년 5월 12일에 그 땅을 사서 감리교회 최초의 예배당인 '뉴룸'(New Room)의 정초식을 거행하였으나, 너무 급하게 진행되어서 1748년에 재건축을 해야 했다. 웨슬리 생전에 18차 연회가 이곳 뉴룸에서 모였고, 최초의 속회도 이곳에서 결성되었다.

> **연합신도회의 시작**
>
> 감리교 운동이 확산되자 웨슬리는 영국 성공회에서 사용하던 신도회(Society) 제도와 모라비안 교도들이 사용하던 간친회 제도의 필요성을 느껴 1739년 4월쯤 런던과 브리스톨에서 매주 한 번씩 여자 3명과 남자 4명의 신자로서 회를 조직하고 신앙의 향상과 친목을 도모하였다. 매주 1회 목요일 저녁에 모여서 적절한 교훈을 하고 기도하게 된 것이 연합신도회의 시작이었고, 각 회원의 이름과 주소를 기록하여 각 가정을 방문하게 된 것이 감리교 운동의 시작이었다. 신도회가 커지자 신도들을 파악하는 것과 그들을 지도하는 것이 용이하지 않았으므로 작은 단위의 '속회'(Class meeting)로 나누어 활동하였다.

제6장 웨슬리의 열정적 초기 사역과 감리교회의 태동

속회의 시작

웨슬리의 설교에 감동한 사람들은 웨슬리에게 자신들의 영적인 삶을 보살펴 줄 것을 요청했다. 그러나 영적인 삶을 유지하고 더욱 고양시키기 위한 그들의 환경은 매우 열악하였다. 웨슬리는 그들의 요청을 받아들여 매주 목요일 아침에 서로 대화하고 권고하고 서로를 위해 기도하기 위해서 모이도록 하였다. 이 모임에 참석하지 않은 사람들은 얼마 되지 않아 다시 이전의 무절제한 생활로 되돌아갔다. 매주 모임에 참석하는 사람이 많아지자 웨슬리는 그 모임을 10~12명 단위로 모이게 하였다. 이것이 바로 속회가 나타나게 된 근본 원인이다. 이 작은 모임을 통해 남녀노소 막론하고 주변에 있는 사람들과 쉽게 만나 상호간의 영적 삶을 고양시키는 일에 매진하였다. 이 모임의 지도자들은 각 회원들의 심령상태를 보살피고 상담하고 권면하고, 그들의 문제를 해결하고 충고하는 동시에 그 상황을 웨슬리에게 보고해야 했다.

부채를 갚기 위해 포이(Foy)의 아이디어로 매주 1페니씩 헌금한 것이 동기가 되어 속회가 조직되었다. 12명을 단위로 하여 속회를 조직하고 속장(Class leader)을 두었다. 속회는 영혼을 돌보고 신도를 훈련시키기 위한 매우 좋은 방법이었다. 이 방법은 웨슬리가 모라비안 교도들로부터 배운 것이었다. 속회는 신도회보다 작은 단위로서 거기에 지도자 한 사람을 두어 감독케 하였다. 처음에는 속장이 속도들을 일일이 방문하였으나 나중에는 매주 한 번씩 일정한 장소에 모여 참된 성도의 교제를 나누고, 신앙을 북돋워 주고, 교회 내의 금전상 문제를 해결하였다. 웨슬리는 속회 지도자들을 매주 화요일에 훈련시키고 이들의 신앙을 북돋워 주었다.

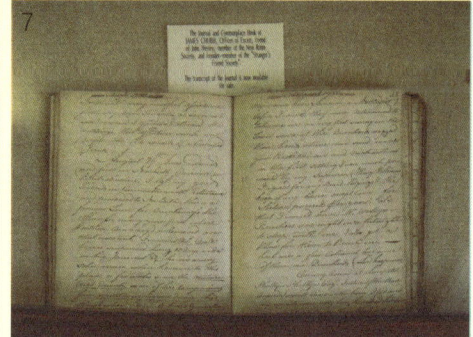

1. 세인트 니콜라스 마켓 표지판
2. 밴드모임이 있던 거리
3. 뉴룸의 정문
4. 뉴룸의 천장 – 웨슬리는 좌측 창문을 통해서 교인들의 예배모습을, 오른쪽 창문을 통해서 설교자의 모습을 관찰하였다.
5. 뉴룸의 강대상
6. 뉴룸의 회원 명부
7. 웨슬리의 뉴룸 친구, 나그네회의 창시자이며, 뉴룸의 회원인 제임스 처브의 저널
8. 무어필드의 파운더리
9. 파운더리 채플의 본래 의자
10. 파운더리 채플의 천장

제6장 웨슬리의 열정적 초기 사역과 감리교회의 태동　105

2) 런던에 교회 개척

웨슬리는 1739년 11월 11일, 런던의 파운더리(the Foundery)에서 야외설교를 하였다. 웨슬리는 이곳에 있는 철공장 건물을 빌려 예배당으로 사용하다가 후에 매입하였는데, 이곳은 38년 동안 메도디스트 운동의 총 본부였으며, 1744년 6월 14일 최초의 연회(Annual conference)가 열린 곳이기도 하다. 연회에서는 설교자들(6명의 성공회 사제, 4명의 평신도 설교자들)이 모여서 교리와 선교에 관한 문제를 논의하였다.

11. 웨슬리 채플의 전면
12. 웨슬리가 사용한 강대상
13. 웨슬리 채플 보조의자
14~17 웨슬리 하우스의 기도실, 침실, 가구들, 부엌

제6장 웨슬리의 열정적 초기 사역과 감리교회의 태동

그 후 1775년 철공장에서 200~300m 떨어진 시티로드(City Road)의 땅을 시청으로부터 기부 받아 교회를 설립하였다. 1791년 이곳에서 웨슬리의 장례식을 거행하였고, 전 세계 감리교회 총회가 두 차례 열렸다(1881, 1901). '시티로드의 채플'은 전 세계 감리교회의 모교회(The Mother Church of Methodist)로서 지금까지 많은 감리교도들의 사랑을 받고 있다.

4. 감리교 신도회의 발전

초기 감리교 신도회는 각종 다양한 소모임을 통해 발전되었다. 특히 속회 모임은 그 대표적 모임(class meeting)이라 할 수 있다. 웨슬리는 속회 지도자를 임명하여 그들로 하여금 각 모임의 영적인 감독이 되도록 하였다. 이들의 첫 번째 임무는 자기에게 속한 12명 회원들을 최소한 1주일에 한 번씩 방문하여 조언과 위로를 해주고 때때로 책망하며, 그들의 영적 상태를 점검하는 것이었다. 두 번째 임무는 목회자와 청지기들을 매주 만나 병석에 있거나 곤란한 처지에 놓인 회원들에 대해 보고하고, 수집된 기부금을 전달하며 계좌장부를 제출하는 것이었다.

어떤 회원들은 신앙을 위해 속회보다 더 강력한 교제와 모임을 요구하였다. 그리하여 웨슬리는 반(band)을 조직하여 나이와 성별, 결혼 여부와 직업

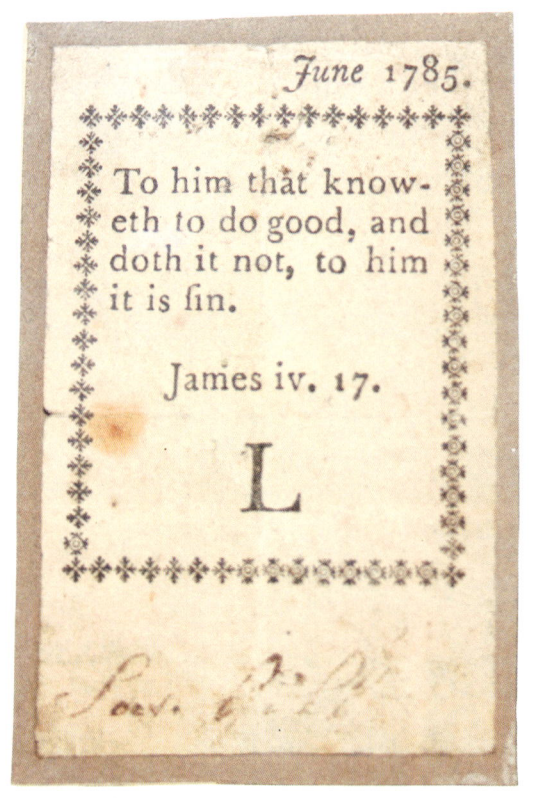

소사이어티 회원증

속회 회원증

에 따라 1주일에 1~2회 만나서 보다 강화된 영적인 삶을 추구하게 하였다. 이 외에도 선발신도회(Select Society), 참회자반(Penitents)을 운영하여 감리교 신도회를 발전시켜 나갔다.

웨슬리는 신도회를 돌보는 데 시간적 어려움을 겪게 되자 평신도 설교자들을 임명하여 자신의 부재 시 신도회를 관리하도록 하였다. 몇몇 평신도 설교자들은 1740년부터 순회를 시작하였다. 이로써 신도회가 계속 세워졌고 1749년부터는 지역의 신도회를 관리하고 후원하는 '감리사' 제도가 확립되었다.

속회 출현의 계기

속회는 포이 선장(Captain Foy)의 제안에 의해 시작되었다. 1742년 2월 15일, 포이 선장(Captain Foy)은 뉴룸(New Room)의 건축으로 인한 빚을 해결하기 위해 모든 신도회 회원이 1주일에 1페니씩 기부하자는 의견을 내었다. 그러나 가난한 회원들이 너무 많아 안 된다는 반대 의견이 나오자 포이는 자신에게 가장 가난한 자 11명을 맡겨주면 자신이 그들을 방문하여 돈을 내도록 하겠고 그들이 내지 못할 경우 자신이 그 모든 돈을 내겠다고 주장하였다. 이에 다른 회원들이 포이의 의견에 동참 의사를 밝혀 그대로 하기로 하였다. 이들이 1주일에 한 번씩 자연스럽게 회원들을 방문하면서 그들의 심령상태를 파악하고 보고할 뿐만 아니라 그들을 상담하고 지도하고 같이 기도하게 된 것이 속회와 속회 지도자가 출현하게 된 배경이다.

연합신도회 규정 제정

모든 신도회를 위한 통일된 규정의 필요성을 느낀 존 웨슬리는 1742년 2월 23일 연합신도회 규정(Rule of United Societies)을 제정하여, 다음해에 찰스와 공동명의로 출판하였다. 이 규정은 신도회 운영 방식 외에도 회원들의 행동에 대한 지침을 기록하고 있었다. 웨슬리는 '연합신도회의 입회 자격'을 '임박한 진노에서 피하고 죄에서 구원받으려는 열정이 있는 사람'으로 규정하였다. 이외에도 ① 주일을 지킬 것과 ② 회원들은 타인에게 해를 끼치지 말 것, ③ 싸우거나 소송을 걸지 말 것, ④ 사업상 서로 돕고 서로에게 일자리를 제공하고 ⑤ 가난한 자들에게 먹을 것과 입을 것을 제공하며, ⑥ 공동예배와 성찬식에 참석할 것, 그리고 ⑦ 될 수 있는 한 선을 행할 것 등을 규정하고 있다.

연합신도회는 감리교 발전에 크게 일조하였다. 그러나 연합신도회 외에도 웨슬리 형제가 출판한 찬송과 설교모음집 역시 감리교회의 성장에 기여하였다. 이러한 출판 사업은 감리교 교리 홍보보다는 감리교를 비판하는 자들로부터 감리교의 신앙을 옹호하는 데 그 목적을 두었다.

5. 감리교 운동의 어머니 수산나의 삶과 죽음

웨슬리가 감리교 신도회를 돌보며 역동적으로 복음 운동을 하고 있을 때 이를 여러 모양으로 지원하고 있던 수산나의 건강이 날이 갈수록 쇠약해져 갔다. 수산나는 자녀들을 불러서 삶의 마지막을 준비하고자 하였다. 1742년 7월 18일 어머니가 위독하시다는 소식을 들은 존은 브리스톨에서 집회를 마치고 급히 달려왔다. 이로부터 며칠이 지난 7월 23일, 수산나는 74세로 이 세상에서의 삶을 마감하였다.

잠시 수산나의 삶을 살펴보자. 그녀는 당대에 큰 영향력을 행사한 청교도 목사인 사무엘 앤슬리의 25번째로 태어났다. 수산나는 라틴어와 불어 그리고 헬라어에 능통할 정도로 공부를 많이 하였다. 어려서부터 다양한 장르의 책을 많이 읽어 성경은 물론 신학적으로나 영성적으로 상당한 경지에 이르렀으며, 그녀의 정신세계는 아주 깊고 심오하였다. 그녀는 정신과 마음에서만 뛰어난 것이 아니라 외모 역시 뛰어난 미녀였다. 그녀는 1688년 사무엘 웨슬리와 결혼하여 19명의 자녀를 낳았으나 9명은 유아 시절에 죽고 10명만이 생존하였다.

수산나는 잦은 출산 때문에 건강이 좋지 못하였다. 게다가 사무엘의 박봉으로 생계를 유지하기 어려울 정도로 가난에 쪼들렸다. 그러나 그녀는 가난과 여러 가지 삶의 시련과 고통 속에서도 절대 흔들림 없이 가정을 하나의 교회로 생각하고 행복한 가정을 이끌어 갔다.

특히 수산나는 자녀들의 종교교육을 위하여 치밀한 계획과 규칙을 만들어 시행하였다. 영적 양육을 위해 완벽하고 모범적인 규칙을 만들고 이 규칙을 지키는 훈련을 시켰다. 특히 자녀들을 매주 1회 한 명씩 만나 상담하면서 그들을 바르게 양육하였다. 수산나는 「사도신경 해설」, 「십계명 해설」 등과 같은 소책자를 집필하고 자녀들의 종교교육을 위하여 이 소책자를 사용하기도

하였다. 수산나는 자녀들이 수준 높은 질문을 할 때마다 아무런 무리나 오류 없이 훌륭한 대답을 해 줄 수 있었다. 따라서 존은 삶의 문제나 신학적 문제에 부딪칠 때마다 어머니의 조언을 구하였고 그때마다 만족할 만한 결과를 얻었다.

수산나는 존과 찰스가 추진하고 있는 감리교 운동에 대하여 직접적으로 참여한 적은 없지만 간접적으로 훌륭한 지원을 하였다. 수산나는 신성클럽에 대하여 찬성하고 마음과 기도 그리고 조언을 통해 지원하였다. 그리고 감리교 운동의 불꽃이 타오르고 있을 때 고교회주의자인 장남 사무엘이 동생들의 감리교 운동에 반대하여 분노하고 비판하였음에도 불구하고 존과 찰스의 복음 운동에 힘을 실어 주었다. 또한 평신도 설교자와 여성 설교자의 임명을 격려하기도 하였다. 이처럼 존과 찰스가 감리교 운동을 하면서 고통과 어려움에 부딪칠 때마다 수산나는 격려와 조언 그리고 기도를 통해 지원하였다.

1735년 남편 사무엘이 세상을 떠나자 수산나는 엡워스 목사관을 후임자에게 비워주어야 했다. 수산나는 링컨셔의 사우스 옴소비와 엡워스에 온 이후로 약 50년 동안 이 지역을 떠난 적이 없었다. 따라서 어떻게 살아야 할지 막막했던 수산나는 약 2년 동안 장남인 사무엘의 집과 교사로 있는 딸 에밀리아의 집에서 기거하다가 세상 떠나기 3년 전부터 존과 함께 파운더리에서 생활하였다. 수산나는 남편이 세상을 떠난 지 4년 만인 1739년 10월에 장남 사무엘이 49세의 나이로 세상을 떠나자 한동안 마음을 잡지 못하였는데, 1741년 3월 막내딸 케지아마저 32세의 젊은 나이로 고통스러웠던 삶을 마감하자 슬픔과 고통으로 힘든 나날을 보냈다. 그러나 수산나는 이런 슬픔과 고통을 극복하고 두 아들의 감리교 운동에 헌신하였다. 그녀는 존과 함께 파운더리에 살면서 두 아들을 위로하고 격려하고 조언하면서 그들의 목회를 도우며 평화롭고 행복한 날들을 보냈

수산나의 묘비

수산나의 무덤 앞에 있는 웨슬리

다. 존과 찰스도 어머니를 모시며 사는 것을 행복하게 생각하였다.

차츰 건강을 잃고 쇠약해진 수산나는 1742년 7월 23일에 74세로 그녀의 삶을 접었다. 수산나는 파운더리 채플의 건너편에 있는 번힐필드(Bunhill Fields)에 묻혔다. 번힐필드에는 「천로역정」의 저자인 존 번연과 청교도 목사이며 찬송 작가인 아이작 왓츠, 「로빈슨 크루소」의 저자 다니엘 디포, 시인이며 화가인 윌리엄 블레이크와 같은 큰 인물들도 묻혀 있다.

하남 산 강대상 바닥에 "세계는 나의 교구"라는 글귀가 있다.

제 7 장

갈등과 박해 속에 성장하는 웨슬리와 감리교 운동

제7장 갈등과 박해 속에 성장하는 웨슬리와 감리교 운동

　　브리스톨의 뉴룸과 런던의 파운더리 채플이 설립되면서 감리교 운동은 더욱 확장되고 강화되었다. 그러나 웨슬리의 감리교 운동이 장애 없이 순탄하게 진행된 것은 아니다. 오히려 여러 가지 갈등과 박해 속에서 성장하게 되었다. 내부적으로는 복음 운동의 핵심 파트너인 조지 휫필드와 예정론 문제로 갈등하였고 또 그의 아내 버질과의 갈등도 있었다. 외부적으로는 동료 성공회 목사와 감독들의 박해와 폭도의 박해가 있었다. 웨슬리는 이러한 갈등과 박해를 극복하면서 감리교 운동의 지속적인 성장을 도모하였다.

1. 웨슬리와 휫필드의 충돌

　　웨슬리의 동역자 휫필드는 아메리카에서 큰 부흥 운동을 일으켰다. 휫필드는 아메리카에 머물러 있는 동안 뉴잉글랜드에 체류하면서 칼뱅주의 목사들과 사귀었고 그들의 '예정 교리'에 감화를 받았다. 특히 조나단 에드워드(Jonathan Edward)의 영향을 많이 받아 '보편적 구원의 교리'에 반대하고 '이중예정론'을 믿었다. 그럼에도 불구하고 그는 전도하였다. 왜냐하면 전도자나 설교자는 회중 가운데서 누가 영원 전에 구원받고 멸망 받도록 예정되었는지 알지 못하기 때문에 누구에게든지 최선을 다해 선교해야 한다고 믿었기 때문이다.

그러나 웨슬리는 예정론을 반대하였다. 웨슬리는 긍휼이 많으신 하나님께서 피조물인 인간을 영원한 비극 속에 남아 있도록 예정하셨다는 것을 수용할 수 없었다. 웨슬리는 예정론이 전혀 성서에 근거를 두지 않았다고 생각하였다. 그는 영원 전에 특정한 사람들이 구원을 얻기 위해 선택을 받았으나 그 선택에 포함되는 것은 각자에게 달려 있다고 보았다. 이는 누구든지 그리스도를 믿는 자는 구원을 얻게 된다는 결정에 따라 인간은 자유로운 결정으로 그리스도를 믿을 때 한 사람도 남김없이 다 구원을 얻게 된다는 것이다. 웨슬리는 당시 유행하던 칼뱅주의가 신앙의 실행적 면을 경시하는 점을 경계하였다. 웨슬리는 칼뱅주의에 반하여 '선행은총'을 설교하였다.

> **웨슬리의 선행은총**
> 선행은총은 우리가 죄인 되었을 때 우리에게 주어지는 은총이다. 인간이 구원받기 이전에도 하나님의 은혜는 이미 인간에게 역사하고 있으며 인간을 구원으로 이끌며 구원을 준비시킨다. 이러한 은혜를 웨슬리는 선행은총(prevenient grace)이라고 하였다. 선행은총은 하나님이 인간의 구원을 위하여 선행적으로 값없이 만인에게 주시는 것이다. 이 은총은 주로 이성 또는 자기 결정을 위한 자유의지 등의 '정신적인 본성'과 도덕적으로 선한 것과 악한 것을 어느 정도 구분할 수 있는 '자연적 양심' 그리고 하나님을 기쁘게 하려는 어느 정도의 욕망을 말한다.

아르미니우스

횟필드는 "웨슬리에게 붙이는 글"로 웨슬리의 선행은총을 반박하였다. 이 때문에 감리교회는 특별한 구원을 받는 자(Calvinistic Methodist)와 일반적 구원을 받는 자(Arminianistic Methodist)로 나뉘게 되어 일반의 조소거리가 되었다. 웨슬리파는 네덜란드 신학자인 야콥 아르미니우스(Jakob Arminius, 1560~1609)를 신봉하였다.

아르미니우스(Arminius)설은 17세기 네덜란드에서 칼뱅주의의 반동으로 일어난 신학설로 속죄의 공로는 누구에게나 미친다는 것과 인간의 자유의지

휫필드와 웨슬리의 결별

조지 휫필드

1714년 출생한 휫필드는 웨슬리보다 11살 어렸다. 그는 1732년 옥스퍼드의 펨브로크 대학 (Pembrok College)에서 급사로 일하면서 식비와 학비를 면제받으며 공부하였다. 1734년 웨슬리 형제를 통해 신성클럽의 회원이 되었고, 1736년 사제에 임명되었다. 존 웨슬리는 휫필드를 친구로 여겼으며 전도 사역 초기에 그들의 마음과 정신은 하나가 되었다. 그들이 얼마나 친했는지 1739년 2월 13일 휫필드가 쓴 편지에서 볼 수 있다.

"존경하는 웨슬리, 과거 당신이 나에게 베푼 은혜를 어찌 감사드려야 할지 모르겠습니다. …… 저를 믿어 주십시오. 저는 당신을 따라 감옥에도 갈 수 있으며 죽을 때까지 당신을 따를 준비가 되어 있습니다."

휫필드가 미국으로 가기 전에는 칼뱅의 가르침에 대해 거의 아는 것이 없었지만 미국 뉴잉글랜드 지방에 머물면서 그곳의 칼뱅주의 목회자들의 영향을 받게 되었다. 휫필드는 미국에 머무는 동안 런던에서의 사역 모두를 웨슬리 형제에게 위임하였고, 예정론 문제에 대하여 침묵을 지켜 주는 것이 분열을 막는 가장 좋은 길이라고 웨슬리에게 편지를 쓰기도 하였다.[1] 그러나 1741년 3월 영국으로 돌아와서 웨슬리를 만났을 때 휫필드는 웨슬리의 악수를 거부했고 더 이상 그와 동역하지 않을 것이라고 말하였다.[2] 이 당시 제삼자가 두 사람 중 한 명을 만난다는 것은 곧 만나지 않은 사람과의 협력관계에 종지부를 찍는 결과를 가져왔다.

웨슬리와 휫필드의 화해를 위한 셀리나의 노력

휫필드는 웨슬리와 별도로 여섯 차례 미국을 방문하면서 미국에서만 약 10년 동안 전도하였다. 휫필드 운동의 유력한 지지자로 헌팅턴 백작부인 셀리나(Countess of Huntington, Celina, 1707~1791)가 있었다. 셀리나는 복음 운동에 대한 친구의 조소에도 굴하지 않고 친절과 용기와 인내로 그들을 대하였으며 귀족들에게 전도하였다. 1768년에는 추레베카 대학을 설립하였다. 찰스 웨슬리의 부인과 친구였던 그녀는 칼뱅주의에 찬동하였지만 웨슬리와 휫필드의 화해를 위해 노력하였다. 그녀에 대한 휫필드의 호의로 인해 휫필드는 그녀로부터 선교 자금을 받게 되었다. 만약 웨슬리가 헌팅턴 부인에게 호의적이었다면 감리교 운동이 칼뱅주의와 아르미니안주의로 분리되지 않았을 것이라는 견해도 있다.

헌팅턴의 백작부인 셀리나

1743년 8월 24일자 일지를 보면 휫필드에게 많은 것을 양보하려는 웨슬리의 심정을 볼 수 있다.

"나는 비록 증명할 수는 없지만 하나님이 몇몇 사람들을 무조건적으로 선택하여 영원한 영광에 이르게 하셨다는 것을 부정하지 않는다. 그러나 나는 영원한 영광에 이르도록 선택받지 못한 사람들이 영원히 저주를 받아야 한다거나 이 땅에 영원한 저주를 피할 가능성을 갖지 못한 영혼이 하나라도 존재한다는 것을 믿을 수 없다."[3]

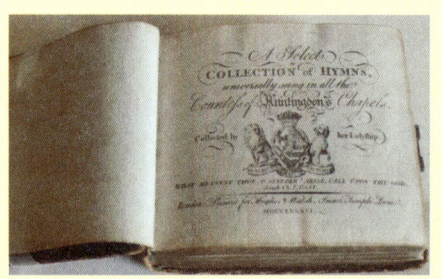

헌팅톤 채플에서 사용된 찬송가 선집

웨슬리는 휫필드와 계속 연락을 취하며 재결합을 위해 노력하였다. 두 사람은 작은 일에는 서로 협력하였고 때때로 서로를 위해 설교하기도 하였다. 1766년 여름에 웨슬리와 휫필드 사이의 협력관계를 발전시키려고 셀리나가 두 사람의 회동을 주선하였다. 이 회동의 목적은 감리교 운동의 다양한 지부를 연합시키는 것이었다. 이들은 모든 감리교 신도회에서 자유롭게 설교할 수 있으며, 셀리나가 소유한 모든 예배당을 웨슬리 형제와 휫필드 그리고 셀리나가 함께 운영할 것을 결의하여 잠시나마 아르미니안주의 감리교도들과 칼뱅주의 감리교도들 사이에 패인 큰 골을 메울 수 있었다. 그러나 1770년 휫필드가 사망하자 분열은 더욱 심화되었다.

를 주장하였다.

웨일즈에 칼뱅주의 감리교회가 탄생하였다. 감리교회는 1740년경에 모든 사람이 은혜로 구원받을 수 있다고 가르친 아르미니우스주의 웨슬리 형제 측과 휫필드가 이끄는 칼뱅주의자 측으로 분열되었다. 웨슬리는 1752년

1749년 리드(Leeds)에서 설교하는 조지 휫필드

에 칼뱅주의를 반대하는 「예정론에 대한 명상」이란 책을 저술하였으며, 그리스도는 몇 명의 선택된 자를 위해서가 아니라 모든 인류를 위해 죽었다고 주장하였다.

휫필드는 웨슬리를 존경했다. 그것은 그가 유언을 통해 자기 장례식 설교를 웨슬리에게 맡아 줄 것을 요청했다는 사실에서 알 수 있다. 웨슬리는 장례식 설교에서 휫필드에 대해 "의견이나 예배하는 방식 혹은 교파에 상관없이 주 예수를 믿는 모든 사람을 친구처럼, 그리고 주님 안에서 형제처럼 사랑하고, 또한 하나님과 사람을 사랑한 인물"이라고 말하였다.[4]

휫필드는 말년에 이르러 자기가 지난날 웨슬리와 의견을 달리하여 논쟁하고 그와 상종하지 않은 것을 뉘우치고, 옛날의 우정을 회복하였다. 휫필드가 자기의 과실을 인정하자 웨슬리는 그를 받아들였다. 웨슬리는 휫필드의 임종 모습, 최후의 유언 그리고 그가 운명할 때 예수 그리스도의 속죄의 공로만을 의지했다는 사실을 알고, 생전에 그와 불목한 것을 눈물로 뉘우쳤다.

휫필드의 야외설교

휫필드의 설교는 웅변조로서 감정에 호소하여 청중을 사로잡았다. 그러나 휫필드의 설교가 과도하게 흥분되는 경향이 있고, 공격적인 면이 많다는 이유로 브리스톨의 목회자들은 그가 교회에서 설교하는 것을 허용하지 않았다. 그리하여 휫필드는 교도소 사역과 신도회에 참여하며 사역하였다. 특히 그의 열정적인 사역은 킹스우드의 광부들에게서 큰 결실을 얻었다. 휫필드는 광부들에게 애정을 품고, 1739년 2월 17일 교회와 사제가 없는 조그만 탄광마을 킹스우드의 하남 산(Hanham Mount)에서 최초로 야외설교를 하였다. 그는 설교 장소를 야외로 택한 것이 창조주 하나님이 일하시는 방법이라고 믿었다. 산을 강단으로 한 휫필드의 야외설교는 상당한 효과가 있었다. 살을 에는 듯한 매우 추운 날씨임에도 불구하고 200~300명의 청중들이 휫필드의 설교에 감동을 받고 눈물을 흘렸다. 휫필드는 하남 산만이 아니라 브리스톨의 보울링 그린(Bowling Green), 로즈 그린(Rose Green), 그리고 바스(Barth), 카디프(Cardiff) 등과 같은 도시에서도 집회를 가졌다. 웨슬리 형제는 휫필드의 이러한 전도 방법에 찬동하지 않았으나 예상외의 큰 효과를 보고, 예수님의 야외설교를 표본으로 생각하면서 나중에는 찬동하고 협력하였다.

웨슬리의 최초의 야외설교

1739년 3월경 25세의 휫필드는 웨슬리에게 브리스톨에서 야외설교를 해줄 것을 부탁하였다.5) 찰스와 사무엘은 웨슬리에게 이 부탁을 거절하라고 하였다. 페터래인 신도회 회원들도 이에 대한 의견이 분분하였다. 결국 웨슬리는 제비뽑기 방식을 통해

강대상에서 바라본 브리스톨

하남 마운틴이 설교장소로 제공되었다는 안내판

페터래인 신도회의 승인을 얻어 1739년 3월 29일 말을 타고 런던을 떠나 31일 저녁에 브리스톨에 도착하여 휫필드를 만났다. 브리스톨에 도착한 날 웨슬리의 심정을 그의 일지에서 찾아 볼 수 있다.

"처음에 나는 야외에 나가 설교하는 이런 방식에 주저할 수밖에 없었다. 주일날 휫필드가 야외설교에 대한 시범을 보여주었다. 나는 지금까지 살아오면서 모든 일에 있어서 체면과 질서를 고수했으며, 영혼을 구원하는 일이 교회 안에서 이루어지지 않는다면 죄를 짓는 것과 마찬가지라고 생각했다."6)

하남 근처에 있는 웨슬리 기념교회

웨슬리는 도시 외곽에 위치한 벽돌 야적장에서 차를 마시고 있는 사람을 비롯한 3,000여 명의 사람들에게 설교하였다. "오후 1시에 나는 더욱 비천해지기로 결심하고 도시로 이어지는 도로변의 약간 튀어나온 지대에 서서 약 3,000명의 사람들에게 구원의 반가운 물결을 선포했다."7) 이때부터 웨슬리는 지속적으로 야외에서 설교하였다.

그 당시 브리스톨의 상황과 생활

그 당시 브리스톨은 약 30,000명이 거주하는 도시로, 약 60,000명이 거주하는 런던 다음가는 큰 도시였다. 또한 무역중심 항구로서 노예무역이 성행하였다.8) 그 당시 채굴권을 따낸 업자들은 브리스톨 근교의 킹스우드와 브리슬링턴(Kingswood and Brislington)에서 탄광을 개발하고 있었다. 산업혁명이 진행되고 있는 때였지만 광부들의 생활수준은 그 지역에서 최악의 상태에 있었다. 그들은 스스로를 18세기의 문둥병자로 여길 만큼 상사와 주민들로부터 고립되어 있었다.9) 마틴 슈미트에 따르면, 그 당시 광부들은 야만성과 술취함, 무지와 불결함으로 악명 높았으며, 아무런 의식 없이 짐승처럼 살았다.10)

2. 웨슬리와 휫필드의 설교

웨슬리의 부흥 운동의 동역자로서 크게 공헌한 사람은 조지 휫필드(George Whitefield)였다. 초창기에 휫필드는 브리스톨에서 사역하였다.

휫필드는 킹스우드에 감리교 학교를 설립하였다. 이 학교의 교재 선정과 학제의 제정(Curriculum) 및 운영은 웨슬리가 담당했다. 휫필드 자신이 조지아로 선교하러 가게 되자 그는 학교를 웨슬리에게 맡기고 킹스우드를 떠났다.

킹스우드 학교

웨슬리도 휫필드처럼 영국의 광산촌 브리스톨에서 알코올중독자들과 광부들을 모아 놓고 설교했다. 처음에는 탐탁지 않게 출발했으나 수많은 군중이 몰려들었다. 웨슬리는 더 이상 옥스퍼드 대학의 학자나 감리회의 소그룹 지도자임을 고집할 수 없었고, 복음 운동가로서 야외설교자로 나서게 되었다. 웨

최초의 야외설교자 호엘 해리스

웨슬리의 야외설교 결정은 조지 휫필드만이 아니라 호엘 해리스(Howell Harris)의 영향도 컸다. 해리스는 1714년 중부 웨일즈의 트레베카에서 출생하였다. 그는 1735년 옥스퍼드에 입학하여 겨우 한 학기를 다니고는 고향 웨일즈로 가서, 사람들의 집을 방문하며 신앙에 관한 이야기를 하였고, 사람들이 모였을 때는 야외에서 설교를 하였다. 1739년 휫필드는 해리스를 카디프에서 만나 그의 야외설교에 대한 이야기를 듣고 감명을 받았다. 그 후 휫필드는 브리스톨의 목회자들이 그의 설교를 거부하자 해리스의 사례를 따라 2월 17일 킹스우드에서 200여 명의 광부들을 대상으로 야외에서 설교하였다. 두 번째 설교에는 2,000명이 참석하였고, 다섯 번째 설교에는 10,000명이 넘는 사람들이 모였다.[11]

호엘 해리스

의자 위에서 설교하는 웨슬리

슬리는 교회당 밖에서 설교하는 것을 죄라고 생각하던 사람이었으나, 마침내 예수님의 산상설교를 좋은 본보기로 생각하고 미숙한 보수주의를 극복하고 야외설교를 결단하였다.

웨슬리의 설교는 주제를 내세우고 그 주제를 충실히 따라가는 강의 형태의 설교였다. 웨슬리는 설교 중 지나친 제스처와 절규(Screaming)를 삼가하고, 강대상에서 손뼉을 치거나 강대상을 두드리는 일을 삼가라고 하였다.12)

웨슬리의 설교는 빈곤과 절망으로 고통 받는 사람들에게 생명을 주는 메시지였기 때문에 그의 설교 사역은 성공을 거두었다. 웨슬리의 설교를 들은 한 병사는 마치 그의 설교가 자기 자신을 겨냥하고 있는 듯 하다고 진술하였다.13) 웨슬리의 청중은 대개 빈곤층이었는데 때로는 부유층의 사람들이 청중 속에 섞여서 듣기도 하고, 또는 조금 떨어진 곳에서 마차를 세우고 그 안에서 설교를 듣

웨슬리의 설교에 대하여

평신도 설교가인 존 넬슨(John Nelson)의 고백에 의하면 웨슬리의 설교는 마치 그를 표적으로 삼고 있는 것 같아서 그에게 엄청난 두려움을 느끼게 했으며, 자기들과 직접 대화하면서 말하는 것과 같은 인상을 받았다고 하였다. 웨슬리의 설교는 회개, 신생, 구원의 기쁨, 그리고 성화를 추구하는 내용을 주로 담고 있었다.14) 그의 설교는 산 체험에서 솟아나오는 확신과 정열이 넘쳐났으며, 논리가 정연하였다. 웨슬리는 설교를 쉽게 이해할 수 있도록 구성하였고, 기교를 부리지 않고 쉬운 언어를 사용하였을 뿐만 아니라 청중을 사로잡는 능력을 가지고 있었다. 그는 청중을 바라보면서 그들이 자신을 잘보고 들을 수 있도록 책상이나 의자, 건물의 계단이나 묘지 위에 올라가기도 하였다. 그는 32,000명의 사람들을 향해 설교하기도 하였다. 웨슬리 자신의 증언에 의하면 그의 목소리는 1400야드의 거리에서도 들을 수 있다고 하였다.15)

웨슬리와 휫필드 모두를 알고 있던 존 햄슨은 두 사람의 설교하는 모습을 이렇게 표현하고 있다: "웨슬리가 고요하게 흐르는 차분한 물줄기가 아주 작은 물결이나 그 표면의 요동함이 없이 강둑 사이를 부드럽게 미끄러져 가는 듯한 모습을 보여준 반면, 휫필드는 청중에게 천둥벼락을 내리쳤다."16)

브리스톨 중심가에 있는 힙포드롬 극장은 웨슬리 운동으로 사업이 안 되자 데모를 하였다.

기도 하였다. 1739년 무어필드에서, 그리고 1745년 바스에서는 별로 평판이 좋지 못한 부자가 설교에 은혜를 받고 가난한 사람들에게 음식과 옷을 제공하기 위해 돈을 내놓기도 하였다.

웨슬리의 설교를 듣고 삶에 변화가 일어난 사람들은 이루 헤아릴 수 없을 정도로 많다. 밀수꾼이 밀수를 고백하고 더 이상 밀수에 손을 대지 않겠다고 하였고, 강가에서 자살하려는 여인이 웨슬리 집회를 통해 변화를 받았다.

웨슬리는 윈첼 시에 있는 나무 밑에서 설교했다. 그 나무 토막이다.

패러다이스 광장에서 설교하는 웨슬리

제7장 갈등과 박해 속에 성장하는 웨슬리와 감리교 운동

웨슬리의 설교는 감성적인 반응을 가져와 설교 도중 고꾸라지거나 기절하는 사람들도 있었고, 어떤 사람들은 울부짖거나 신음소리를 내기도 했다. 그리고 예배가 끝날 때 기쁨에 차서 일제히 감사를 드리는 사람들도 있었다. 어떤 때는 하나님을 부르며 울부짖고 신음하는 소리에 묻혀 웨슬리의 설교를 듣기 어려운 때도 있었다. 한번은 이런 일도 있었다. 다소 회의적으로 방관하고 있던 한 퀘이커 교도가 갑자기 쓰러졌다가 회복되어서는 큰 소리로 웨슬리가 주님의 선지자라고 외친 것이다.[17]

웨슬리는, 옥스퍼드 대학의 '펠로우'라는 지위는 어느 한 교구에서만 설교하도록 제한되어 있지 않고 어느 지역에서든지 설교할 수 있다고 믿고 영국 전 지역을 다니며 설교하였다. 이런 웨슬리의 설교 사역은 거친 남자들과 지친 여인들의 삶에 힘을 불어 넣어 주었다.

3. 웨슬리의 혼인생활

1748년부터 약 10여 년 간 웨슬리의 삶에 영향을 끼친 두 여인이 있었다. 한 사람은 그레이스 머리(Grace Murray)였고, 다른 한 사람은 그의 부인이 된 메리 바질(Mary Vazeille)이었다. 1749년 4월 8일 동생 찰스 웨슬리가 결혼하였고, 그로부터 2년 후 1751년 2월 18일에 웨슬리도 바질 부인과 결혼하였다.

야외설교로 인한 성공회와의 마찰

웨슬리 설교 시에 발생한 이러한 행태와 사건들은 영국 성공회의 분노를 일으켰고, 그 때문에 야외설교가 교회의 권위를 떨어뜨리고 질서를 무너지게 한다는 비판이 정당시되고 강화되었다. 웨슬리도 쾌적한 방과 부드러운 쿠션과 멋진 강대상을 좋아하였지만, 한 영혼이라도 구원하기 위해 그것들을 버릴 수 있어야 한다고 생각하였다.[18] 웨슬리는 야외설교에 대한 비판에 이의를 제기하면서, 야외설교를 듣는 청중은 질서를 지키며 열심히 설교를 경청하고 설교자에게 깊은 존경심을 나타내는 반면, 성 베드로의 청중은 설교 시 졸거나 잡담을 나누거나 이리저리 주위를 둘러본다고 주장하였다.[19] 웨슬리는 그의 첫 총회에서 야외설교는 합법적인가 하는 질문에 그것이 하나님의 법이나 사람의 법에 반대되지 않는다고 생각하지만 실내에서 설교할 조건이 마련되어 있다면 야외에서 설교를 하지 말아야 한다고 대답하였다.[20]

웨슬리의 설교

웨슬리는 1744년 8월 24일 금요일, 옥스퍼드 대학의 세인트 메리 교회에서 "성서적 기독교"라는 제목의 설교를 하였다. 학부생 벤저민 케니코트(Benjamin Kennicott)는, 웨슬리가 키가 크거나 뚱뚱하지 않았고, 검고 부드러운 머리칼이 정 중앙을 가르고 있었으며, 아주 침착하게 천천히 말하던 모습이 인상적이었음을 진술하고 있다.[21] 이 당시 총장, 학생감, 대다수 학장들 그리고 다른 도시와 대학에서 온 많은 사람들이 웨슬리의 설교를 들었다. 웨슬리는 이 설교를 통해 "낮아지려는 마음, 자기 부정과 겸손, 진지하고 침착한 태도, 인내, 온유, 절제, 오래 참음, 그리고 다른 사람에게 선한 일을 베풀고, 그들의 궁핍함을 채우며 그들의 영혼을 하나님에 대한 참지식과 사랑으로 이끌려는 주저 없고 쉼 없는 수고들로 충만"[22]해져야 할 것을 촉구하였다. 나태한 생활방식을 버리도록 권면하는 이 설교는 대학만이 아니라 전 세계를 변화시키고자 하는 웨슬리의 의지가 여실히 드러나는 설교였다.

가족을 모두 잃고 고독에 휩싸여 있던 그레이스 머리는 런던에서 휫필드의 설교를 듣고 감동받은 후 메도디스트회에 입회하여 헌신적인 봉사를 하였다. 초창기에 웨슬리는 그녀에게 악단의 인도와 환자 심방을 맡기었으나, 시간이 지나자 설교 여행의 수행원을 삼았다. 1748년 영국 북부 뉴캐슬에서 열병에 걸렸을 때는 머리의 간호를 받았다. 이때부터 웨슬리와 그녀 사이에 애정이 싹트게 되었다. 웨슬리는 조지아에서는 소피아 홉키의 간호를 받다가 애정이 싹텄고, 뉴캐슬에서는 머리의 간호를 통해, 런던에서는 바질의 간호를 통해 애정이 싹텄다.

웨슬리는 머리의 간호를 받으며 그녀를 소중히 여기고 사랑하게 되었다. 그래서 만일 자신이 결혼을 한다면 머리와 할 것이라고 고백하였다. 웨슬리는 설교 여행 중 한동안 머리를 존 베넷(John Bennet)의 보호 아래 둔 적이 있었는데, 이때 베넷과 머리가 서로 사귀어 웨슬리에게 두 사람의 결혼 동의를 구하는 편지를 보내오자 망연자실하였다. 그러나 머리는 베넷과 결혼하지 않고 웨슬리와 재회하였다.

웨슬리는 아일랜드 여행을 마칠 무렵 머리와 결혼할 생각을 갖고 그녀와 결혼하는 것에 대한 장단점을 생각해 보았다. 정리정돈 잘하고 근검절약하는 가정주부이자 훌륭한 간호사로, 그리고 복음 사역의 좋은 동역자가 될 수 있다는 것이 장점이었다. 반면에 가난한 가정의 출신으로 자신의 하인이었으며, 설교 여행에 동반하였기에 사람들이 그녀를 자신의 아내로 잘못 생각하는 점 등은 단점이었다. 웨슬리가 머리를 사랑했다는 점은 의심의 여지가 없었다. 그러나 머리는 웨슬리와 몰리 프랜시스라는 여인 사이에 대한 근거 없는 소문을 듣고 존 베넷과의 관계 회복을 원하는 편지를 띄웠다. 그리고 1749년 8월

그레이스 머리
그레이스 머리는 1716년생으로 웨슬리보다 13세 연하의 여성이었다. 머리가 16세 되던 해에 양친이 그녀를 사랑하지도 않는 사람과 강제로 혼인시키려 하자 머리는 집을 나와 언니 집에서 살다가 남의 하녀로 들어갔다. 18세 되던 해에 알렉산더(Alexander)라는 선원과 결혼하여 두 아들을 낳았으나 모두 죽었다. 그녀는 하나님의 징벌이라고 생각하고 정신적 위기에 빠지게 되었다. 설상가상으로 남편마저 항해 중 사망하였다.

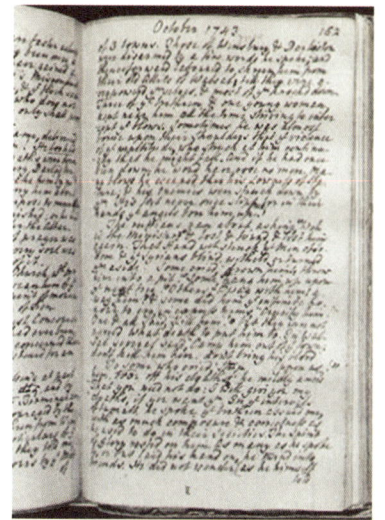

1743년 10월 25일의 찰스 웨슬리의 저널

29일 베넷, 머리, 웨슬리 세 사람이 엡워스에 모여서 대화를 나누었다. 이때 웨슬리는 베넷에게 자신은 머리를 사랑하지만 그녀와 결혼할 사람은 베넷이라고 결론을 내렸다. 며칠 후 머리는 베넷과 웨슬리 사이의 결정은 자신과 상의한 후에 결정된 것이 아니라고 하면서 웨슬리와 반드시 결혼하겠다는 입장을 표명하였다.

일이 이렇게 되자 찰스는 신분이 하찮은 머리와의 결혼을 반대하여 머리와 베넷이 혼인하도록 만들어 버렸다. 찰스는 머리를 찾아가 그의 상심된 마음을 전하고 머리를 말에 태워 뉴캐슬에 있던 베넷에게 데려다 주었는데, 머리는 존 베넷을 너무 함부로 대했다는 생각을 하고, 그에게 잘못을 빌고 뉴캐슬에 있는 성 앤드류 교회에서 결혼식을 올렸다. 결혼 3일 후 웨슬리는 머리를 잠깐 만날 수 있었다. 그로부터 40년이 지난 1788년에 머리의 나이 72세, 웨슬리의 나이 85세가 되었을 때 다시 한번 짧게 만난 것이 그들의 마지막 만남이었다. 후에 존 베넷은 웨슬리 운동에서 떨어져 나가 칼뱅주의에 동참하였다.

바질은 웨슬리가 1751년 2월 10일 일요일 이른 아침에 런던 브리지(London Bridge)를 걷다가 빙판에 미끄러져 복사뼈를 삐었을 때 웨슬리를 그녀의 집에

바질

웨슬리의 여인 가운데 메리 바질(Mrs Mary Vazeille)이 있었다. 메리 바질은 런던에 살고 있던 위그노 출신 상인 안토니 바질(Anthony Vazeille 혹은 Antonine Vazeille)의 미망인으로서 상당한 재산을 물려받았으며, 슬하에 노아(Noah)와 안토니(Anthony)라는 두 아들과 두 딸을 두었다.23) 웨슬리가 바질에게 관심을 가질 수 있도록 자리를 마련해 준 사람은 웨슬리의 친지인 에베니저 블랙웰(Ebenezer Blackwell)이었다. 그는 웨슬리와 동갑내기로서 런던에서 무역 담당 은행원으로 일하며, 1739년부터 감리교 복음 운동을 후원하였다.

서 여러 날 간호하면서 사랑하게 되었다.

이것이 계기가 되어 두 사람은 1751년 2월 18일에 헤이즈(Hayes)에서 찰스 매닝(Charles Manning) 목사의 주례로 결혼식을 올렸다. 결혼 당시 웨슬리의 나이는 48세였고 바질은 41세였다. 메도디스트 대부로서 독신생활은 지장이 있다는 친구들의 결혼 권고 때문에 급하게 결혼한 것으로 보인다. 그러나 급속하게 진행된 결혼으로 말미암아 찰스와 웨슬리의 관계가 악화되었다. 웨슬리는 장차 아내 될 사람의 이름도 밝히지 않은 채, 찰스에게 자신이 곧 결혼하게 될 것이라고만 간단하게 통지하였다. 찰스는 그녀의 이름을 웨슬리가 신임하고 있는 빈센

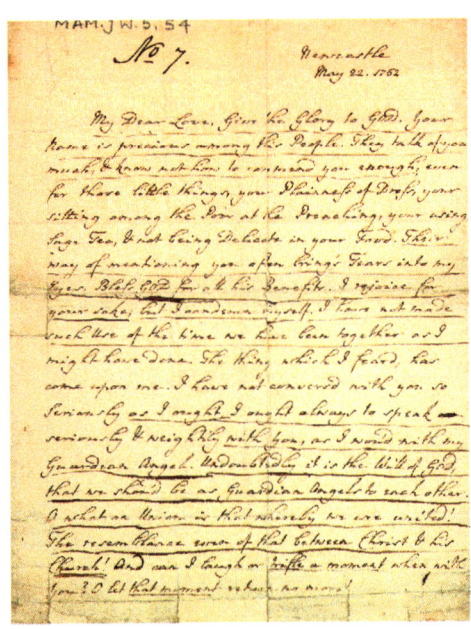

1752년 5월 22일 부인 바질에게 보낸 편지

트 페로네(Vincent Perronet)를 통해 알게 되자, 형과는 물론 페로네트와 함께 교회에 출석하는 것조차 거부할 정도로 몹시 화가 났으며, 그의 아내와 함께 여러 날 동안 먹지도 못하고, 잠도 못자고, 설교도 하지 못한 채 무언의 슬픔에 빠져 지냈다. 찰스의 신임을 받고 있던 블랙웰이 결혼한 웨슬리 부부를 만나보라고 권유하자 할 수 없이 동서를 따라 사무적으로 그를 만나긴 했지만, 찰스는 형과 형수에게 형식적이지만 정중히 인사드리고 곧 그 자리를 떠났다. 그 후 약 3주쯤 지나 진심어린, 그러나 목표에는 훨씬 미치지 못한 화해의 장이 마련되었다. 그리고 찰스는 영국 성공회로부터 분리 문제를 과제로 삼은 브리스톨 총회에 참석하지 않았다. 그의 참석이 꼭 필요한 총회였는데 그의 불참으로 웨슬리는 몹시 당황하였다.24)

이처럼 웨슬리의 결혼은 출발부터 순조롭지 못했다. 결혼으로 야기된 첫 번째 불행은 링컨 칼리지의 '펠로우'로서의 지위와 봉급을 잃게 된 것이다. 그는 1751년 6월 1일에 사표를 내었다. 이때부터 그는 경제적으로 어려움을 겪게

되었다. 그러나 경제적 어려움을 겪게 된 실제적인 이유는 그가 자신의 형제 자매는 물론 다른 사람들을 돕고 있었기 때문이었다.

결혼 후 바질은 바가지를 긁기 시작했고 불평을 밥 먹듯이 하였다. 웨슬리는 아내를 사랑할 의욕조차 상실하였다. 바질은 병적인 질투심에 빠져 웨슬리의 성적 부도덕성을 증명할 만한 자료를 웨슬리의 서신과 일지에서 찾아내 웨슬리의 논적인 칼뱅주의자들에게 건네주었다. 때로는 아내에 의해서 웨슬리는 머리카락이 뽑히고, 나뒹굴고 있는 모습도 보였다. 그러나 웨슬리는 아내에게 상냥함과 예의를 잃지 않았다. 결혼 이후 30년간 아내에게 갖은 굴욕과 폭행을 당했으나 웨슬리는 아내의 험담을 하지 않았다.

바질은 1758년 처음 가출하기 시작한 이후 여러 차례 가출하였다(1769, 1771, 1775). 그때마다 웨슬리의 부탁으로 돌아오기는 하였으나, 1775년에는 웨슬리의 편지를 챙겨서 가출하였다. 그녀는 이 편지 중 일부를 칼뱅주의 적대자에게 보여 주었고, 때로는 웨슬리의 평판에 타격을 주기 위해 의도적으로 편지글을 삭제하거나 편집하기도 하였다.[25] 바질은 이 위조되고 가짜 이름을 끼워 넣은 편지들을 「모닝 포스트」(Morning Post) 지에 보냈다.[26] 가출 2년 만에 웨슬리를 만난 바질은 다시 돌아오고 싶다고 하였다. 그로부터 며칠 뒤인 1777년 9월 1일에 웨슬리는 다음과 같은 내용의 편지를 바질에게 보냈다. 돌아오려거든 먼저 ① 자신의 편지를 반환할 것, ② 더 이상 편지를 가져가지 않을 것을 약속할 것, ③ 웨슬리가 25년간 음란한 삶을 살았다고 말했던 것을 철회하라고 요구하였다.

웨슬리 결혼생활의 파국 요인
1758년 1월 바질이 웨슬리를 떠나 다시는 그를 만나지 않을 것이라고 말할 때부터 그들의 결혼생활은 파국으로 나아갔다. 웨슬리는 1759년 바질에게 보낸 편지에서 그가 싫어하는 열 가지 문제점을 지적하고 있다. ① 자신의 글을 다른 사람들에게 보여 주는 것, ② 집에서 마음대로 있게 두지 않는 것, ③ 그를 가정의 포로로 만든 것, ④ 그를 가정 밖에서도 포로로 만드는 것, ⑤ 집에서 그를 불안하게 하는 것, ⑥ 하인들을 함부로 대하는 것, ⑦ 그와 반대 의견을 말하는 것, ⑧ 그를 비방하는 것, ⑨ 사실이 아닌 것을 말하는 것, ⑩ 그를 방어하는 사람들에 대하여 그녀가 신랄하게 냉소하는 것이다.

> **바질에 대한 슈미트의 분석**
>
> 슈미트는 웨슬리가 바질에게 너무 많은 것을 요구했을 것으로 본다. 그녀는 웨슬리처럼 극욕적으로 살아야 했으며, 메도디스트 운동과 연관된 일에 심혈을 기울여야 했다. 이러한 요구는 웨슬리 자신에게는 메도디스트 운동의 발전과 성장을 의미하는 것이었지만 바질에게는 단지 금욕, 절제, 자제 등을 의미하였을 뿐이라는 것이다. 따라서 웨슬리는 일의 잘잘못에 대하여 정력적인 소견을 피력하며 호소하기보다는 더욱 지대한 사랑과 관심을 보여줌으로써, 그리고 성경 말씀을 더욱 깊이 있게 강조해 줌으로써 그들의 불화를 미연에 방지해야 했고, 이와 별도로 완전히 다른 방법과 관심을 가지고 바질과의 관계를 개선했어야 했다. 물론 웨슬리가 노력을 기울이지 않은 것은 아니지만 너무 쉽게 포기했다. 웨슬리는 이 모든 것을 고려하였지만 그의 인내심에는 한계가 있었다.27) 슈미트는, 이렇게 처참하고 비극적인 웨슬리의 결혼생활은 그의 적대자들에게 공격의 결정적 기회를 제공했음에도 불구하고 웨슬리의 권위가 아무런 영향을 받지 않은 것은 실로 놀라운 일이라고 하였다.28)

바질은 집을 나가 떠돌다가 런던에서 1781년 10월 8일 세상을 떠났고 10월 12일에 장사되었다. 바질은 3대 악처 중 한 여인으로 알려져 있다. 혹자는 웨슬리가 쉬운 인물이 아님을 알고 결혼하지 않았다면 바질이 악처가 되지는 않았을 것이라고 말한다. 반면에 어떤 사람들은 웨슬리도 키르케고르(Sören Kierkegaard)와 같이 독신생활을 하였더라면 그런 불행이 없었을 것이라고도 말한다.

4. 선교 활동의 확장과 강화

웨슬리는 50여 년에 걸쳐 영국 전역을 순회하며 선교하였다. 그는 1년에 평균 4,500마일 이상을 여행하여 그 생애를 통하여 총 250,000마일이나 되는 거리를 여행하였다. 그는 매일 4시에 일어나 5시에 설교하였고, 두세 차례 다른 지역에서 설교하기 위해 약 60마일을 여행하였다. 웨슬리는 영국의 많은 지역을 다니며 많은 도시와 마을에 신도회를 창립하였다. 순회 설교자

웨슬리 복음운동의 삼각형 구조 벨트

로서 웨슬리의 활동은 처음 10년간은 런던, 브리스톨, 뉴캐슬에 집중되었고 점차적으로 콘월, 웨일즈, 아일랜드, 스코틀랜드로 확장되었다.

웨슬리 당시의 감리교 운동은 삼각형 구조의 벨트(belt) 중심으로 전개되었다. 그것은 런던과 브리스톨 그리고 뉴캐슬을 잇는 삼각형의 벨트를 말하는 것이다. 런던에서는 웨슬리 채플이, 브리스톨에서는 뉴룸이, 뉴캐슬에서는 고아원이 중심이 되어 복음 운동이 확장되었다.

당시 뉴캐슬에서는 고아원이 중심이 되어 복음운동이 확장되었다.

웨슬리는 고령의 나이에도 불구하고 그가 좋아하는 뉴캐슬, 콘월, 아일랜드 지역을 지속적으로 방문하였다. 그는 아일랜드를 사랑하였는데, 아일랜드 지역에서 선교의 열매를 많이 거두었기 때문이다. 그 당시 런던을 제외하고 그의 가장 큰 추종세력이 더블린에 있었으며, 감리교는 18세기 아일랜드에

순회 설교 당시의 영국

전도를 위해 험한 물도 박차고 나가는 웨슬리
Copyright ⓒ General Board of Global Ministries, UMC

영국은 1770년대에 이르러서야 인구집중 지역을 연결하는 고속도로망이 개통되었다. 따라서 설교를 위해 웨슬리가 다닌 길은 오늘날과 같이 포장된 도로가 아니라 대부분 거친 시골길로서 말과 마차가 겨우 다닐 수 있었다. 말과 마차가 다닐 수 없는 길은 걸어가 설교하기도 하였다. 웨슬리는 표지판이 없는 도로와 악천후, 형편없는 숙박시설, 그리고 적대감과 노상강도의 위협에 시달렸다. 1764년 여름에는 웨일즈를 거쳐 펨브로크로 가기 위해 길을 떠났다가 산기슭에서 길을 잃어 24시간이나 고생했다. 그 외에도 바람, 우박, 비, 얼음, 눈, 진눈깨비, 살을 에는 추위 때문에 말할 수 없는 어려움을 겪었다.29) 웨슬리를 포함한 18세기의 여행객들은 열악한 교통사정이나 위험한 항해, 악천후, 난폭한 말 외에도 늘 노상강도의 위협에 노출되어 있었다.

서 큰 진전을 이룬 유일한 개신교 교단이었다.30)

아일랜드는 과거의 종교적 전통이 있음에도 불구하고 감리교 복음 운동의 처녀지와 같았다. 아일랜드 출신의 토마스 윌리엄스(Thomas Williams)는 한때 성직자들을 공격하는 것을 기쁨으로 여기고 온갖 비행을 저질렀던 사람이었으나, 찰스 웨슬리에 의해 변화 받은 후에 더블린에서 280명의 회원이 모이는 신도회를 조직하는 데 크게 이바지하였다. 이

화이트 프라이어 스트리트 채플은 1752년에 창립된 아일랜드 최초의 감리교회다.

신도회는 웨슬리가 그들을 방문해 주기를 간절히 원하였다. 이후 웨슬리는 43년 동안 아일랜드를 20여 차례 이상 방문하였다. 웨슬리는 아일랜드의 자연의 아름다움에 매혹되었고 또 아일랜드 사람들에게 매력을 느꼈다.

호웰 해리스(Howell Harris)는 1739년 10월 15일경에 웨슬리를 웨일즈로 초청하였다. 해리스는 옥스퍼드 학생들의 부도덕성에 깊이 실망하여 한 학기 이수 후에 대학을 떠나 남부 웨일즈에서 자유 복음 전도자로 일하였는데, 성직 수임을 거절하고 야외설교를 통해 30개의 모임을 만들었다. 휫필드는 그의 용기를 찬양하였고, 웨슬리는 그를 충성스러운 예수 그리스도의 전사라고 불렀다. 웨슬리는 웨일즈를 일주일 동안 방문하였으나 그 성과는 미비하였다. 그 후에도 10여 차례 방문하여 설교하였지만, 언어의 어려움 때문인지 그의 방문은 남부 웨일즈에 국한되었다.

웨슬리의 스코틀랜드 방문은 1751년 4월 24일에 이루어졌다. 스코틀랜드에는 영국 성공회와 로마 가톨릭이 많지 않았고 주로 칼뱅주의 전통에 서 있는 장로교회가 많았다. 웨슬리는 1767년과 1790년 사이에 2~3년 간격으로 스코틀랜드를 방문하였지만 그에 상응하는 결과를 이끌어 내지는 못하였다. 에딘버러, 글래스고우, 애버딘, 펏, 그리고 라이스에 세운 신도회는 성장보다는 쇠퇴의 길을 걷고 있었다. 웨슬리는 그 이유가 설교자들의 게으름 때문이라고 생각했다. 왜냐하면 설교자들은 순회설교에 지쳐 오래 같은 장소에 머물러 더 이상 청중의 주목을 끌지 못했기 때문이다. 그러나 추악함과 부도덕하기로 악명이 높은 알브로스(Arborath)라는 작은 마을이 웨슬리의 설교로 변화를 받아 낙원과 같은 마을로 바뀌었다. 10년 후인 1784년 5월에 웨슬리는 그들을 전형적인 메도디스트 신도회의 모델로 삼았다. 그 이유는 그들이 완전한 사랑으로 하나 되어 있었기 때문이다.31)

스코틀랜드에서는 지나칠 정도의 폭동도 없었고 또한 이렇다 할 환영이나 반대도 없었다. 전체적으로 그곳 사람들은 주저하기는 했지만 웨슬리를 받아들이고 존경하였다. 그러나 그를 전폭적으로 지지하지도 않았다. 이곳에서 사역의 열매는 다른 지역보다 크지 않았다고 볼 수 있다.

미감리교회의 출발

조지아 선교 실패 이후 웨슬리의 아메리카 선교는 젊은 스웨덴 경건파 목사인 칼 마그누스 랑겔 박사(Dr. Carl Magnus Wrangel, 1727~99)에 의해 촉발되었다. 랑겔은 뮐렌베르크(Heinrich M. Möhlenberg, 1758~1768년에 펜실베이니아에서 사역)와 교제를 나누었고, 후에 휫필드의 절친한 친구가 되어 휫필드와 함께 자신의 집에서 예배를 드리며 신학적 교류를 나누었다. 랑겔은 1768년 브리스톨에 있는 웨슬리를 방문하였고 뉴룸에서 설교하기도 하였다. 그는 1771년 스웨덴에서 영국의 신도회를 모델로 하는 모임을 만들었다. 그러한 랑겔이 웨슬리에게 목자 없는 양들을 돌볼 설교자들을 아메리카로 보내 줄 것을 요청하였다. 웨슬리는 곧바로 설교자들을 파송하지 못했지만 1769년 8월 1일 뉴욕과 필라델피아에서 온 보고서에 의거하여 리즈회의(Leeds Conference) 결과 2명의 젊은 설교자, 조셉 필무어(Jopseph Pilmoor)와 리처드 보드맨(Richard Boardman)을 파송하였다. 그로부터 얼마 되지 않은 12월 26일에 뉴욕과 필라델피아에서 메도디스트 신도회 모임이 시작되었는데 그 회원이 100여 명에 이른다는 보고를 받았다. 웨슬리는 1770년 1월 25일에 그곳을 방문할 계획을 세웠으나 미국이 독립선언과 독립전쟁으로 혼란에 빠졌기 때문에 성사되지 못하였다. 1784년 10월경 다시 미국을 방문할 것을 권유받았지만 거절하였다. 이로써 미국에서의 메도디스트 운동은 웨슬리의 직접적인 영향 없이 발전되어 갔다.

웨슬리는 많은 시간을 말을 타고 여행하였기 때문에 말 위에서 책을 읽거나 편지 또는 설교문을 작성하기도 하였다.32)

어느 날 자살을 시도했던 사람이 웨슬리에게 설교하는 목적이 무엇이냐고 물었다. 웨슬리는 사람들을 행복하게 하고, 스스로 자유롭기 위한 것이며, 또 사람들을 사랑의 주님께 인도하여 천국 가게 하기 위함이라고 말했다. 웨슬리는 청중이 하나님께 영광을 돌리며 죽음의 두려움을 이기고, 이웃을 사랑하고 비참한 처지에 놓여 있는 이들을 돕고 위로하기를 바랐다. 이것이 기독교인의 의무라고 생각한 것이다.

동역자의 양성

1744년에 열린 감리교회 설교자들의 첫 번째 모임

1744년의 첫 번째 런던 연회에 대한 존 버네트의 기록

웨슬리의 설교와 더불어 메도디스트 운동의 지경은 더욱 확대되었다. 웨슬리는 순회 전도하러 가는 곳마다 함께 일할 사람을 발굴하기 위해 많은 노력을 기울였다. 초창기부터 웨슬리는 그의 회원들을 혹독하게 훈련시켰으며, 동료들을 일꾼으로 선택하는 데 있어서 매우 엄격하였다.

1739년부터 1744년까지 5년간 웨슬리가 순회 전도하는 동안 4인의 목사 외에 45인의 전도인이 웨슬리를 도와 일했다. 이들은 무보수로 일하며, 생활비를 각각 해결하였다. 이들의 활동으로 ① 속회는 원만하게 발전되었고, ② 신도회 연합회 헌장을 인쇄하여 발표하였고, ③ 계절마다 속회 방문하는 제도를 만들어 시행하였고, ④ 평신도 전도인을 채용하고, ⑤ 예배당을 설립하고, ⑥ 성찬식을 독립적으로 실시하였다.

제1회 감리교 연회

1744년 제1회 교역자회의가 6일 동안 런던의 파운더리 채플에서 개최되었다. 회원은 웨슬리 형제와 4명의 성공회 목사, 그리고 참석을 요청받은 평신도 지도자 4명, 모두 10명으로 구성되었다. 이 회의를 감리교회의 최초 연회라고 할 수 있다. 이 연회는 연합신도회의 사역을 검토하고 다음해 설교자들을 배치하는 일을 하였다. 이들은 이 회의에서 ① 신도들에게 무엇을 가르칠까? ② 어떻게 가르칠까? 하는 문제와 ③ 교리 장정의 제정 및 그 실행의 문제를 토의하였다. 교리 문제로는 인류의 타락, 그리스도의 사업, 의롭다 하심을 얻음, 중생과 성결의 문제를 이틀간 토의하였다. 그리고 가르치는 방법에 관하여 네 가지를 결정하였다. ① 부르고, ② 순종하게 하고, ③ 그리스도에게 바치고, ④ 신앙을 북돋아 주는 것이었다. 그들은 이러한 목적을 달성하는 방법 중 하나로 설교를 사용하였다.

웨슬리가 출판한 「신약성서 주해」

영국 성공회에 대한 지침도 마련하였다. ① 이해 상관이 없는 일이면 무엇이나 순종할 것, ② 양심의 거리낌이 없는 한 교회의 모든 법규를 준행할 것, ③ 평신도 전도자를 채용할 것을 결의하였으며, ④ 복음 전도할 때는 어느 곳에서든지 신도회 중심으로 할 것을 명하였고, ⑤ 자신들의 소명이 성화의 삶을 고취시키는 데 있음을 강조하였다. 웨슬리는 「신약성서 주해」(Notes Upon the N.T)를 1755년에 출판하여 전도자를 위한 교리적 기준으로 삼았다. 「신약성서 주해」는 독일의 경건주의자 벵갈(Bengal)의 '신약성서 주해'를 중심으로 집필한 것이다. 그 후 「표준설교」(Standard Sermon)를 출판하여 죄와 회개, 의인과 신앙, 성화, 그리스도인의 완전을 강조하여 메도디즘(Methodism)의 중심 교리로 삼았다.

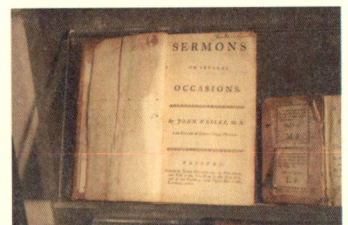

웨슬리의 특별 설교집

1744년부터 연회는 매년 개최되었고 참석인원도 계속 증가되었다. 1745년 브리스톨에서 열린 제2회 연회에서는 평신도 설교자들에 대한 보다 구체화된 조직과 관리가 이루어졌다. 역시 1746년 브리스톨에서 열린 제3회 연회에서는 순회 구역의 문제가 대두되었고, 1767년 런던에서 열린 제14회 연회에서는 감리교 운동을 전체적으로 통솔하는 인물을 선출하려는 움직임 속에서 개최되었다.

휫필드는 "웨슬리는 그가 전도한 사람을 신도회에 가입시켜 그 활동의 결과를 보고 받았으나 나는 그 방법을 경시하였기에 내가 얻은 신도들은 모래로 꼬아 놓은 새끼 같았다"고 고백하면서 웨슬리의 사업을 칭송하고 자기의 선교 활동에 열매가 없음을 탄식하였다. 실제로 웨슬리는 복음 운동가로 끝나지 않고 교회 정치가이며 감리교회의 조직자였다.

웨슬리의 저술 활동

웨슬리 찬송집

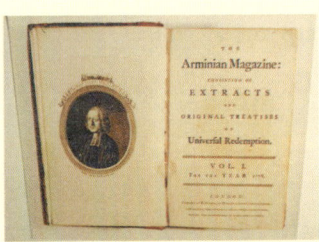

1778년 발행된 아르미니안 매거진 첫 번째 호

웨슬리는 생전에 약 400여 권의 책을 써서 싼값으로 보급하였다. 대학 시절의 웨슬리는 어려운 말과 글을 썼으나 이제는 독자들과 청중이 이해하기 쉽게 간명하게 표현하려고 노력하였다. 그의 「일지」(Journal)는 유명하다. 그의 일지에는 웨슬리의 생애와 메도디스트회의 역사, 즉 웨슬리의 복음주의 부흥 운동의 역사와 평신도 신도들이 당한 박해와 수고가 상세하게 기록되었음은 물론 18세기 영국 사회상이 기록되어 있었으므로 18세기 영국 문화사 연구를 위해서는 웨슬리의 「일지」를 연구해야 될 정도로 가치가 있다. 「일지」 첫 페이지에는 무슨 일이 있든지 반드시 매일 아침과 저녁에 한 시간씩 밀실에 들어가 기도할 것, 그리고 무슨 말이나 하나님 앞에서 하되 경솔한 말이나 희롱의 말을 하지 말 것, 이상의 두 가지 조건을 실행하기로 결심한다는 내용이 적혀 있다.

웨슬리는 "종교적 이성적 인사들에게 호소함"이라는 논문을 1743~1745년에 발표하여 감리교는 물론 그리스도교 전체를 변호하였다. 이 논문으로 많은 인사들이 개심하였다. 그는 그가 경영하는 학교의 교리서 편찬은 물론, 1749~1755년 사이에 50권으로 된 '크리스천 문고'(Christian Library)를 발간하였으며, 1755년에 감리회 교리의 표준서 가운데 하나인 「신약성서주해」를 발간하였고, 「설교집」 제1권(1746~1760)을 발간하였다. 1766년에는 「그리스도인의 완전」이라는 책을 출간하였고, 1771년 1월부터 1773년 12월까지 "웨슬리 전집" 1~25권이, 1771년 9월 4일부터 1772년 8월 14일까지 플래처(Fletcher)의 「도덕무용론에 대한 비판」 1~4권이, 1778년에는 「웨슬리의 설교집」 제2집(전4권)이, 1779년에는 「천주교 제도에 대한 조용한 고찰」이 출판되었으며, 1790년에는 「실라스 톨드(Silas Told)의 생애」가 출판되었다. 1788년에는 「아르미니안」 잡지를 발행하기도 하였다.

뿐만 아니라 웨슬리는 동생 찰스와 더불어 음악을 즐길 줄 아는 사람이었다. 독일어 찬송을 30편 이상 번역하였으며, 그

중 5편을 그가 발행한 찬송가에 편입시켰다. 웨슬리는 찬송가를 경험적·실용적 신학이라고 말하며 신앙생활의 지침으로 생각하였다.

전도인의 규칙

1746년 웨슬리는 전도에 대한 주의 사항을 발표하였다.

① 정한 시간에 설교를 시작하고 끝낼 것.
② 설교의 본문은 될 수 있는 한 평이한 내용으로 택할 것.
③ 설교 전체가 본문에서 벗어나지 않도록 원고를 만들어 할 것.
④ 언제나 청중을 위주로 설교 제목을 택할 것.
⑤ 설교를 너무 은유적 또는 신비적으로 하지 말 것.
⑥ 설교는 일상생활에 관계가 깊고 실제적일 것.
⑦ 우리의 제사장 그리스도와 그의 속죄를 전파할 것.
⑧ 큰 죄악 중에서 그리스도를 업신여기고 알지 못하는 자를 회개시킬 것.

그리고 웨슬리는 전도인의 규칙을 세웠다. 아무에게도 금품을 받지 말고, 전도자가 복음으로 말미암아 부자가 되었다는 말을 듣지 않도록 하라고 하였다. 그래서 전도인들은 생활비를 위하여 부업을 하면서 전도하였다. 그러나 점차 신도회에서 보수와 주택, 시탄과 등유를 제공하였으며 나중에는 자녀교육비까지 지출하였다. 웨슬리는 킹스우드 학교 내에 교역자만을 위한 반(Class)을 신설하였다. 그 당시 영국 내에서 6~12세의 어린이가 공부하는 학교로는 가장 우수하였다.

총회원의 자격

1749년 회의에서는 회원의 자격 문제를 결정하였다. ① 일반 교역자로 회의에 참석하는 자, ② 회의 장소에 있는 소신도회(band) 회장 중에 가장 신망 있는 자, ③ 일시적으로 참석한 내빈이라도 경건하고 덕망이 있는 자에게는 임시 회원권을 주었다. 1749년 맨체스터(Manchester) 연회에서 전담 간사 1명을 두었으며, 각 전도인으로 하여금 서로 권면하는 제도를 시행하였다. 이 연회부터 연회원의 사망에 대한 소식을 인쇄하여 배부하였다.

그 이후의 변화

런던의 뉴 채플에서 열린 첫 번째 총회

1755년 리즈회의에서 평신도 전도자의 성례 집행을 폐지하였다. 1766년 회의 때 한 회원이 웨슬리에게 무슨 권위로 전도인들과 일반신도회를 통솔하고 지도하느냐는 문제를 제기하였다. 웨슬리는 신도회의 과거 역사를 자세하게 말한 후 "이와 같은 권한은 내가 요구한 것이 아니며 순전히 하나님의 도우심과 민중의 행복을 위한 노력의 결과다. 나는 오늘도 이런 신념에서 그 권위를 행사하는 것이지 결코 나 자신의 행복이나 명예나 기쁨을 위한 것이 아니다"라고 답변하여 이 문제를 해결하였다.

감리교회는 민주적 정신을 가지고 있으며, 감리교회는 민주주의 단체다. 웨슬리는 평생을 민중 본위로 살았으며 오만한 태도를 털끝만치도 인정하지 않았다. 웨슬리는 그의 피 속에 귀족적인 피가 흘렀을지라도 민주 정신에 투철하였다.

웨슬리는 물론 전도인의 기본 자격은 신앙이지만 그 다음은 지식의 함양이라고 생각하여 1766년 리즈회의에서 독서의 필요성을 역설하였다. "가장 유익한 서적을 읽을 것이며, 꾸준한 노력으로 아침 시간을 독서에 쓰며, 24시간 중 적어도 5시간은 독서에 쓰라. 그리고 독서의 취미를 기르라. 그렇지 못하겠거든 전도 사업을 그만 두고 그대의 본래 직업으로 돌아가라"고 말하였다.

1767년 런던연회부터 전도인

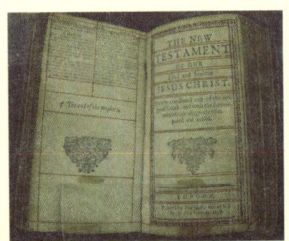  

매 연회 시 웨슬리가 사용했던 성경 / 1781년 리즈 연회의 기록부 / 웨슬리가 직접 쓴 브리스톨 소사이어티의 회원 명단

한 사람 한 사람의 성품을 통과하여 전도인의 사명을 고취시켰다. 1744년 6월 25일 파운더리에서 열린 제1회 연회를 필두로 1767년 런던연회, 1770년 8월과 1777년 8월과 1786년 7월의 브리스톨 연회, 1787년 7월 맨체스터 연회 등이 열리게 되었다.

미감리교회의 확립

영국이 미국 식민지들과 갈등을 겪고 있는 동안 왕당파였던 웨슬리와 미국 감리교도들과의 관계도 혼란을 면할 수 없었다. 이러한 혼란은 미국 감리교회가 독자적인 노선을 걷게 만들었다. 웨슬리는 미국에서의 질서를 위하여 토마스 콕(Thomas Coke) 박사를 미국 감리교 감리사로 위임하였다. 콕은 옥스퍼드 대학에서 공부하였고, 1776년 평신도 설교가인 토마스 맥스필드(Thomas Maxfield)를 통해 회심하였다. 그는 1777년 8월에 메도디스트 운동에 투신한 이후 웨슬리의 신뢰를 받고 있었다.

애즈베리 / 토마스 콕

콕을 감리사로 위임한 사건으로 인해 문제가 더 커지자 웨슬리는 토마스 콕과 그 외 리처드 와트코트(Richard Whatcoat)와 토마스 베시(Thomas Vasey)에게 안수례를 베풀고, 콕과 그 당시 아메리카에서 활동하고 있던 애즈베리(Francis Asbury)를 감리교 감리사(Methodist Superintendent)로 파송하였다. 1784년 12월 볼티모어에서 열린 크리스마스 연회에서 자율적인 교단인 미국 감리교회를 세우고 애즈베리를 감독으로 선출하였다. 이 연회에서는 웨슬리가 준비한 '종교강령'이 발표됨과 동시에 회의의 성격과 회원의 자격 등을 규정하였다.

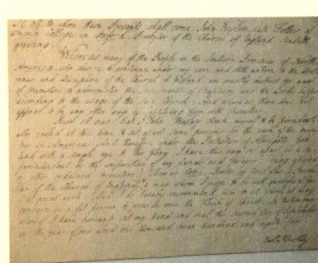  

콕을 미국 감독으로 인준하는 문서 / 토마스 콕의 첫 번째 교구 교회 / 웨슬리가 콕과 애즈베리를 아메리카로 보낸 브리스톨의 필 항구

교회의 조직을 만들다

웨슬리는 1742년 5월 28일 뉴캐슬 어폰 티네(New castle-upon-Tyne)를 처음 방문하여 전도했다. 웨슬리는 속회(Class Meeting), 순회구역(Circuits), 지방(districts)을 만들어 그가 전도한 사람들을 관리하는 데 천재적인 조직력을 발휘하였으며, 회원 한 사람 한 사람의 소속 의식을 심어 주는 데 노력을 기울였다. 계절마다 한 번씩 한 방에 모여 식사함

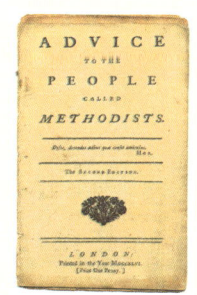

감리교인에게 주는 웨슬리의 권면

으로써 서로 상호간의 친선을 도모하는 애찬회를 가졌고, 초대 교회가 한 것과 같이 매월 보름 무렵 금요일 저녁 8~9시쯤 모여 자정이 지나기까지 함께 기도하고 설교말씀을 들려주는 오늘날의 금요 철야 기도회와 같은 야성회(watch night)를 실행하였다. 1742년 4월 9일 금요일 런던에서 야성회가 있었다. 처음에는 매월 한 번씩 모였으나 나중에는 매 계절에 한 번씩 모이다가 1년에 한 번 1월 1일에 모였다.

1743년 일반 신도들의 신앙과 생활의 준칙이 될 만한 총칙을 작성해서 각 신도들에게 배부하였다. 신도들의 행동규칙은 다음과 같다.

① 남을 해롭게 하지 말며, 흔히 하기 쉬운 각양 악한 것을 피할 것.
② 선을 행하며 능력을 따라 각양 자비함을 베풀며 기회 있는 대로 모든 사람에게 할 수 있는 각양 선을 행할 것.
③ 하나님의 모든 예법들(공중예배 참석, 성경 연구, 주의 만찬 참예, 가족 기도와 개인 기도, 금식과 절식)을 잘 지킬 것.

5. 선교 활동의 장애와 박해

웨슬리의 감리교 운동이 순탄하게 발전을 거듭한 것만은 아니었다. 감리교 운동은 여러 모양으로 박해를 받았다. 웨슬리의 전도 초기에는 영국 성공회의 감독과 목사들의 비난과 공격이 있었고, 웨슬리의 전도 후기에는 폭도들의 방해가 있었다.

성공회 사제들은 감리교 설교자들이 그들의 교구에 야기한 혼란에 분개하였다. 그리고 성난 군중은 술기운에 흥분하여 감리교 설교자들에게 물리적인 공격을 가하였고, 권력자들은 이들을 선동하기도 하였다.

그웬냅 피트의 입구

웨슬리의 옥외설교 장소였던 그웬냅 피트

한번은 감리교 복음 운동의 적대자들이 크로울(Crowle)의 치안판사인 조지 스토빈(George Stovin)에게 이들을 '새로운 이단'으로 고발하였다. 판사가 이들이 무슨 일을 했느냐고 묻자, 적대자들은 이들이 아침부터 밤까지 기도와 찬양만 한다고 대답하였고, 옆에 있던 노인은 그들이 자신의 아내를 데려갔는데 과거에는 수다쟁이였는데 지금은 어린 양처럼 조용해졌다고 말하였다. 이 말을 들은 판사는 적대자들을 향하여

감독과 목사들의 박해

런던과 브리스톨에 있는 신도회를 영국 성공회로부터 분리시켜야 할 일이 발생했다. 영국 성공회 목사들은 웨슬리 형제에게 영국 성공회의 강단을 허락하지 않았다. 그리고 웨슬리 신도들이 영국 성공회의 성찬식에 참예하는 것을 거부하였다. 이러한 박해 때문에 메도디스트들은 별도로 모여 예배를 드리게 되었다. 런던 감독과 브리스톨 감독은 메도디스트들이 자기 교구에서 떠나가도록 종용하였다. 웨슬리 형 사무엘조차도 이런 웨슬리의 행태를 못마땅하게 생각하였다. 웨슬리의 어머니 수산나만이 적극적으로 웨슬리를 지지하였다.

도시에 있는 수다쟁이를 모두 그들에게 데려가 개종시키라고 판결하였다.

콘월(Cornwall)은 감리교회 복음 운동이 가장 성공적으로 전개된 지역이었다. 그러나 그웬냅(Gwennap)에서는 시장이 설교하는 웨슬리를 청중 가운데서 끌어내었으며 군중을 부추겨 그를 대항하게 하는 어려움이 있었다. 그렇다고 복음 운동에 항상 장애만 있는 것은 아니었다. 어느 날 웨슬리의 설교가 적대자들에 의하여 갖은 방해를 받고 있을 때 그 지방의 한 성직자는 교구민들에게 "이런 식으로 이방인을 대접하는 것이 부끄럽지도 않느냐"고 꾸짖기도 하였다.

1) 런던 주교 에드먼드 깁슨의 저항

1730~1740년대에 걸쳐 감리교에 대하여 저항한 사람은 1735년에 찰스에게 사제 안수를 주었으며 웨슬리에게 호감을 가지고 있던 런던 주교 에드먼드 깁슨(Edmund Gibson)이었다. 깁슨 주교는 모라비안에 반대하는 글을 썼는데, 웨슬리 형제가 모라비안에게 속하여 있음을 비난하고 런던의 목사들에게 강단에 메도디스트들을 세우지 말 것을 촉구하였다.

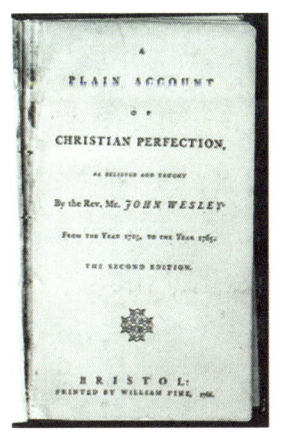
웨슬리가 출판한 「그리스도인의 완전에 대한 평이한 해설」

한때 깁슨은 웨슬리의 「그리스도인의 완전에 관한 평이한 해설」(A Plan Account of Christian Perfection)의 저술과 출판을 격려하기도 한 인물이었다.

특히 1740년에 웨슬리 자신이 이해한 '그리스도인의 완전'에 대해 설명했을 때 깁슨은 "웨슬리 씨, 만일 이것이 당신이 의미하는 모든 것이라면 그것을 전 세계에 알리시오"라고 말할 정도로 웨슬리를 지원하였다. 그러나 불과 몇 년 후의 상황은 아주 많이 바뀌었다. 1744년 익명의 저자에 의하여 감리교도들의 열광주의를 비판한 "감리교도라 칭하는 특정 분파의 품행과 행실에 관한 고찰"(Observation upon the Conduct and behaviour of a Certain Sect usually distinguished by the name of Methodist)이라는 제목의 감리교 비판서가 출판되었다. 웨슬리를 비롯한 많은 사람들은 이 책의 저자가 깁슨 주교라고 믿었다. 이러한 의혹은 깁슨 주교가 잉글랜드

런던 성공회 주교 깁슨과 웨슬리의 갈등

1747년에 이르러 깁슨은 웨슬리를 성공회의 위험한 인물로 간주하고 모든 가능한 수단을 동원해 거부해야 할 대상으로 단정지었다. 그는 런던의 사제들에게 다음과 같은 편지를 써서 웨슬리와의 관계를 파국으로 몰아갔다. "존경하는 형제들이여, 나는 여러분의 목소리가 나팔처럼 울려나길 기대합니다. 소위 메도디스트들이라는 불리는 자들에 대항하여 모든 사람들을 일깨우고, 무장하고 견고케 하십시오."33)

깁슨은 메도디스트들이 교회가 지켜야 할 모든 규칙을 깨뜨렸으므로 교회를 떠나야 한다고 주장하였다. 그들은 평신도 설교자를 세우고, 자기들만의 회합장소를 건립하며, 야외에서 설교하고, 성공회 관할 이외의 교회에서 성찬식을 거행하는데 이러한 것들은 영국 성공회의 기본적인 교구법에 어긋난다는 것이다.34) 깁슨은 이 글을 통하여 메도디스트들은 사람들을 혼란시키고 유해한 교리를 전파하기 때문에 목회자들이 힘을 다하여 메도디스트들의 가르침에 반대할 것을 권고하였다.

웨슬리는 1747년 6월 11일자 편지에서 자신의 설교가 가져온 결과에 대하여 언급하고 주교가 자신의 입장을 재고해 주기를 바란다고 하였다. 그의 편지는 설교를 통해 술주정뱅이가 지금은 절제하고 있으며, 매춘부가 매춘을 그만두었으며, 도둑질하는 자가 회개하고 자신의 손으로 노동하며 살고 있으며, 욕과 저주로 삶을 사는 이가 이제는 두려움과 기쁨, 존경심을 가지고 주님을 섬기는 법을 배우고 있으며, 예전에 온갖 죄악의 노예가 되었던 사람들이 거룩한 삶을 살고 있음을 말하고 있으며, 이것이 사실임을 증명하기 위해 그들의 이름과 거주지도 알려 줄 수 있다고 말하였다. 그리고 자신도 인생의 정오를 이미 지났으며 주교도 연로하여 머지않아 심판의 날에 하나님 보좌 앞에 서게 될 것을 상기시켰다.35)

이 편지 이후 주교는 감리교도들에 대해 더 이상의 공격을 하지 않았으며 그 다음해에 사망하였다. 하지만 웨슬리에 대한 무장을 촉구한 그의 목소리는 사제들과 교구 안팎의 많은 사람들을 자극하였다.

의 여러 지역에 그 책의 배포를 주선했을 때 사실로 확인되었다. 이 책에서 깁슨은 감리교 신도회가 성공회 반대자로도 등록되지 않았으며, 또 성공회에도 소속되지 않은 일종의 불법적 조직이라고 비판하였다. 이 당시 영국 교회법 73조는 성직자들이 일반 가정에서 모임 갖는 것을 제한하고 있었다.

2) 브리스톨 감독 버틀러의 저항

브리스톨의 버틀러(Joseph Butler) 감독은 젊은 목사인 조사이어 터커(Josiah Tucker)에게 신학적으로 메도디스트에 문제가 있음을 밝히라고 지시하였다. 터커는 이 문제를 신중히 여기고 역사적·조직신학적 각도에서 접근하였다.

버틀러 감독은 웨슬리의 복음운동을 방해하였다. Copyright©General Board of Global Ministries, UMC

하남 산 강대상 바닥에 "세계는 나의 교구"라는 글귀가 있다.

웨슬리와 터커의 차이는 무엇에 관심을 갖느냐에 따라서 나타난다. 영국 성공회 사람은 근본적으로 성화에 관심을 가지고 있고, 의인에는 별로 관심하지 않는다. 반면에 웨슬리는 의인을 결정적 요인으로서 하나님의 한 행위로 간주하고, 성화는 의인 다음에 따라오는 것으로 본다. 의인에 대한 웨슬리의 주장은 성서가 말하고 있는 것이다. 따라서 슈미트의 지적대로, 웨슬리가 의인에 대해서 상반되게 말한다고 한 터커의 견해는 잘못된 것이다.

웨슬리와 터커의 논쟁

웨슬리는 터커의 반대를 다음과 같이 요약하였다. ① 웨슬리가 의인은 믿음을 통해서만 성취됨을 믿는다는 것, ② 죄 없는 완전을 그리스도인들이 이루어 낼 수 있다는 것, ③ 웨슬리가 비일관적인 것들을 믿고 있다는 것.
웨슬리는 터커가 지적한 문제에 대하여 터커를 비난하지 않았을 뿐만 아니라 당대의 전반적인 윤리에 도전하지도 않고 빈정대지도 않았다. 그는 단지 성서에 근거하여 자신의 견해를 피력하였을 뿐이다. 첫째, 하나님만이 인간의 죄를 사하신다. 따라서 의를 이루는 것은 하나님이라고 보았다. 웨슬리는 진정한 그리스도인의 믿음만이 개인의 구원을 확증해 줄 뿐만 아니라 하나님을 향한 사랑과 그의 계명을 준수함으로써 기꺼이 그에게 봉사하게 한다고 말하였다. 둘째, 죄 없는 완전에 대한 일관되지 못한 웨슬리의 입장에 대해 터커는 비난하지만 이 세상에서의 죄 없는 완전이란 무지나 실수 또는 유혹이나 나약함이 없는 완전이 아니다. 웨슬리가 말하는 완전은 성서가 말해주고 있다.

"저가 이 마음을 품었으니, 곧 그리스도 안에 있는 것이라"(빌 2:5)
"저가 손이 깨끗하고 마음이 순결하도다"(시 24:1)
"저가 죄를 범하지 않도다"(요일 3:9)
"저가 빛 가운데로 행하도다"(요일 1:7)
"저가 십자가에 달렸도다"(갈 2:20)
"산 것은 그가 아니요 그 안에 거하시는 그리스도라"(갈 2:20)

브리스톨의 감독은 웨슬리에게 "이곳에서 당신이 할 일은 아무것도 없소. 나의 교구에서 설교하도록 위임되어 있지 않으니 이곳에서 떠나가시오"라고 말하였다. 이에 웨슬리는 옥스퍼드 대학의 '펠로우'로서 그리고 안수 받은 사제로서 어떤 특정 지역에서 목회하도록 제한을 받는다고 생각하지 않았다. '내가 하나님에게 순종할 것이냐, 사람에게 순종할 것이냐?'를 고심하던 웨슬리는 사람의 명령보다 하나님의 명령에 순종할 의무가 있다고 생각하여 "온 세계는 나의 교구다"라고 선언하고 어디서든지 구원의 복음을 전하는 것이 자신의 사명이라고 보았다. 대학이나 교회 사제로 돌아가라는 주변의 권고도 있었지만, 웨슬리는 전 세계가 자신의 교구이며, 지금 자신이 하고 있는 일들이 성서에 근거하여 정당하다고 생각하였다.

3) 친구 제임스 하비의 저항

웨슬리의 옥스퍼드 친구인 제임스 하비(James Hervey)의 반대는 그 누구의 반대보다도 웨슬리에게 더욱 큰 고통을 주었다. 하비는 한때 옥스퍼드에서 열광적으로 웨슬리를 따랐던 사람이었다. 그 당시 허비에게 웨슬리는 공부 친구

> **친구 하비와의 갈등**
>
>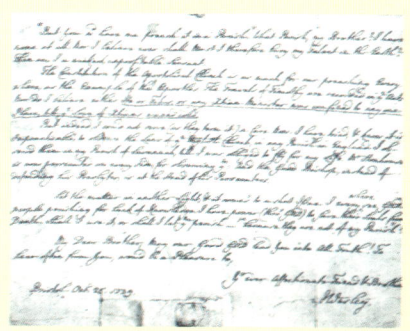
>
> 제임스 하비에게 보내는 웨슬리의 편지(1739)
>
> 성공회의 목사가 된 하비는 웨슬리의 책임 아래 놓여 있지 않은 특별한 그룹의 크리스천들을 불러 모으는 일과 그의 교구에 속하지 않은 사람들에게 관심을 기울이는 일에 대하여 비난하였다. 이에 대하여 웨슬리는 만약 사람들이 그가 다른 목사들에 속한 교구 안에서 복음을 증거하는 것을 금지한다면 '하나님께 복종해야 하느냐 혹은 인간에게 복종해야 하느냐' 하는 질문을 야기시켰던 초기 기독교의 예처럼 자신은 선교의 사명에 무조건적 복종을 다짐한 바울의 입장을 따를 것이라고 말하였다; '복음전파는 나에게 주어진 명령이다. 만일 내가 이 복음을 전하지 않으면 나에게 화가 미칠 것이다.' 그리고 웨슬리는 "모든 세계를 나의 교구로 본다"고 말하였다. 또 기회 있을 때마다 모든 사람들에게 '선'을 행하라는 사도 바울의 말씀(갈 6:10)을 어떤 특정한 교구에 제한 받지 않고 어떤 곳에서도 일할 수 있는 것으로 이해하였다. 그리고 이런 문제에 대하여 자신이 핍박 받는 것을 제자들이 예수 그리스도를 위하여 당하는 핍박과 연관시키고자 하였다. 더 나아가 웨슬리는 하비가 사탄의 시험에 희생되었음을 걱정하였다. 웨슬리는 하비가 그리스도를 따르는 자들에게는 십자가의 길 외에 다른 길이 없다는 기독교 신앙의 기본 원리를 잊어버렸다고 생각했다.[36]

만이 아니라 영혼의 친구였다. 하비는 웨슬리가 대학에서 어려움에 처하게 되었을 때 무조건 웨슬리의 편이 되어 그를 변호하고 지원하였다. 그러므로 하비는 웨슬리의 복음 운동을 깊은 관심과 주의를 가지고 지켜보았다.

그러나 제임스 하비처럼 웨슬리의 복음 사역에 대하여 날카로운 공격을 가한 친구가 있는가 하면, 그의 사역을 이해하고 지원한 성공회 목사 빈센트 페로네트(Vincent Perronet, 1693~1785)도 있다. 그는 켄트(Kent)의 쇼햄(Shoreham)에서 39년 동안 웨슬리를 지원하고 조언하였다. 그는 웨슬리의 방침에 따라서 자신의 교구를 재조직했고, 두 아들을 평신도 설교자로 삼았다. 찰스 웨슬리는 그를 '메도디스트의 대주교'라고 칭송하였다.37)

4) 엡워스 교회 롬리 목사의 박해

웨슬리 복음 운동에 박해와 장애를 가져다 준 인물 가운데 롬리(Romley) 목사가 있다. 이 사람은 웨슬리 부친의 도움으로 옥스퍼드 대학에 입학하여 후에 그 교회의 부목사로 시무한 적이 있으며 엡워스 교회의 후임자가 된 목사

아버지의 무덤 위에서 설교하는 웨슬리

웨슬리는 엡워스 교회에서 설교와 기도문 낭독 등을 통해 예배를 돕고자 했으나 롬리로부터 거절당하자 그날부터(1742. 6. 6) 8일 동안 교회 뜰 안에 있는 자기 아버지 묘지 위에서 매일 저녁 집회를 열었는데 대 부흥의 불길이 일어났다. 웨슬리는 그 일에 대하여 이렇게 쓰고 있다. "나의 아버지는 이곳에서 40년간 일하였으며 나도 얼마 동안 노력하였으나 별 효과가 없었다. 그러나 …… 그때 뿌린 씨앗은 오늘에야 싹이 터서 회개와 사죄의 결과로 나타났다." 아버지의 묘지 위에서 선포한 복음이 결실을 맺어 링컨셔 최초의 감리교회가 탄생하였다. 1891년 링컨셔에 50,000명의 감리교인이 생겨났다. 그 당시 링컨셔의 전체 인구가 50만 명임을 감안할 때 실로 놀라운 부흥이었음을 알 수 있다.
1743년 웨슬리는 다시 한번 엡워스를 방문하여 아버지의 무덤에서 설교하였다. 그때 모인 사람들이 그에게 성찬을 받고자 요청했으나 웨슬리는 롬리 목사의 허가를 조건으로 제시하였다. 그러나 롬리는 직접 오지도 않고 메시지를 통하여 웨슬리는 성례전을 집행할 자격이 없다고 하였다. 웨슬리는 이를 무시할 수 있었지만 롬리의 의사를 존중하여 성례전을 거행하지 않았다. 후에 롬리 목사는 정신적으로 병이 들어 정신이상자 보호 수용소에서 세상을 떠났다.38)

였다. 그러나 롬리는 웨슬리의 종교 운동에 찬동하지 않았고, 웨슬리의 설교 제안도 거절하였다.

한편 과거 웨슬리의 아버지가 봉직했던 교회의 목사인 존 휘트램(John Whitelamb)은 엡워스의 롬리 목사처럼 냉대하지 않고 웨슬리를 친절하게 대하며 그의 교회에서 설교할 수 있도록 배려해 주었다. 그곳에서도 많은 사람들이 그의 설교를 듣고자 모여들었다. 휘트램이 웨슬리에게 이런 친절을 베푼 것은 웨슬리의 사역을 진정으로 돕고자 한 마음에서 나온 것이 아니라 오히려 개인적인 관계 때문이었다. 휘트램은 옥스퍼드 대학의 '펠로우'였던 웨슬리를 존경하였다.

성찬이 흘러내리지 않도록 고안된 성찬기

이 외에도 성공회 목사들은 다양한 방법으로 웨슬리를 박해하였다. 1745년 콘월의 어느 목사는 강단에 서서 웨슬리는 옥스퍼드 대학에서 잘못하여 쫓겨났으며, 이 때문에 정신이 돌았다는 등의 터무니없는 이야기를 하여 웨슬리를 적대하였다. 웨슬리는 계속되는 핍박에도 적의를 나타내지 않고 오히려 기도에 전념하였다.

5) 평신도 지도자들에 대한 박해

웨슬리는 부흥 운동의 발전을 위해 평신도 지도자들을 채택하였다. 그들 가운데 몇 사람을 든다면 퀘이커 교도의 후손으로 방탕한 생활을 하다가 그리스도인이 되어 웨슬리를 도와 광부들에게 성경 강해를 지도하였던 존 케닉(John Cennick), 웨슬리와 동역하였으나 후에 웨슬리를 떠나 휫필드와 일하다 장로교회로 가서 안수를 받은 조셉 험프리스(Joseph Humphreys), 브리스톨 최초의 신자 가운데 한 사람으로 일반인들에게 설교를 한 토마스 맥스필드(Thomas Maxfield) 등이 있다. 웨슬리는 남자 평신도 지도자들뿐만 아니라 여자 평신도 지도자도 채용하여 유능한 여인들에게 전도할 수 있는 권한을 주었다.

최초의 평신도 설교자 토마스 맥스필드

토마스 맥스필드

평신도 설교자의 탄생 배경에는 토마스 맥스필드(Thomas Maxfield)가 있다. 맥스필드는 1739년 5월 21일 웨슬리의 설교를 통해 은혜를 받았으며, 후에 훌륭한 감리교 평신도 설교자가 되었다. 그러나 초창기에 맥스필드는 웨슬리에게 많은 문제를 일으켰다. 웨슬리는 자신의 부재 시 맥스필드에게 성경 해석 방법을 지도하고 신도회의 관리를 맡겼는데, 맥스필드는 성경 해석과 설교의 경계를 넘어섰다. 이에 웨슬리는 굉장히 분노하였으나 수산나의 설득으로 그가 설교하는 것을 용납하였다. 이것이 평신도 설교자가 탄생하게 된 배경이다.

그 가운데 메리 보산퀴트(Mary Bosanquet)는 설교도 하였지만 사재를 팔아 고아원을 설립하기도 하였다. 보산퀴트는 후에 웨슬리의 후계자로 지명된 존 플레처의 아내가 되었다.

그러나 영국 성공회에서는 웨슬리가 평신도를 지도자로 채용한 사실에 거부감을 느끼고 웨슬리의 평신도 채용을 비난하였다. 하루는 영국 감독이 찰스에게 "평신도들은 무식한 사람들이 아닌가?" 하고 물었다. 찰스는 영국 감독에게 "물론 그런 사람도 있지요. 그러나 그들은 무식할지라도 영혼을 건지는 일에 대해서는 무식하지 않습니다"라고 대답하였다.

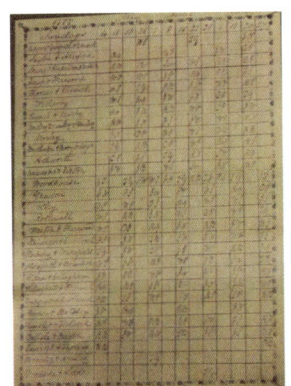

순회교구 담당자 리스트

1760년 「런던 매거진」(London Magazine)은 감리교 평신도 설교자의 교육 정도가 수준 이하이며, 당시 세계 최고의 지적인 목사를 보유하고 있다는 영국 성공회에 미치지 못하는 것으로 진술하였다.

순회교구 전도자들의 삶

웨슬리가 평신도 전도자 채용에 대해서 고민할 때 웨슬리의 어머니 수산나는 웨슬리에게 큰 격려를 해주며 감리교회가 전국에 급속도로 확대될 수 있는 기반을 세우게 해주었다. 이로써 순회교구의 발달이 촉진되었다.

평신도 지도자 중 가장 유력한 자는 존 넬슨(John Nelson)이었다. 넬슨은 웨슬리에게 충성을 다한 인물이었다. 그는 석공이었으나 영적 불안과 회의 속에서 방황하다가 웨슬리의 설교로 마음의 평화를 얻고 중생의 경험을 한 뒤, 고향에 내려가 고향 사람들에게 전도하였다. 교구

존 넬슨

목사들은 갖은 방법으로 그의 설교를 방해하고 청중을 해산하려 하였다. 그들의 반대와 핍박으로 넬슨은 석 달 동안 감옥에서 지냈다. 한번은 넬슨 반대자에게 매수된 사람이 넬슨을 심하게 구타하고는 그냥 길에 버리고 떠났다. 마침 마을 목사 아들이 길을 가다가 넬슨을 발견하였으나 아직 죽지 않은 것을 확인하고는 다시 구타하였다.

공격당한 일부 젊은 감리교 설교자들의 반격은 적대자들의 분노를 자극했다. 그들은 교구 교회 문 앞에서 설교를 감행함으로써 저항을 더 초래하였다. 한번은 회중의 한 명이 설교자에게 충격을 가하였으며, 설교자와 회중에게 물을 뿌리기 위해 소방차가 동원되기도 하였다.

휫필드가 그 당시 널리 호평을 받고 있던 종교 서적을 비판함으로써 많은 성직자들의 분노를 유발시켰다. 휫필드가 비판한 책은 1658년 익명으로 출판되어 그 당시 일종의 행동강령으로 높이 평가받고 있었던 「인간의 온전한 의무」(The Whole Duty of Man)와, 17세기 후반에 대중의 사랑을 많이 받은 캔터

출판을 통한 이단 논쟁

웨슬리는 1744년 「이성적이며 종교적인 인간에 대한 진지한 호소」(Earns Appeal to Men of Reason and Religion)를 출간하였다. 웨슬리는 이 책에서 감리교도들이 영국 성공회를 경시하는 것이 아니라 하나님의 진리의 말씀을 전하고 들으며 교구 교회에서 성만찬을 행함으로써 성공회를 지지하고 있음을 강조하였다. 1744년 최초의 총회에서 동료목사들과 설교자들이 웨슬리가 이미 출판한 「이성적이며 종교적인 인간에 대한 진지한 호소」에 감리교 옹호를 더 추가할 것을 종용하자 웨슬리는 「이성적이며 종교적인 인간에 대한 추가적 호소」(A Further Appeal to Men of Reason and Religion)를 출판하였다. 「추가적 호소」 3장에서 웨슬리는 감리교가 악이나 이단과는 아무런 관련이 없음을 강하게 견지하였다.

그 외 글로체스터의 주교 윌리엄 워버튼(William Waburton, 1698~1779)은 1762년에 메도디즘에 반대하는 책을 두 권 출판했는데, 웨슬리가 예수 그리스도와 사도들의 시대에 성령이 제한된다고 주장했다고 오해하였다. 엑서터(Exeter)의 주교 조지 레빙틴(George Lavington, 1684~1762)은 감리교도들을 가면을 쓴 교황 절대주의자들로 묘사하였고 또 열광주의자로 몰아붙였다. 열광주의적 종파로 그가 혐오하는 몬타니즘을 들고, 몬타니즘의 특징적 형태를 감리교도들에게서 찾을 수 있다고 주장한 것이다.39)

이처럼 영국 성공회 사제들의 반대는 초기 감리교도들이 많은 지역에서 불청객 취급을 당하고, 또 웨슬리의 복음 운동이 수많은 폭동과 박해의 요인이 되게 하였다. 영국 성공회 사제들은 그들의 사역을 혼란케 하고 공동체를 동요하게 하는 웨슬리와 그의 추종자들을 매우 불쾌하게 생각하였다. 성만찬에 대한 강조의 관점에서 볼 때는 지나치게 고교회파적(High Church)이며, 교회의 직제를 무시하고 다른 사제의 교구를 넘나든다는 점에서는 지나치게 저교회파적(Low Church)인 웨슬리는 이들에게 의혹과 적대의 대상일 뿐이었다. 그리고 웨슬리 형제가 왕위찬탈자 에드워드의 친구라거나 교황 절대주의자 혹은 가면을 쓴 예수회원이라는 소문도 감리교도들에게 도움이 되지 않았다.

베리 주교 존 틸로트슨(1630~94)의 「설교」(Sermons)였다. 이 두 책은 18세기까지 매우 가치 있는 책으로 인정받고 있었으며, 웨슬리가 그의 '크리스천 문고'에 포함시켰음에도 불구하고 그 책들에 대한 휫필드의 공격과 "틸로트슨은 마호메트보다 더 그리스도에 대해 알지 못한다"는 사려 깊지 못한 언사들은 감리교도에 대한 적대감을 더욱 증폭시켰다.

6) 폭도의 박해

이미 살펴본 바와 같이 메도디스트들의 복음 운동에 대한 박해는 주로 성공회 감독과 목사들에 의해서 시작되었다. 메도디스트 운동에 의하여 자신들의 위치가 도전을 받는다고 생각한 그들은 폭도를 부추기고 동원하여 메도디스트 운동을 반대하였다.

1743년 웬즈베리(Wednesbury)에서 설교할 때 찰스는 돌 세례를 받고 쓰러졌다. 1743년 10월에 웨슬리는 격렬한 공포에 못 이겨 차라리 강으로 던져지기를 바라기도 했다. 웬즈베리의 메도디스트들은 거리에서만이 아니라 집으로 귀가할 때도 공격과 저지를 당하였다. 적대자들은 집안까지 들어와서 창문을 깨고, 가구를 부수고, 심지어 한밤중에 침실에서 여자와 어린아이들을 끌고 가기도 하였다. 가장 충실한 평신도 설교가인 존 넬슨(John Nelson)의 부인은 임신 중이었는데, 광신적인 여자들의 흉측한 학대로 인해 아이가 유산되었다.

웨슬리가 설교하는 동안 폭도는 미친 듯이 스크럼을 짜며 여신도회원들에게 외설적인 행동을 하다가 경찰들에 의해서 제지당하였다. 웨슬리는 롱 레인(Long Lane)과 메리본 필드(Marylebone Field)에서 돌 세례를 받았다. 헉스턴(Hoxton)에 있는 찰스(Charles) 광장에서는 군중을 향하여 황소를 몰아넣으려고도 하였다. 첼시(Chelsea)에서 설교할 때 정체를 감춘 어떤 사람이 라틴어로 웨슬리의 이름을 물었는데, 웨슬리가 대답을 하지 않자 그는 동료들 앞에서

웬즈베리에서 야유받는 웨슬리 Copyright©General Board of Global Ministries, UMC

라틴어를 이해하지 못한다고 웨슬리를 비웃었다.

대규모로 조직된 박해는 웨스트요크셔의 콜네의 보좌신부였던 조지 화이트에 의해 발생되었다. 그는 1748년 여름 웨슬리에게 적대적인 설교를 했으며, 대중을 선도하는 대규모의 폭도를 조직하였다. 이들은 웨슬리가 설교할 때 강단에 올라와 웨슬리의 얼굴을 가격하였고, 웨슬리의 지팡이를 내리쳤다. 이처럼 웨슬리와 그의 동료들은 끊임없이 폭도에게 구타당하고 강물에 던져지거나 머리채를 잡히기도 했지만 모두 무사히 풀려났다.

1749년 10월 18일 웨슬리가 볼튼에 머물고 있을 때 폭도가 집으로 쳐들어오자 웨슬리는 의자 위에 올라서서 폭도에게 권면하였다. 그들은 놀랍게도 흥분을 가라앉히고 웨슬리의 말을 경청하였다.[40] 웨슬리의 위엄 있는 풍채와 빛나는 안광과 그의 인격을 통하여 발휘되는 영적 감화력에 폭도마저 압도된 것이다. 웨슬리는 폭도를 진정시키는 능력이 있었을 뿐만 아니라 놀라울 정도로 용감하였다. 폭도의 격렬한 공격의 표적이 되었을 때도 웨슬리는 차분함을 잃지 않았다. 고든 룹은 웨슬리가 폭도의 눈을 똑바로 쳐다보는 능력을 아버지로부터 물려받았다고 주장하였다.41) 웨슬리는 "폭도를 정면으로 대하라"고 표어를 만들기도 하였다.

이런 사건들은 웨슬리의 복음 운동에 얼마나 많은 폭도의 방해가 있었는지를 보여준다. 웨슬리가 일지에 "만약 그들이 나를 강물에 던져 버려 내 주머니 속에 있는 서류가 물에 젖어 못쓰게 되면 어떡하나"라고 쓸 정도로 그는 폭도의 위협과 공격에 시달렸다.

웨슬리는 성난 군중에게 장시간 잡혀 있을 때도 용기를 잃지 않고 폭도를 응시하며 어떤 경우에도 달아나거나 숨지 않았다. 웨슬리는 폭도에게 둘러싸여 있을 때에 지속적으로 그들과 대화를 시도했으며 항상 적대자들에게 정중한 예의와 존경을 표하며 연설하였다.

웨슬리는 이와 같은 폭도의 폭행 외에도 여론과 비평으로 가혹한 공격을 받았다. 이단자, 매국노 또는 반역자라는 등의 모욕적 칭호를 듣기도 하였다. 감

폭도의 폭력을 극복하는 웨슬리

영국 중서부 스태퍼드셔(Staffordshire) 북쪽에 암흑촌이 있었다. 웬즈베리, 왈살, 달래스톤의 주민들은 난폭하고 무법하였다. 폭도는 웨슬리를 포위하고 "웨슬리를 잡아라. 웨슬리를 죽여 버리겠다"고 소리 지르며 돌을 던지고, 웨슬리가 거하는 집의 창문과 가구 그리고 집을 파괴하였다. 메도디스트들이 그 지방 장관에게 보호를 요청해도 거절당할 뿐이었다.
한번은 웨슬리가 폭도의 두목을 불러서 몇 마디 말을 주고받자 그 사람이 웨슬리에게 머리를 숙이며 양같이 변하였다. 재판소로 가자는 폭도의 말에도 웨슬리가 "기쁘게 가겠소" 하고 대답하자, "당신은 진정한 신사입니다. 우리가 피를 흘려서라도 이 사람을 보호하자"고 외치며 웨슬리를 보호해 주기까지 하였다.
그러나 200~300명의 무리에 의해 재판소로 끌려 다니기도 했으며, 습격을 당해 구타당하여 많은 상처를 입기도 하였다. 오도 가도 못하게 되었을 때는 하나님께 간절히 기도하였다. 웨슬리의 기도는 폭도의 두목을 감화시켜 "당신을 위해서 생명을 바치겠소. 나만 따르시오" 하며 웨슬리를 위기에서 건져내 주었다. 설교하던 웨슬리가 급히 강단에서 내려와 폭도의 두목을 끌고 강대상으로 올라와서 잠시 동안 그를 권고하니 그렇게 완강하던 사람이 고개 숙이며 무리를 정숙하게 하였다. 웨슬리는 폭행당할 때마다 그들의 얼굴을 주목하여 보는 것을 습관처럼 했다.

독과 목사, 폭도 그리고 모든 글들과 연설 및 신문 기사들을 통해 가해지는 다양한 공격들은 일반적으로 열광주의, 과장된 경건, 광신, 권력에 대한 욕망, 독재, 과도한 고행이나 제한되지 않은 무법성, 위선, 정상적인 교회와 그 지도자들을 비난하였다는 내용들이었다. 즉 웨슬리가 성공회의 평화를 위협하며 공공질서를 파괴한다는 것이다.42) 그러나 캔터베리의 대주교 같은 성공회의 지도자들은 웨슬리의 메도디스트 운동이 만일 사람의 것이라면 곧 사라질 것이지만 하나님의 것이라면 우리들이 그것을 폐하지 못할 것이라(행 5:38~39)는 말씀에 따라 명확한 결정을 피하였다.

많은 영국인들의 관심이 웨슬리에게 집중되고 웨슬리가 대중에게 알려지자 그에 대한 박해와 저항은 점차 사라지기 시작했다. 교회는 웨슬리에게 문호를 개방하기 시작하였고, 주교들은 우호적인 관계를 맺고자 하였으며 그의 설교를 듣기 위해 찾아오기도 하였다. 한때 그들을 박해하던 군중도 이제는 길거리에서 그의 설교를 듣기 위해 몰려들었다. 비로소 메도디스트들의 용기와 강인함과 인내가 열매를 맺게 된 것이다.

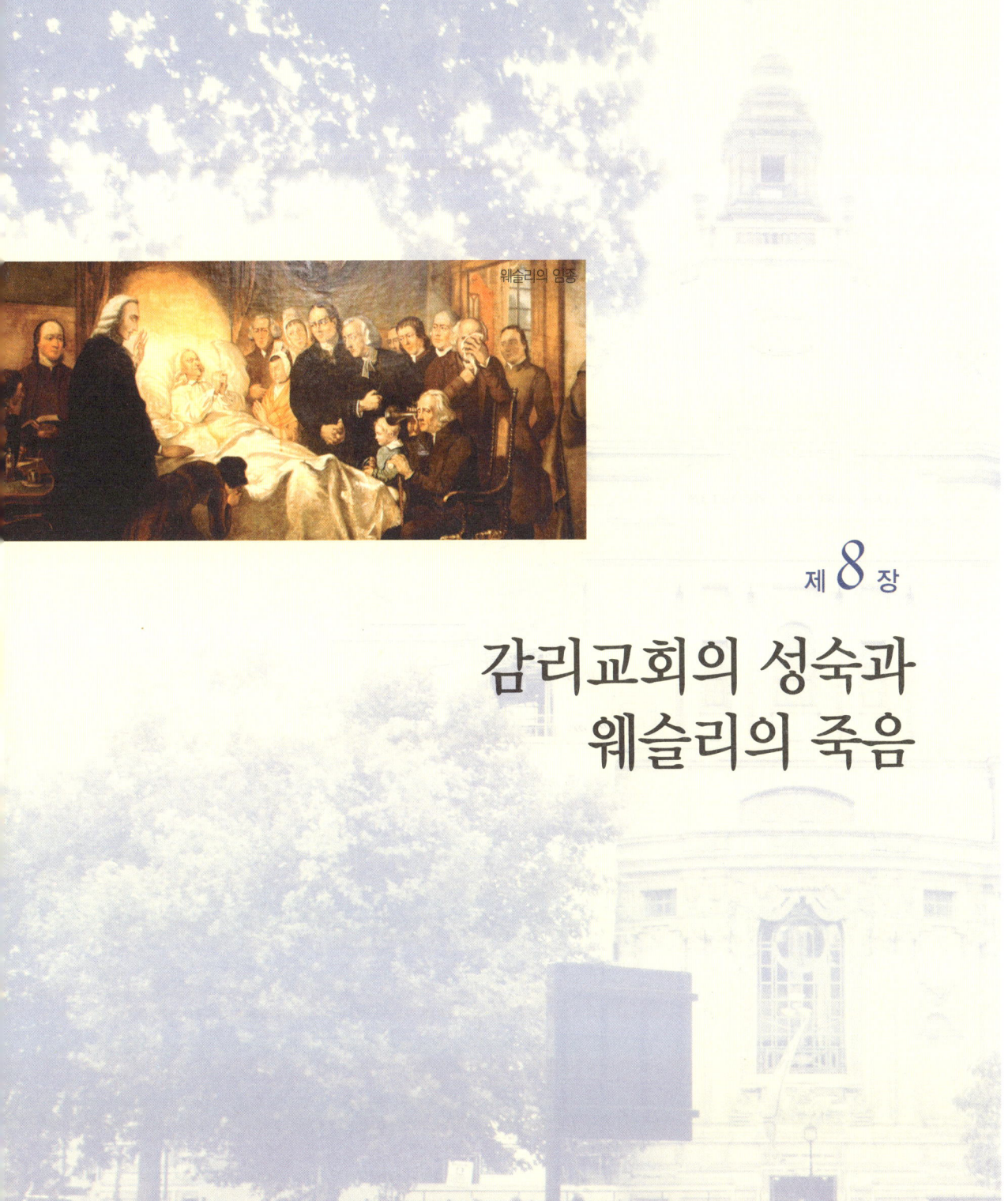
웨슬리의 임종

제 8 장

감리교회의 성숙과 웨슬리의 죽음

제8장 감리교회의 성숙과 웨슬리의 죽음

앞장에서 살펴본 바와 같이 웨슬리의 감리교 운동은 동료 목사와 감독들의 방해, 폭도의 만행으로 어려움과 고통이 많았지만 성령의 역사와 웨슬리의 영적 능력으로 이들을 극복하고 정착하게 되었다. 감리교회는 세력이 강화되면서 성공회와 많은 문제에 부딪치게 되었다. 성공회는 메도디스트의 예배 출석과 성만찬을 거부하는 등 여러 가지로 메도디스트를 저지하고 비난하였다. 웨슬리가 아메리카 선교를 위해 감독을 안수하고 파송하자 감리교회는 성공회와 결별하는 사태에 이르게 되었다. 이후 감리교회는 영국 사회를 개혁하기 위해 노력하고 부패와 타락에 허덕이는 영국 사회를 구원하는 데 크게 공헌하게 되었다. 웨슬리는 지속적인 감리교 운동을 위해 혼신의 힘을 다하였다. 그러나 노령으로 기력을 잃은 웨슬리는 그의 복음 사업을 동료들에게 위임하고 하나님의 부르심을 받게 된다.

1. 메도디스트의 분열 원인

웨슬리는 자신의 복음 운동을 통해서 영국 성공회를 건강하게 만드는 것이 하나님의 뜻이라고 믿었다. 그는 자신이 벌이는 운동이나 야외설교, 평신도 설교, 메도디스트 규율 등 모든 것들이 영국 성공회의 법과 모순되어서는 안 된다고 생각하였다. 한번은 런던 주교인 에드먼드 깁슨이 왜 메도디스트들은 교회를 떠나지 않느냐고 물었는데, 이때 웨슬리는 메도디스트들은 영국 성공회 안에 있어야 할 의무가 있다고 말하였다. 웨슬리는 메도디스트를 영국 성공회로부터 분리시키려는 생각을 임종 직전까지도 품지 않았다.

1775년 조셉 벤슨(Joseph Benson)과 그의 후원자인 존 플레처(John W. Fletcher) 등 2명의 동역자가 영국 성공회를 개혁하기 위해 웨슬리에게 개혁의 리더가 되어 줄 것을 요청하였다. 그러나 그는 이들의 요구를 거절하였다. 그는 하나님의 메신저, 진리의 전달자, 영혼의 종이 되는 것 이외에 아무것도 원하지 않았다. 그는 진정으로 성공회의 예배의식과 율법적 질서를 사랑했다. 플레처는 메도디즘은 영국 성공회에 비해 새로운 모습이지만 그래도 아들의 교회로서의 관계를 가지고 있으며, 영국 성공회의 장래 모델로서의 새로운 형태를 이루고 있는 동시에 성공회와의 관계를 그대로 지속함으로 인해 반대

마틴 슈미트의 웨슬리 평가
마틴 슈미트에 따르면 웨슬리의 복음 운동은 본질적으로 설교 운동이었고, 목회적 돌봄에 대한 운동이었다. 웨슬리는 복음 운동의 무게 중심을 말씀 선포에 두었으며 조직과 관련된 모든 것들은 그 주변을 감싸고 있는 것으로 간주하였다.[1] 슈미트는 만약 웨슬리가 영국 성공회로부터 주교 자리를 제공받았다면 전 교회들에게 본을 보이기 위해서 자신의 교구를 양성소로 만들지 않았을까 반문하면서, 웨슬리는 세계가 그의 교구란 소신이 있었기 때문에 그 자리를 거절하였을 것이라고 말하였다.[2] 웨슬리는 자신이 영국 성공회의 구성원이라는 사실에 대하여 추호도 의심하지 않았으며, 더구나 성공회와 관계를 끊는다는 생각은 전혀 하지 않았다. 감리교가 점점 번창하는 상황에서도 웨슬리는 감리교 운동을 영국 성공회 내의 복음 운동으로 보았고 성공회와의 분열을 거부하였다. 그러나 감리교 운동 내의 열광주의자들이 칼뱅주의자들과 마찰을 겪게 되었다. 웨슬리의 사상인 '성화', '그리스도인의 완전'이 오해되거나 반박되었으며, 칼뱅주의의 예정론에 반하여 인간의 도덕적 책임을 중시하고, 신인협동설을 전제로 한 아르미니안주의를 표방하였다.
이런 요인들로 인해 메도디스트가 영국 성공회와 결별하게 되었지만 정작 웨슬리 본인은 임종 직전까지 영국 성공회를 떠나지 않았다고 주장하였다. 이런 면에서 볼 때 메도디스트회가 성공회로부터 분리된 것은 웨슬리의 죽음 이후라고 볼 수도 있다.

자들의 부당한 공격으로부터도 보호받을 수 있다고 생각하였다. 그래서 그는 메도디스트 교회를 영국 성공회의 개선된 형태를 칭하는 말로 이해하였다.[3] 벤슨과 플레처의 설득력 있는 제안에 대하여 웨슬리는 명백한 입장을 보이기보다는 자신의 설교와 노력에 의해 교회가 개혁되기를 갈망하였다.

한편 메도디스트회가 영국 성공회로부터 혜택을 입은 것은 다음과 같다. ① 성공회로부터 풍성한 교회의 유산과 전통을 계승받았다. ② 장엄한 예배의식과 오랜 역사를 통해 형성되어 온 예전들을 유산으로 계승받았다. ③ 성공회 39개조의 신조를 아메리카 메도디스트들을 위하여 24개조로 단축하였다. 단

아메리카 합중국의 지배자들에 관하여 한 조항을 첨가하여 25개 조항이 작성되었다.

웨슬리는 영국 성공회와의 협력적 관계를 유지하기 위하여, 1780년 마지막으로 런던 주교인 로버트 로스(Dr. Robert Lawth, 1710~87)에게 북미 선교를 위해 신실한 메도디스트 설교자인 존 호스킨스(John Hoskins)에게 성직을 수여해 줄 것을 요구하였다. 호스킨스는 1746년, 브리스톨에서 회심하여 메도디스트가 된 사람으로서, 1744년 처음으로 학교를 세워 학교의 설립자 겸 교사로서 메도디즘을 뉴파운드(Newfoundland)에 소개한 사람이다. 고령의 웨슬리

성공회와의 결별에 대한 토론(리즈회의)

1755년 5월 6일, 영국 성공회로부터 감리교의 분리 문제에 대하여 리즈(Leeds)회의에서 토의하였다. 다음의 요소들이 메도디스트가 영국 성공회로부터 분열하게 된 원인이다. ① 웨슬리가 미대륙의 선교를 위해 콕(Thomas Coke), 와트코트(Richard Whatcoat), 베시(Thomas Vasey) 등에게 안수한 것이 영국 성공회를 자극하였다. ② 평신도 지도자를 인정하지 않는 영국 성공회에서는 평신도 지도자를 뽑아 설교와 신도를 방문하게 하는 웨슬리의 사역을 용납할 수 없었다. ③ 영국 성공회가 상상할 수 없는 야외 설교를 하였다. ④ 연회 조직을 하였다. ⑤ 비국교도들이 영국 성공회 예배에 참석하는 것을 성공회가 허락하지 않았다. ⑥ 성공회에서 비국교도들의 성찬을 거절하자 그들에게 성찬을 수여하였다. ⑦ 영국 성공회의 교구 제한이나 감독의 지배를 떠나 독립적으로 '신도회'를 조직하고, 메도디스트로서 국교에 대한 의무와 책임이 총칙에 없는 점이 영국 성공회와 분열의 주요 원인이 되었다. ⑧ 1739년 건물 한 채를 구입해서 교단의 집회소로 사용하게 됨으로써 의식주의 교회관에서 떠나게 되었다.

목회자 안수 문제 분석

토마스 콕과 바지 등이 애즈베리를 안수하는 장면

메도디스트 분열의 핵심적 요인이 되었던 미국 목회를 위한 웨슬리의 사제 안수에 대하여 잠시 살펴볼 필요가 있다. 미국 감리교회는 급속도로 성장하였다. 1774년에 2,074명이던 회원수가 10년 뒤에는 약 15,000명이나 되었다. 독립전쟁에서 영국군의 입지 약화로 영국군이 사바나로부터 퇴각하자 1780년 이후 미국에 대한 영국 성공회 지도자들의 관심이 둔화되었다. 웨슬리는 런던 주교에게 미국 목회를 위한 성직자의 임명을 건의하였으나 응답이 없었고, 미국에 가 있는 프란시스 애즈베리는 성직자 부족으로 인해 많은 사람들이 성만찬에 참여하지 못하고, 수천 명이 세례를 받지 못하고 있다고 웨슬리에게 보고하였다. 미국의 상황이 매우 심각하다는 것을 인식한 웨슬리는 1784년 토머스 콕 박사를 북미주 남부지방의 감리사로 임명하고 그에게 안수하였다. 그 다음날 미국 목회를 돕게 하기 위하여 리처드 와트코트와 토마스 베시에게도 안수하였다. 웨슬리는 애즈베리와 콕을 미국 감리교회를 돌보는 공동감리사(joint superintendent)로 임명하였고, 와트코트와 베시는 장로로서 성만찬을 집전하고 세례를 줄 수 있도록 하였다.[4] 콕, 와트코트 그리고 베시 3명은 웨슬리의 명을 받아 1784년 미국으로 떠났다. 후에 애즈베리와 콕은 자신들을 주교 또는 감독(bishop)으로 부르기 시작하였다. 웨슬리는 어떻게 스스로를 주교 또는 감독이라 부를 수 있느냐고 항의하였지만 그런 항의는 소 귀에 경 읽기였다.

는 주교에게 자신이 이미 북미 선교를 위해 젊은 청년들을 뽑아 성직을 수여했음을 상기시키면서, 성직과 선교의 자격을 얻기 위해 신학적 지식을 익혀야 하고, 고대 언어에 능숙해지는 것이 필요하지만 정작 목회에 필요한 것은 그것들에 대한 만반의 준비와 성경에 대한 탁월한 지식 여부에 달려 있음을 강조하였다. 그러나 주교는 이에 대해 회답을 주지 않았다. 그래서 웨슬리는 북미에 파송할 메도디스트 설교자들에게 독자적으로 성직을 수여했는데, 이것이 감리교가 어쩔 수 없이 독립된 교회의 노선을 걷게 된 계기가 되었다.5)

2. 웨슬리의 사회 활동

웨슬리는 교회 개혁만이 아니라 사회 개혁에도 많은 관심을 가지고 있었다. 18세기 영국은 부익부 빈익빈 현상이 매우 심각하였다. 가난한 사람들의 생활상은 말로 표현할 수 없이 비참하였다. 실업자, 죄수, 과부, 고아, 사생아들은 궁핍과 기아 그리고 학대로 비참한 삶을 살 수밖에 없었다. 뿐만 아니라 음주와 도둑질과 매춘이 판을 치고 있었다. 웨슬리는 빈민 구제, 죄수 지원, 교육, 형편이 어려운 이들을 위한 의료지원, 노예제도 반대 등 여러 분야에서 활동하였다.

웨슬리의 빈민 구제 활동

웨슬리는 가난한 이들에게 깊은 관심을 지니고 있었다. 웨슬리는 가난한 사람들이 단지 게으르고 일하기 싫어하기 때문에 가난하게 되었다는 당시의 사회 통념6)을 맹렬히 비난하였다. 왜냐하면 웨슬리는 병이 깊거나 불구인 사람들이 일하고 있는 것을 많이 보았고, 또 많은 사람들이 열심히 일을 해도 자신과 가족을 부양하기에 충분한 수입을 얻을 수 없음을 알고 있었기 때문이다.

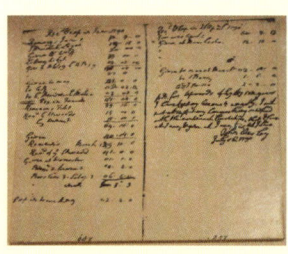

웨슬리가 마지막으로 기록한 가계부

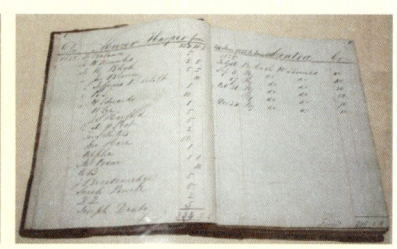

나그네를 위한 집을 위한 부기 원장

웨슬리는 '돈의 사용'이라는 설교에서 ① 할 수 있는 한 많이 벌고, ② 할 수 있는 한 저축하고, ③ 할 수 있는 한 나누어 줄 것을 촉구하였다. 웨슬리는 자신이 설교한 바대로 철저하게 살았다. 웨슬리는 스스로 돈을 효과적으로 사용했다는 확신을 갖기 위하여, 그리고 재정의 오용에 대한 어떤 잘못된 혐의에도 대응할 수 있도록 임종하기 수개월 전까지 자신의 지출에 대해 매우 상세하게 회계장부를 작성하였다.

웨슬리는 가난하고 병든 자들을 돕기 위하여 모금 운동을 벌였다. 모든 회원들에게 1주일에 1페니씩 기부할 것을 주문하였다. 이런 모금 운동을 통해 런던 신도회에서만 20년간 14,000파운드를 모금하여 가난한 이들을 도왔다.[7] 웨슬리는 이 운동을 일생 동안 전개하였다. 82세의 고령에도 가난한 이들을 먹이고 입히기 위해 가가호호 방문하고 여러 도시를 순회하며 다녔다.[8] 또 과부와 병자들을 위하여 파운더리에 부속되어 있는 두 동의 집을 숙소로 만들어 이들을 보살피고 지원하였을 뿐만 아니라, 가능한 한 많이 이들과 함께 식사하려고 노력하였다.

교도소에 대한 관심

옥스퍼드 대학 시절부터 웨슬리는 교도소를 방문하여 수인들에게 복음을 증거하고 이들을 지원하였다. 웨슬리는 노년에 이르기까지 교도소 방문을 지속하였다. 교도소 방문의 주된 목적은 그들의 영혼 구원에 있었지만 죄수들의 전반적인 복지 개선에도 관심을 가졌다. 웨슬리는 1753년 교도소를 방문하고 "교도소가 온갖 사악함의 양성소"라고 지적하고 지상에 이런 지옥 같은 곳이 존재한다는 것은 인간의 수치라고 탄식하였다.[9] 웨슬리는 어느 성직자보다도 교도소의 상태와 수감자들의 타락에 대해 잘 알고 있었다. 웨슬리는 브리스톨의 뉴게이트 교도소 간수로 있었던 데게란 사람을 통하여 교도소를 개혁하는 데 크게 일조하였다.

뉴게이트 교도소에서 설교하는 웨슬리

데게는 1737년 휫필드의 설교에 감동을 받고 감리교에 들어온 사람이다. 그는 웨슬리와 접촉하면서 그의 격려를 받으며, 한 주에 두 번씩 교도소의 모든 감방과 사무실을 청소하였다. 데게의 현명한 지도로 교도소에 깊이 스며 있던 사기, 음주, 매춘과 온갖 악행들이 말소되었다.

웨슬리의 교육 사업

웨슬리는 신앙의 지식을 제공한다는 믿음으로 감리교도들에게 독서를 장려하였다. 이를 위해 웨슬리는 '크리스천 문고'를 만들었다. 이것은 신학과 신앙의 증진을 위한 최고 저작물들을 선별하여 출판하는 것이었다. 웨슬리는 지식을 고양하고 기독교 신앙을 확립하기 위한 교육 목적을 가지고 자신의 설교자들과 회중이 읽도록 방대한 분량의 작품을 저술하거나 요약하여 출판하고 이를 판매 또는 무료로 배포하였다. 뿐만 아니라 웨슬리는 설교자들의 교육을 위해서 독서회와 스터디 그룹을 조직하

1. 웨슬리 칼리지 전경
2. 로고 위에 있는 문장은 웨슬리 가문 문장이다. 배는 선교를 상징한다. 아래에 "주여 나를 보내소서"라는 라틴어 문구가 있다.
3. 웨슬리 칼리지 채플 기도실에 있는 십자가
4. 강의실

여 피어슨 주교의 「신조」, 알드레히의 「논리」, 피터 브라운 주교의 「인간 이해의 전개, 범위, 한계」 등을 읽어 주거나 읽도록 하였다.

웨슬리는 교육의 중요성을 인식하고 여러 곳에 학교를 설립하였으며, 브리스톨과 런던에 자선학교를 설립하였다. 그리고 에딘버러, 더블린, 하이게이트, 웨어데일, 아이언브리지 등에 설립된 학교도 모두 웨슬리와 직간접으로 연관을 가지고 있었다. 웨슬리가 세운 학교들 중 지금까지 남아 있는 학교는 1748년 6월에 개교한 킹스우드의 남자 기숙학교이다.

웨슬리의 의료 사업

웨슬리 당시 가난한 자들은 의료 혜택을 받을 경제적 여유가 없었다. 웨슬리는 약 26년 동안 여가시간에 의학공부를 하여 1747년에는 「원시시술: 모든 질병을 치료하는 단순하고 자연스러운 방법」을 저술하여 총 32판이나 찍었다. 웨슬리는 병이 들었어도 의사의 도움을 받을 수 없는 이들에게 자신이 도움을 줄 수 있겠다는 생각에 1746년 2월 5일에 파운더리에 진료소를 개설하고 매주 금요일 가난한 이들에게 의료서비스를 제공하였다. 첫날 약 30명의 환자가 찾아왔고 6개월 정도 이르렀을 때 약 600여 명의 환자가 다녀갔다. 웨슬리 자신이 제조한 약을 복용한 환자들은 십중팔구 6주 안에 증세가 호전되었으며, 많은 사람들이 오랫동안 앓아 왔던 질병을 치료받았다고 말하였다. 웨슬리는 보다 많은 사람들의 진료를 위해 런던 외에 브리스톨과 뉴캐슬에도 진료소를 마련하였다.

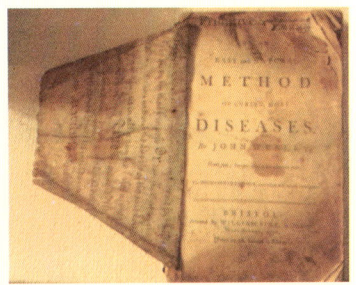

웨슬리의 의학서

재미있는 에피소드를 소개하고자 한다. 런던의 의사인 윌리엄 허스는 1776년 6월 22일자 「로이드 이브닝 포스트」(Lloyd's Evening Post) 지를 통해 웨슬리의 저서 「원시시술」을 비판하고 웨슬리를 "위험한 돌팔이 의사"라고 비난하였다. 그러나 이런 비난은 오히려 「원시시술」에 대한 관심을 불러 일으켜 책의 판매가 급증되는 결과를 가져왔다. 이런 결과를 보고 웨슬리는 1776년 7월 20일에 윌리엄 허스 의사에게 편지를 내어 그의 비난 이후에 책 판매가 급증되고 있으니 몇 번 더 그런 글을 써 주신다면 자신에게 큰 호의를 베푸는 것이 될 것이라고 하였다. 랄프 월러에 의하면 웨슬리 진료의 성공 요인은 주의 깊은 관찰, 경청하는 능력, 그리고 선을 행하고자 하는 의지에 있었다.10) 브리스톨의 보건 의료 담당자였던 로버트 페리 박사는 웨슬리를 "18세기 영국의 가장 뛰어난 보건교육자"11)라고 평하였다.

노예제도의 개혁

웨슬리 당시에 노예무역이 성황을 이루고 있었다. 웨슬리는 노예무역을 "모든 저주받을 악행의 총체"라고 보고 노예무역의 철폐를 위해 노력하였다. 본래 노예제도를 반대한 사람들은 퀘이커 교도들이었다. 17세기부터 이들은 노예제도에 대한 반대 목소리를 내었다. 그리고 1727년부터는 노예제도의 철폐를 요구하기 시작했다. 웨슬리는 1770년대 가서야 노예무역에 반대하는 논쟁에 참여하였고 1774년에는 「노예제도에 대한 견해」(Thoughts on Slavery)를 저술하였다. 이 책은 노예제도를 "항구적인 노동의 강요"라고 정의하고, 노예 신분의 상속과 노예 포획과 수송의 잔악성을 고발하고, 어떤 인간도 노예로 태어나지 않았으며, 인간을 노예로 만드는 일은 용납될 수 없는 것임을 강력히 주장하였다. 또 선장과 노예 무역상 그리고 노예 주인들에게 자발적인 의지나 행위에서 나오지 않은 섬김을 받지 말 것을 호소하고, 하나님께 노예들이 자유케 해달라는 기도로 끝을 맺고 있다.12) 웨슬리는 이 책을 널리 배포하여 노예제도의 철폐를 이끌어 내고자 하였다. 그는 노예무역에 의존해서 살아가는 브리스톨에서 노예제도를 반대하는 설교를 하였고, 설교를 마치며 노예들을 기억하기 위한 금식기도의 날을 선포하기도 하였다.13) 또 노예제도 철폐를 위해 일하고 있는 윌리엄 윌버포스 의원을 지원하고 격려하기도 하였다.

웨슬리 저널 – 노예에 관하여

3. 웨슬리 말년과 임종

노년의 웨슬리

1) 후계자 선정의 문제

웨슬리는 생의 마지막까지 건강을 유지하고 열정적으로 활동하였다. 그는 80대 중반에 이르러서도 저술과 선교와 여행에 전혀 피곤함을 느끼지 않았다.14) 그러나 80대 중반이 지나자 기운이 떨어져 걸음걸이가 느려지고, 기억력이 감퇴되어 사람이나 장소, 이름을 이전처럼 기억할 수 없었고, 시력도 저하되어 촛불 아래서 책 읽기조차 힘들었다.15)

나이가 들어가는 웨슬리는 점점 더 유명인사가 되어 그가 거리를 지나갈 때면 사람들이 그의 얼굴을 보기 위해 창문을 열었고 그에게 인사하기 위해 길거리에 늘어서곤 하였다.

웨슬리가 연로해지고 기력이 떨어지게 됨에 따라 웨슬리와 많은 감리교 회원들 그리고 설교자들이 웨슬리의 사후에 대한 걱정을 하였다. 이때 웨슬리는 절친한 친구이자 후원자인 메델리의 교구

웨슬리의 안경과 책들

목사 존 플레처(John W. Fletcher, 1729~1785)를 자신의 후계자로 삼으려고 하였으나 플레처가 사양함으로써 그 뜻을 이루지 못하였다.

적당한 후계자를 물색하지 못한 웨슬리는 1784년 '행동강령'(Deed of Declaration)을 발표하고 전도인 100명을 지명하여 자기가 세상을 떠난 후 매년 한 번씩 모여 결원을 보충하고 의장과 서기의 선택, 전도인의 파송과 전도인 지망생의 허입 그리고 신도회 전체를 치리할 수 있는 권한을 주었다. 이러한 일들은 '행동강령'이 발표된 지 5개월 후부터 실시되었다. 웨슬리는 연회의 회장을 그가 임종할 때까지 담당하였다. '행동강령'은 총회 운영에 관한 16가지 규칙을 담고 있다. 총회는 일년에 한 번 소집하며, 기간은 적어도 5일 이상 최대 3주를 넘지 말아야 하며, 다수의 결정이 전체의 결정으로 처리되어야 한다는 것이다. 그리고 메도디스트 회원의 관리와 임명 등에 대한 문제를 다루었다.

'행동강령'은 후에 "100인 위원회"(Legal Hundred)라고 불리는 조직을 결성하였는데 이 결성으로 감리회의 유능한 회원들이 감리회를 떠나는 사태를 유발하였다. 당시 감리회에는 191명의 설교자가 있었는데 이들 가운데 100명만이 총대가 되게 함으로써 총대에서 제외된 설교자들이 크게 실망하였다.

> **존 플레처**
>
> 플레처는 스위스 사람으로 1729년 출생하였다. 그는 제네바 호숫가(Lake Geneva)에 위치한 니용(Nyon) 출신의 관료였다. 그는 칼뱅주의 신학교육을 받았으나 1750년 영국으로 건너와 가정교사가 된 이후, 런던에서 웨슬리의 설교를 듣고 메도디스트 회원으로 일하다가 1755년 1월 23일 중생의 경험을 하였다. 1757년 3월 6일 웨슬리의 권고에 따라 런던 주교로부터 성직 안수를 받아 영국 성공회의 목사가 되었다. 1760년 메델리(Medeli) 교회의 목사로 임명되어 25년 동안 목회하였다. 플레처는 1781년 52세의 나이에 감리교에서 신앙생활을 하며, 고아원의 가정교사로 있었던 메리 보산퀴트(Mary Bosanquet)와 결혼하였다. 플레처의 결혼식에서 웨슬리는, 플레처가 자신의 친구니까 그녀를 내 주었지 그렇지 않으면 그 누구에게도 내어 주지 않았을 것이라고 말할 정도로 보산퀴트는 웨슬리의 총애를 받았다. 플레처는 웨슬리의 후계자로 물망에 올랐으나 후계자 됨을 거절하고 양보하였다. 불행하게도 플레처는 1777년에 건강이 크게 악화되었고, 감리교 총회에 참석하였을 때 중병의 징후를 보이는 그의 모습에 많은 회원들이 충격을 받았다. 플레처는 건강을 회복하지 못하고 결국 1785년 메델리 교회에서 56세의 나이로 세상을 떠났다.

존 플레처의 공부 의자

'행동강령'이 발표되기 전까지 191명의 회원은 모두가 총회의 정회원으로 생각하고 있었기 때문에 그 충격이 더 컸다. 웨슬리의 동료 토마스 콕이 모든 설교자들을 총대로 임명하는 것이 바람직하다고 의견을 제시하였지만 웨슬리는 100명만 총대가 되게 하였다. 결국 이런 결정은 존 아틀리, 윌리엄 일스, 존 햄슨 부자, 조셉 필무어 등 5명의 설교자가 사임하는 사태를 발생시켰다.

2) 찰스 웨슬리의 죽음

찰스는 형 웨슬리와 함께 일평생 감리교 부흥 운동에 헌신한 인물이다. 이들은 형제간이었지만 동료이자 친구처럼 지냈다. 찰스는 옥스퍼드에서 학생 활동을 함께 하였고, 조지아에도 동행하였으며, 웨슬리가 영적 어려움을 털어 놓았던 이도 바로 그였다. 이들은 피터 뵐러의 도움을 얻어 거의 동시에 구원에 대한 확신을 가졌고, 칭의 교리에 대한 진리도 깨달았다. 때로는 의견 차이가 있었지만 그것으로 인해 형제애가

찰스 웨슬리

깨지거나 서로 반목하는 일은 없었다. 웨슬리가 사랑한 그레이스 머리를 존 베넷에게 빼돌려 결혼하도록 한 사건과 미국 목회를 위하여 몇몇 사람들을 안수한 사건 등을 통해 섭섭함이 있었지만 결정적인 순간에 찰스는 언제나 형의

1779년 12월 찰스가 존에게 쓴 편지

마음을 읽고 웨슬리를 따랐다. 1785년 9월 8일 형에게 쓴 편지를 보면 이들의 형제애가 얼마나 강했는지 엿볼 수 있다.

"계속 친구로 남아 있겠다는 형의 생각이 무척 고마워. 이 점에서 형의 마음이 곧 내 마음이야. 죽음이 우리를 갈라놓을 때까지 좋을 때나 나쁠 때나 우리 서로 함께 했었지. 죽음이 우리를 갈라놓을 수 있을까? 아니야, 우리는 영원히 연합하겠지. 불변하는 사랑의 진리 안에서 나는 형의 동생이고 가장 다정한 친구야."16)

찰스는 이 편지를 쓰고 난 이후 몇 달이 안 되어 자신의 건강이 쇠하여 가는 것을 느끼고 있었다. 웨슬리는 찰스에게 힘을 아끼고 건강을 위해 돈을 아끼지 말라고 부탁하면서 자신이 병원비를 책임지겠다고 약속하였다.17) 그러나 찰스는 1788년 3월 29일 가족들이 둘러보는 가운데 이 세상을 떠났다. 그 시간 웨슬리는 메델리 교구에서 일을 보고 있었다. 장례식이 끝난 다음 찰스의 사망 소식을 듣게 되자, 미망인이 된 찰스의 부인 사라에게 편지를 내어 위로하고 그녀의 가족을 돕겠다는 결심을 전하였다. 웨슬리는 찰스의 죽음으로 큰 상실감에 빠졌다. 찰스가 사망한 지 2주 되던 날 볼튼에서 설교하던 중, 찰스가 지은 "오라 너희 잊혀진 순례자여"라는 찬송 구절인 "이전에 내 동료들은 떠나가고 나 이제 당신과 홀로 있네"라는 부분을 읽다가 울음을 터뜨리며 강단에 주저앉고 말았다.18)

찰스의 무덤

제8장 감리교회의 성숙과 웨슬리의 죽음

1

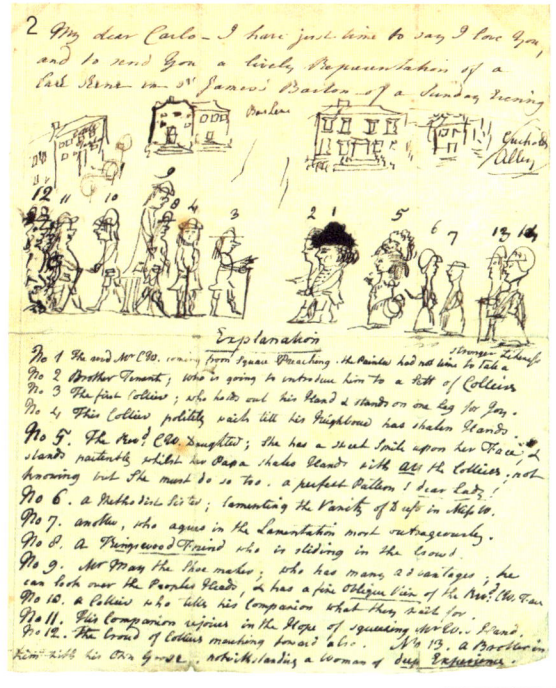  

죽음 직전에 지은 찰스의 마지막 찬송 가사

오, 기쁜 시간이 다가오네.
준비된 종을 집으로 부르는 시간,
천상의 교회와 연합하는 그곳,
천사들이 사랑의 찬가를 부르고
성인들이 쉬지 않고 소리치네.
하늘의 어린양에게 영광 있으라!19)

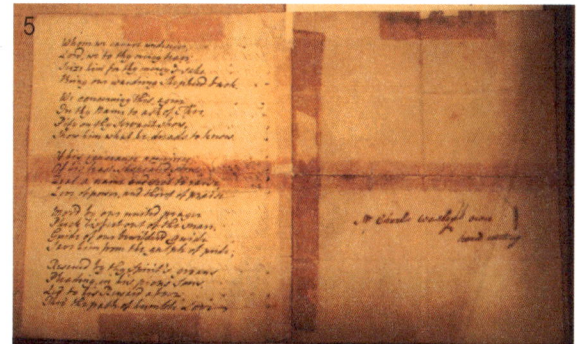

1. 찰스 웨슬리의 집
2. 사라 웨슬리(1759~1829)가 그의 오빠 찰스 웨슬리 (1757~1834)에게 보낸 편지가 흥미롭다.
3. 찰스 웨슬리 자녀의 세례 옷
4. 파운더리 채플에 있는 찰스 웨슬리의 파이프 오르간
5. 아메리카 선교를 위해 존이 안수했다는 소식을 들으며 지은 찰스 웨슬리의 친필 찬송시

    웨슬리는 1780년 「감리교인들을 위한 찬송가 모음집」을 출판하였다. 이 모음집은 총 525곡을 담고 있는데 그중 대부분을 찰스가 쓰거나 작곡하였다. 찰스는 찬송 사역에 뛰어난 능력을 가지고 있었다. 이런 그의 능력은 감리교 부흥 운동에 지대한 공헌을 하였다.

3) 존 웨슬리의 임종

웨슬리는 그의 생애 동안 복음 전도를 위해 많은 여행을 하였다. 52년 동안 말을 타고서 매년 6,436km의 거리를 여행하여 총 334,672km의 거리를 여행하며 전도하였다. 그는 일생 동안 45,000 번 정도 설교했고, 10만 명 이상의 후계자와 500여 명의 순회설교자를 길러냈다. 그는 말을 타고 다니면서 그가 메도디스트 회원들에게 요구한 바대로 철학, 시, 역사 등에 관한 폭넓은 독서를 하였다. 83세의 고령에 이르렀어도 젊었을 때와 같이 모험적 여행을 하면서 전도하였다. 전도할 때 그의 논변은 간명하고 논리가 철저하며 사람의 이성과 양심에 호소하며 말하였기 때문에 힘이 있었다.

웨슬리의 시계

웨슬리의 모든 활동은 반드시 일정한 계획과 순서에 의하여 진행되었다. 웨슬리는 다음과 같이 말하였다. "나는 언제나 분망하게 지내지만 조급하게 굴지 않는다. 무슨 일이나 일정한 시간에 침착한 태도로 완수할 만한 일이 아니면 애당초 착수도 하지 않기 때문이다." 웨슬리는 이처럼 규칙적인 인물이었지만 동시에 조직적인 인물이었다. 감리교회가 오늘날 세계적인 교회로 발전한 것은 그의 조직력의 결과라고 볼 수 있다. 그는 통솔력이 풍부한 사람이었다. 또 타인의 사상과 의견을 존중하는 관용의 사람이었다. 이런 인격과 성품은 모두 신앙의 힘(중생의 경험)으로서 더욱 빛나게 되었다. 말년의 웨슬리는 영국의 국민적 존경을 받는 종교가가 되었다.

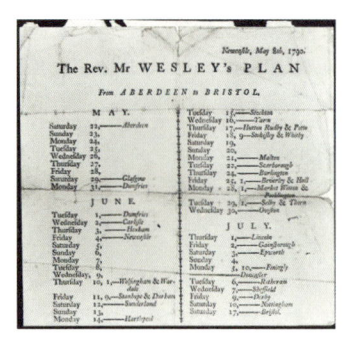
웨슬리의 설교여행 계획서(1790년)

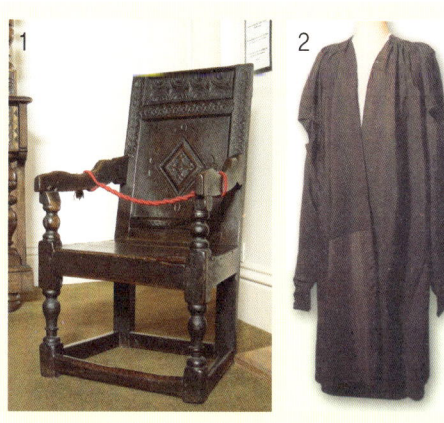 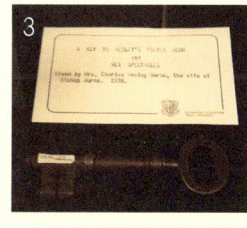 

1. 올드 렉토리에 있는 웨슬리의 의자
2. 웨슬리의 가운
3. 웨슬리의 기도하는 방의 열쇠
4. 웨슬리의 전기 기구

임종하기 2년 전인 1789년 웨슬리는 리즈에서 연회를 개최했고, 1790년 7월 27일에 브리스톨에서 열린 연회를 마지막으로 참석했다.

1790년 10월 6일 윈첼시(Winchelsea)에서 마지막으로 야외설교를 하였다. 노령이 된 웨슬리에게 감당할 수 없을 만큼 많은 교회들이 설교를 요청하였다. 그는 사망하기 한 달 전까지도 열정적으로 전도 여행을 다녔으며, 마지막 두 달 동안 30여 통의 편지를 썼다. 웨슬리는 1791년 2월 1일 미국의 신도들에게 마지막으로 편지를 보냈다. 2월 22일에는 부유한 가정의 초청을 받아 리더헤드(Leatherhead)에 가서 설교를 하였는데 이것이 그가

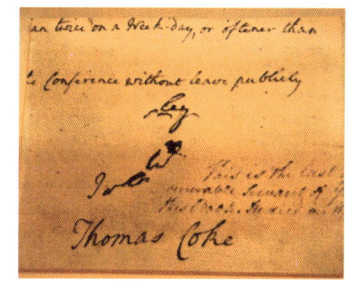
연회를 위한 웨슬리의 마지막 사인

1790년 웨슬리의 저널 – 마지막 브리스톨 사건에 대하여

제8장 감리교회의 성숙과 웨슬리의 죽음

윌버포스에게 편지를 쓰는 웨슬리

한 마지막 설교였다. 2월 24일 윌버포스(Wilberforce)에게 생의 마지막 편지를 보내고 시티로드(City road)로 돌아오자, 급격히 건강 상태가 악화되었다.

마차에서 내리는 것조차 힘이 들었고, 계단을 오르는 일은 더욱 힘이 들었다. 그때부터 방에만 머물렀고 말이 적어지고 긴 시간의 잠을 잤다. 임종이 가까워지자 그의 침대 주위로 친구들과 찰스의 미망인 사라와 그의 딸 사라를 포함한 가족들이 모여들었다. 임종하기 전 오후 시간에 웨슬리는 아이작 왓츠의 찬송 가운데 "숨쉬는 동안 나는 창조자를 찬양하리라"는 찬송을 불렀다. 그리고 저녁에는 "무엇보다 제일 좋은 것은 하나님이 우리와 함께 하시는 것이다"라는 말을 남겼다.

다음날(1791. 3. 2) 아침 10시에 88세의 나이로 세상을 떠났다. 그의 장례식은 3월 9일 오전 10시경에 시티로드에 있는 웨슬리 채플 뒤뜰에서 거행되었다.

4. 웨슬리의 삶과 인격을 회고하면서

웨슬리는 회심 이후부터 세상을 떠나기까지 52년 동안, 밴드모임, 속회 조직, 설교와 성경공부, 철저한 영적 훈련 등을 통하여 감리교회를 형성하였다. 웨슬리는 거의 한 세기에 걸쳐 놀라운 복음 전도자의 삶을 살았다. 그의 열정적인 선교와 전도, 균형 잡힌 신학과 그에 따른 삶, 철저한 조직력과 고귀한

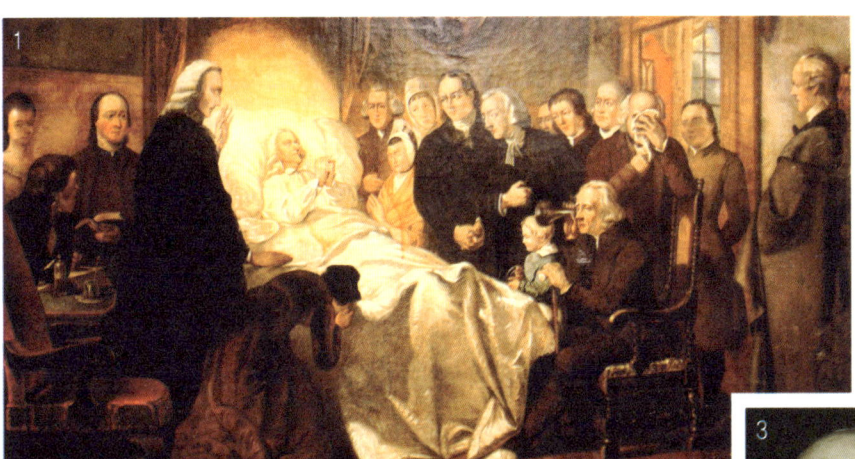

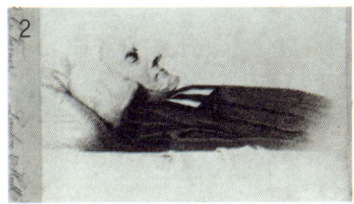

1. 웨슬리의 임종
2. 윌리암 리딜리가 그린 매장 전의 웨슬리
3. 사망한 웨슬리의 얼굴 본으로 드류 대학이 소장하고 있다.
4. 웨슬리의 무덤
5. 메도디스트 홀
6. 웨스트민스터 아비에 있는 웨슬리 형제 기념비석

웨슬리 형제의 기념비

1891년 3월 31일 영국의 웨스트민스터 아비(Westminster Abbey)에서 웨슬리 형제의 기념비 제막식이 거행되었다. 웨슬리 형제 기념비의 비문에는 다음과 같은 문구가 새겨져 있다.

"세계는 나의 교구다."(존 웨슬리)
"가장 좋은 것은 하나님이 우리와 함께 계심이라."(존 웨슬리)
"하나님은 그 일꾼을 장사하시나 그의 사역은 계속 하신다."(찰스 웨슬리)

제8장 감리교회의 성숙과 웨슬리의 죽음

영성은 감리교회는 물론 많은 사람들의 삶에 귀감이 되었다. 웨슬리는 가난하고 병약하고 소외된 자들에게 하나님의 자녀임을 각인시키고, 또 창녀와 죄인, 선원과 밀수꾼, 고아와 과부 등과 같은 많은 사람들에게 삶의 가치와 자존감을 심어 주었다.

웨슬리는 검소한 생활을 하였다. 그의 동료들은 상류계급의 사람들이어서 호화롭고 사치한 생활을 하였지만 웨슬리는 평신도의 친구요 민중의 벗으로서 검소한 삶을 살았다. 옥스퍼드 대학 출신의 학자로서 사회적 지위와 고수입이 보장되었으나 그는 노동자, 빈민, 광부, 수인, 노예들과 생활하였다. 그는 출판을 통해 거액의 수입이 있었으나 구제 사업과 공공사업에 사용하여 임종할 때는 옷과 서랍에 몇 푼 안 되는 용돈만 있었을 뿐이다.

랄프 월러는 웨슬리의 성공적인 삶의 비결에 대하여 이렇게 말하였다.[20] 웨슬리의 첫 번째 성공 비결은 그의 지성(知性)이었다. 사실 웨슬리는 어머니와 옥스퍼드의 교육을 통해 스스로 읽고 쓰고 생각할 수 있으며 논쟁에서 자신을 방어할 수 있는 능력을 함양하였다. 둘째로 사회에 깊은 관심을 가지고 사회복지와 가난한 이들을 위해 자신의 모든 것을 준 것이다. 셋째로 사역에 대한 강한 확신과 헌신의 삶을 살았기 때문이다. 그는 마음을 다하여 하나님을 사랑하고 하나님이 보여 주신 사랑으로 이웃을 사랑하는 삶을 기독교 진리의 진수로 간주하였다. 마지막으로 웨슬리의 복음주의 신앙 부흥 운동이 시대가 요구하는 사상을 제시하였다는 점이다. 실제로 웨슬리 당시의 타락된 사회상에서 웨슬리가 제시한 성결 운동은 시대적 요구와 맞아 떨어졌다고 볼 수 있다.

웨슬리의 삶에 성공만 있는 것은 아니었다. 그는 미국 조지아 주 선교와 결혼생활의 실패를 경험하였다. 그리고 감리교 신도회를 영국 성공

웨슬리 하우스의 책상과 서랍

회 안에 두기 위해 필요한 조치를 하지 못한 아쉬움과 미국 감리교회를 자신의 조직 안에 유지할 수 없게 되는 아픔도 겪었다. 웨슬리는 이러한 실패의 아픔의 경험을 통해 존경받는 위대한 인물로 성장해 갈 수 있었다.

  오늘을 살아가는 신앙인들에게 웨슬리의 삶과 인격은 여러 면에서 시사해 주는 바가 크다. 특히 오늘의 웨슬리안들은 웨슬리가 남긴 신학적 유산과 영성을 함양하여 이 땅에서 눈물과 고통, 테러와 전쟁이 사라지고, 평화와 행복이 항존하는 하나님 나라를 세우는 일에 정진해야 할 것이다. 이를 위해 우리는 매일 매일 완전한 그리스도인의 길을 가야 할 것이다.

부 록

부록 1 영국의 종교개혁에서 웨슬리 출생까지

감리교회의 창시자 존 웨슬리가 출생할 당시 영국은 종교개혁 시대였다. 존 웨슬리의 아버지 사무엘 웨슬리(Samuel Wesley)와 어머니 수산나 앤슬리(Susanna Annesley)는 메리(Mary)와 오렌지 공 윌리엄(William of Orange)이 영국을 통치하기 시작한 1688년 11월 12일에 결혼하였다. 존 웨슬리는 메리(1694)와 오렌지 공(1702)이 세상을 떠나고 메리의 동생 앤(1702~1714)이 여왕으로 즉위한 다음해인 1703년 6월 17일에 출생하였다. 웨슬리는 앤(Anne) 여왕으로부터 시작하여 조지 1, 2, 3세가 통치하는 기간까지 생존하여 활동하였다.

종교개혁의 선구자

① 마르틴 루터(Martin Luther, 1483~1546)
독일 아이스레벤(Eisleben) 출생. 1501년부터 에어푸르트(Erfurt) 대학에서 법학을 공부하다가 1505년 갑자기 중단하고 수도승이 되었다. 1507년에 사제(司祭)가 되었고, 1512년 비텐베르크 대학의 교수가 되었다. 1517년 10월 31일에 "95개조 논박 조항"을 발표함으로써 종교개혁의 길을 걷게 되었다. 그는 인간의 행위는 은총의 조건이 될 수 없고 오직 신앙으로만 칭의(稱義)를 얻을 수 있다고 주장하여 종교개혁을 이끌어 냈다.

② 츠빙글리(Ulrich Zwingli, 1484~1531)
1506년 스위스 바젤 대학에서 석사 학위를 받고 글라루스(Glarus)에서 목사 안수를 받았다. 1516년 목회를 시작하였고, 1518년 종교개혁자가 되었다. 츠빙글리는 모든 법칙은 하나님의 뜻에 따라 제정되어야 하고, 세상 권력 역시 하나님의 뜻을 따라야 한다고 주장하였다. 그는 교회 활동도 사회 정책, 외교 정책, 국방 정책과 일치를 이루어야 한다고 하였다. 그는 신학을 이론과 실제에 적용함으로써 개혁교회의 창시자가 되었다.

③ 칼뱅(John Calvin, 1509~1564)
1523년부터 파리 대학을 비롯한 여러 대학에서 인문학과 법학을 공부했다. 1533년경 종교개혁에 투신하였으나, 1538년 종교개혁을 위한 시도들이 좌절된 뒤 제네바 시 당국으로부터 추방당하였다. 그는 다시 제네바로 돌아와서, 1564년 5월 17일에 사망할 때까지 종교개혁을 관철시켰다. 1555년까지 시 당국과 교회법에 관한 투쟁을 벌였고 예정설과 이단법에 관한 논쟁을 벌였다. 칼뱅은 「그리스도교 강요」란 책을 집필하여 위대한 조직신학자가 되었다.

이미 잘 알려진 바와 같이 독일에서는 마르틴 루터에 의해서 종교개혁이 이루어졌고, 스위스와 프랑스에서는 츠빙글리와 칼뱅에 의해서 종교개혁이 이루어졌다. 그러나 영국에서는 왕실과 왕실 정책 중심으로 종교개혁이 이루어졌다.[1]

1. 헨리 8세의 종교개혁

영국 종교개혁의 보다 근본적인 원인은 영국 민중 가운데 깊이 뿌리 박혀 있는 영국 국가주의적 의식(English Nationalism)에 있었다고 보는 것이 옳다. 그러나 그 발단은 1509년 왕으로 즉위한 헨리 8세(Henry Ⅷ, 1509~1547)의 정치적 사건에 의해서 일어나게 되었다. 헨리 8세는 철저한 가톨릭 신자인 스페인 국왕 페르디난트(Ferdinand)와 이사벨의 딸인 캐서린(Catherine of Aragon) 공주와 결혼하였다. 캐서린 공주는 헨리 8세와 결혼하기 전에 헨리 8세의 형, 아서(Arthur)의 명목상 아내였다.

헨리 8세는 캐서린을 통해 6명의 자녀를 낳았으나 메리(Mary) 공주만 살아남았다. 헨리 8세는 아들을 낳지 못하는 캐서린에게 불만을 품고 교황 클레멘스(Clemens) 7세에게 이혼을 신청하였으나, 교황은 캐서린의 조카인 스페인 국왕 찰스 5세의 압력을 받고 이들의 이혼을 허락하지 않았다.

헨리 8세의 결혼 관련 연표
1491년　헨리 왕자 출생
1509년　헨리 6세 사망, 헨리 8세가 영국 왕이 됨
아라곤의 캐서린(Catherine of Aragon)
공주와 결혼
1516년　캐서린을 통해 메리(Mary) 출생
1533년　아라곤의 캐서린과 이혼
앤 볼린과 결혼
앤 볼린을 통해 엘리자베스 출생
1536년　캐서린 사망, 앤 볼린 처형당함, 제인 시모
(Jane Seymour)와 결혼
1537년　제인 시모를 통해 에드워드(Edward) 출생
1540년　클레베스의 앤(Anne of Cleves)과 결혼
클레베스의 앤과 이혼, 하워드 캐서린
(Catherine of Howard)과 결혼
1542년　하워드 캐서린 처형당함
1543년　캐서린 패르(Catherine Parr)와 결혼
1547년　헨리 8세 사망

그러자 헨리 8세는 1534년 11월 3일에 헨리 자신과 그의 후계자가 영국 교회의 절대 권력자가 된다는, 즉 영국 교회의 수장은 영국 왕이 된다는 수장령(首長令, The Act of Supremacy)을 발표하여 로마 교황의 주권을 부인하고, 영국 교회를 로마 교회와 결별시킴으로써 영국 성공회(Church of England)를 탄생시켰다. 그리고 일방적으로 캐서린과 이혼하고 당시 궁정여관이었던 앤 볼린(Anne Boleyn)과 결혼하였다. 이로써 캐서린에 의해서 세력을 떨쳤던 가톨릭의 세력은 약화되었고 헨리 8세의 통치하에 있는 영국 성공회가 세력을 떨치게 되었다.

2. 종교개혁에 성공한 영국 성공회의 실상

영국 성공회는 교황을 인정하지 않은 것 이외에 가톨릭과 다른 것이 전혀 없었다. 헨리 8세의 10개조(Ten Articles)와 6개 조령(Six Articles Act)을 보면, 신앙의 기준으로 성서, 사도신경, 니케아 신조, 아다나시우스 신조, 최초의 네 개의 교회 회의를 인정하였고, 고백성사와 사제의 죄의 사면을 인정하고, 성찬에 있어서 그리스도의 육체적 임재(화체설)를 주장하였으며, 사제의 혼인 금지와 비공개 미사를 인정하였다. 이로 보건대 영국의 종교개혁은 헨리 8세에 의해 주도된 것으로 영국 내에 있는 가톨릭 교회를 영국 성공회의 간판으로 바꿔 달은 것에 불과하였다고 볼 수 있다.

헨리 8세 사망 이후 영국 성공회는 세 파로 나눠졌다. 첫째, 헨리 8세에게 동조하여 영국 교회가 외국 세력 아래에 있는 것을 반대하는 영국 성공회파,

둘째, 영국 성공회를 다시 로마 교황청에 예속시켜야 된다고 주장하는 로마 가톨릭파, 셋째, 영국 성공회의 개혁을 추구하는 개혁파로서 점차 그 세력을 확대하려는 세력.

1) 에드워드 6세의 즉위와 섭정(攝政)

헨리 8세의 뒤를 이어 9살의 에드워드 6세(Edward Ⅵ)가 즉위하자 그 당시에 평의회 의장으로 세력을 떨치고 있던 서머싯 공작(Duke of Somerset)이 섭정을 하게 되었다. 서머싯 공작이 프로테스탄트에 호의적인 태도와 농민 계급에 동정적인 입장을 취하자 지주 계급들은 서머싯 공작을 못마땅하게 생각하였다. 그러나 서머싯 공작은 개의치 않고 영국 성공회의 개혁을 시도하여 신앙의 자유를 허용하고, 1547년에 '6개 조령'을 폐지하고, 성당 안에 화상(畵像) 설치하는 것을 금지시켰으며, 1649년에는 사제의 혼인을 허용하였다.

서머싯 공작에 불만을 품고 있던 지주 계급들은 노썸버랜드 공작(Duke of Northumberland)을 지지하였다. 지주 계급의 지지를 통해 세력을 규합한 노썸버랜드 공작은 서머싯 공작을 축출시키고 자신이 섭정을 하였다. 그러나 그는 정치적 이유로 프로테스탄트에 호의적이었으며 서머싯 공작이 하던 개혁에 박차를 가하였다.

2) 메리 여왕의 프로테스탄트 박해

몸이 허약했던 에드워드 6세가 16세의 나이로 사망하자 헨리 8세 첫 번째 부인의 소실인 메리(Mary, 1553~1558)가 여왕으로 등극하였다. 메리는 예배 형식을 헨리 8세 시절로 복원시키면서 프로테스탄트를 박해하여 수많은 사람들을 런던탑에서 처형시켰다. 지금도 런던탑의 예배당 건물 지하를 파헤치면 메리가 처형시킨 사람들의 시신을 찾아볼 수 있을 것이라고 전해지고 있다. 사람들은 복수에 혈안이 되어 매일 사람을 처형하는 메리를 가리켜 '피의 메리'(Bloody Mary)라고 불렀다. 이에 프로테스탄트들은 메리의 칼날을 피하고 신앙 수호를 위해 대륙으로 망명하였다. 메리의 기독교 박해는 영국 민중의 마음속에 로마 가톨릭에 대한 혐오감을 심어 주었다. 메리는 스페인 국왕 필립(Philip) 2세와 혼인하여 약 6년간(1553~1558) 통치하였다.

3) 엘리자베스 여왕과 성공회의 성장

1558년 메리 여왕의 뒤를 이어 앤 볼린의 딸 엘리자베스(Elizabeth, 1558~1603)가 여왕으로 즉위하였다. 엘리자베스 여왕은 교황청에서 아버지 헨리와 어머니의 혼인을 인정하지 않았기 때문에 로마 가톨릭에 반감을 갖고 있었다. 따라서 그녀는 메리가 옹호했던 가톨릭 대신에 영국 성공회를 옹호하였다. 메리 여왕 때 망명한 사람들은 엘리자베스 여왕이 즉위하자 그곳에서 칼뱅, 츠빙글리, 블링거(Bullinger), 부처(Martin Bucer, 종교개혁자, 캠브리지 대학 교수 역임) 등의 영향을 받고 귀국하였다. 엘리자베스는 1563년 영국 성공회의 39개조(the Thirty-nine Articles) 종교강령을 발표하여 영국 성공회의 신앙 표준으로 삼았다. 이들은 교회의 전통보다 성서를 신앙의 기준으로 삼았다.

이런 개혁의 결과로 청교도적인 설교와 이성적 경험주의가 싹트게 되어, 신비적 위력과 계급을 표시하는 사제들의 복장 착용과 성찬 수령 시 성찬대 앞에서 무릎을 꿇고 성찬을 받는 것을 용납하지 않았고, 성찬의 화체설도 수용하지 않았다. 뿐만 아니라 세례 예식 때 가슴에 십자가를 긋는 것을 미신이라고 생각하였다. 1560년대에 이들은 '청교도들'(Puritans)이라고 불리게 되었다. 청교도주의(Puritanism)의 경향을 지닌 지도자로서 그 당시 캠브리지(Cambridge) 대학 신학과 교수였던 토마스 카트라이트(Thomas Cartwright)는 장로주의를 주장하여 대학에서 쫓겨났다. 카트라이트의 제자인 로버트 브라운(Robert Browne)은 분리주의적 성향을 가지고 노리치(Norwich)에서 독립 교회를 설립하였다. 브라운은 이 때문에 박해를 받게 되자 네덜란드로 피신하였다. 본래 초창기의 청교도들은 영국 성공회에서 떨어지려고 하지 않았다.

　영국 성공회에서는 랜슬롯 앤드루스(Lancelot Andrews)가 그 인격의 고결함으로 많은 사람들의 존경을 받았다. 그는 엘리자베스, 제임스 1세, 찰스 1세를 섬긴 궁중 사제로서 17세기 최대의 고교회파 신학자로 알려져 있다. 이때부터 고교회파(High Church Party)가 형성되었다. 1626년 그가 이 세상을 떠나자 청교도 시인 밀턴(John Milton)까지 그의 고매한 인격과 신앙을 찬양할 정도로 그는 영국 성공회의 거장 신학자였다.

4) 제임스 1세와 KJV 성서 번역

　1603년 45년간의 통치를 끝낸 엘리자베스 여왕이 세상을 떠나자, 1567년 이래 스코틀랜드 국왕으로 있던 제임스(James) 6세가 영국 왕위를 이어 받아 제임스 1세(James I, 1603~1625)로서 영국 성공회를 옹호하였다. 제임스 1세 치하에서 청교도들의 교회 개혁은 무시당했으나 청교도들의 세력은 증가되었다. 1611년에는 '킹 제임스 판'(King James Version) 성서가 번역되었다. 제임스 1세는 의회 운영에 대하여 횡포를 부려, '스포츠 교서'(Book of Sports)를 통과시켜 주일날 댄스와 운동경기를 허락하고, 주일 성수의 계명을 어김으로써 청교도들에게 나쁜 인상을 주었다. 이 당시 고교회는 국왕을 지지하였고, 하원의원들은 청교도들에 대해서 우호적인 태도를 보였다.

5) 찰스 1세와 웨스트민스터 신앙고백

　1625년 영국과 스코틀랜드 왕인 제임스 1세의 뒤를 이어 찰스 1세(Charles I, 1625~1649)가 왕이 되었다. 찰스 1세가 영국 성공회의 예전과 본질적으로 같은 것을 스코틀랜드 교회에 강요하여 교회를 가톨릭화 하자 스코틀랜드 국왕에 대한 반항의 불길이 일어나기 시작했다. 찰스 1세는 국왕의 지위는 신이 부여한 것임을 주장하고, 신하에게 절대적 복종을 강요하였으며, 제임스 1세가 귀족들에게 준 토지의 반환을 요구하고 세금을 부과하였다. 1642년 찰스 1세가 5명의 하원의원에게 반역죄를 물어 체포하려 하자 내란이 일어났다. 영국의 북부와 서부는 국왕을 지지하였고, 남부와 동부는 의회를 지지하였다. 한편 1643년 의회는 주교제를 폐지하고 121명의 성직자와 30명의 평신도를 지명하여 웨스트민스터(Westminster)에서 회의를 열어 7월 1일에 '웨스트민스터 신앙고백'(Westminster Confession)을 작성하였다.

6) 크롬웰의 통치와 찰스 2세의 왕정복고

1644년 7월 3일 국왕군과 의회군 간에 전투가 발생하자 정선된 신앙인으로 편성된 크롬웰(Oliver Cromwell)의 군대가 전투에 승리하였고, 크롬웰(1649~1660)은 찰스 1세를 재판에 회부하여 반역죄와 배신죄를 선고하고 1649년 1월 30일 참수형에 처한 뒤 영국을 통치하였다. 크롬웰은 양심적이고 위대한 정치가였으나 군사력을 배경으로 한 통치였으므로 국민들은 그의 통치를 환영하지 않았다. 크롬웰의 아들 리처드 크롬웰(Richard Cromwell)이 등극했으나 무능해서 무정부 상태를 만들어 국민들은 퓨리타니즘(Puritanism)을 혐오하였다.

왕정복고로 1660년 찰스 2세(1660~1685)가 즉위하여 영국 성공회를 지지하고 성공회를 강화하였다. 찰스 2세는 1662년 5월에 '기도서'에 관한 대개혁을 단행하여 '기도서'에 따르지 않는 예배를 금지시켰고, 1664년 '제1비밀집회 금지령'을 내려 '기도서'에 준하지 않는 예배 참석자들을 규제하는 형벌 법규(벌금과 투옥 그리고 추방 등)를 제정하였다. 이러한 규제와 박해에도 불구하고 비국교도들은 계속적으로 집회를 열었다. 찰스 2세는 가톨릭에 호의를 갖고 가톨릭을 편파적으로 옹호하였다. 그리고 비국교도들의 지지를 얻기 위해 1672년에는 '신앙 자유 선언'(the Declaration of Indulgence)을 선포하여 비국교도들의 공적인 예배와 개인 가정에서의 가톨릭 집회를 허락하였다. 그러나 의회는 찰스 2세의 이런 행동에 반발하여 1673년 '신앙 자유 선언'을 철회하도록 하는 '선서령'(Text Act)을 통과시켜 다시 영국 성공회를 강화하였다. '선서령'의 통과로 찰스 2세는 힘을 잃게 되었고 비국교도들과 가톨릭 신도들도 다시 어려움을 겪게 되었다.

7) 제임스 2세

1685년 찰스 2세가 죽고 그의 아우 제임스 2세(1685~1688)가 즉위하자 '선서령'을 무시하고 1687년 '신앙 자유 선언'(Toleration Act)을 발표함으로써 형과 마찬가지로 영국을 다시 로마 가톨릭 국가로 만들려고 하였다. 제임스 2세는 의회를 무시하고 군대와 관청의 고위직에 가톨릭교도를 임명하였다. 그러나 비국교도들은 제임스 2세의 조치가 자신들에게 유리했음에도 불구하고 국교도들과 마찬가지로 제임스가 의회를 무시하는 행동에 반감을 가지게 되었다. 1688년 제임스 2세가 '신앙 자유 선언'을 모든 교회에 읽도록 명령한 것이 화근이 되어, 영국 국민은 제임스 2세의 딸 메리(Mary)의 남편 네덜란드의 오렌지 공 윌리엄(William of Orange)을 초빙하여 제임스 2세에 대하여 저항토록 하였다. 이 일로 7명의 주교가 '신앙의 자유 선언'에 항의하여 재판을 받았으나 무죄판결을 받자, 제임스 2세는 견디지 못하고 1688년 11월 5일 프랑스로 도망하였다.

8) 메리와 오렌지 공 윌리엄의 통치

오렌지 공 윌리엄이 제임스 2세의 뒤를 이어 1689년 2월 13일 영국의 주권자 되었다. 메리와 윌리엄의 통치가 합법적인가 하는 문제를 제기한 70명의 주교와 약 40명의 사제들은 왕권신수설에 영향을 받고 메리와 윌리엄이 법적으로 왕이 될 수 없다는 이유로 신종선서를 거부하였다. 신종선서 거부자들은 비록 소수였을지라도 능력과 학식에 있어서 뛰어난 사람들이었고 양심에 성실하였기 때문에 존경을 받고 있었다. 영국 정부는 충성을 거부하는 주교들의 교직을 박탈하였다. 이에 주교들은 교회법에 따라 임명된 주교들에 대하여 정부가 관여할 수 없다고 반발하였다. 그들은 교회와 국가는 서로 존중해야 하고 간섭해서는 안 된다고 생각하였다.

그러나 윌리엄은 1689년 5월에 '신앙 자유령'(Toleration Act)을 발표하여 자신에게 충성하고 교황과 가톨릭 교리를 인정하지 않는 사람들 그리고 39개조 종교강령을 따르는 자들에게 예배의 자유를 허락하였다. 윌리엄의 '신앙 자유령'으로 어느 정도 신앙의 자유가 법적으로 허용되었으나 가톨릭과 비국교도는 아직도 공직에서 배제되었고, 비국교도들이 공직을 얻기 위해 성공회에서 성체배수를 받았는데 이는 편의를 위한 국교신봉에 불과하였다. 이런 사실을 알고 있는 사람들은 이런 행위를 불경행위라고 간주하여 격분하였다. 이로써 사실상 비국교도들의 공적인 예배가 허락되어 성공회 밖에 있는 장로주의, 회중주의자, 세례파 교도들이 자유롭게 예배를 드릴 수 있게 되었다. 그러나 로마 가톨릭과 삼위일체를 부인하는 자들은 1829년에 이르러서야 비로소 예배의 자유가 주어졌다.2)

윌리엄의 '신앙 자유령'으로 말미암아 사실상 영국에서 신앙의 자유가 보장되어 영국의 명예혁명(Glorious Revolution, 1688~1689)이 완성되었다. 프랑스와 독일에서는 수십 년간 피의 대가를 치르고 신앙의 자유를 쟁취하였으나 이들은 무혈혁명으로 신앙의 자유를 쟁취하였다. 영국혁명, 명예혁명, 시민혁명 그리고 무혈혁명으로 불리는 이 혁명은 자본주의 발전에 기초를 이루어 산업혁명을 진전시키는 요인이 되었으며, 또한 의회에 자기 대표자를 보내어 국왕의 부당한 간섭을 배제하고 사유재산권을 인정받게 되었다.

9) 앤 여왕과 조지 1, 2, 3세

메리(1694)와 윌리엄(1702)이 죽자 메리의 동생 앤(Anne, 1702~1714)이 여왕이 되어 1707년 영국과 스코틀랜드를 합병하였다. 앤 여왕은 영국 성공회를 강력히 수호하는 데 힘을 기울였다. 앤 여왕 이후에 독일의 하노버(Hanover)

가문으로부터 온 조지 1세(George I, 1714~1727)가 50세의 나이로 즉위하였으나 로버트 월폴(Robert Walpole)에게 정무를 위임하여 그로 하여금 최초의 수상이 되어 내각제를 실시하게 하였다.3) 오늘날의 영국 수상 제도는 이때부터 생겨난 것이다. 조지 1세의 뒤를 이어 조지 2세(George II, 1727~1760)가 왕이 되었으며 피트(William Pitt)는 수상이 되어 통치하였다. 피트가 사임하자 조지 3세(George III, 1760~1820)는 뷰트 경(Lord Bute)을 그 자리에 임명하였다.

부록 2   웨슬리 당시 영국의 시대적 상황

웨슬리 당시 영국의 상황을 철학적 상황과 사회·도덕적 상황 그리고 신학적 상황으로 나누어 살펴보고자 한다.

1. 철학적 상황

17세기와 18세기는 과학과 철학의 발전을 위한 기초를 놓은 시대다. 따라서 이 시대를 가리켜 '과학과 이성의 시대'(Age of Science and Reason)라고 말할 수 있다. 웨슬리가 태어나기 전후의 유럽은 과거의 전통과 습관을 배격하고, 자유로운 연구 태도와 이성을 존중하는 계몽주의 사상이 팽배하였다. 웨슬리 당시 유럽의 이런 사조는 영국에서 '경험론'(經驗論, Empiricism)과 '이신론'(理神論, Deism)으로 나타났다.

특히 이성을 강조한 계몽주의 사상에 중요한 공헌을 한 것은 이신론이었다. 웨슬리가 태어나기 전후, 영국에서는 합리적 기독교 이해가 고조되어 이신론이 성행하였다. 이신론은 여러 형태를 띠고 있었지만 주된 주장은 '자연종교'였다. 이신론은 17세기 영국에서 처음으로 형성되었으나, 18세기 중엽에는 영국에서 그 영향력이 쇠퇴하기 시작했다. 그러나 대륙에서 반응을 일으켰으며, 대표적 사상가 볼테르(Voltaire, 1694~1778)는 인간의 타락을 주장하는 인간관을 배격하고 경험을 통해서, 또 이성을 사용하여 인간이 완벽한 사회를 이룰 수 있다고 주장했다.

　이신론에 반하여 신비주의 신학자, 이삭 와트(Issac Watt, 1674~1748)와 윌리엄 로(William Law, 1688~1761) 등이 이성이 종교적 진리를 발견하는 유일한 방법은 아니라고 주장했으나 이신론의 사조를 압도하지 못했다. 그러나 웨슬리는 18세기의 지적인 기풍을 이루고 있는 합리주의와 이신론에 대항하여

경험론의 태두 데카르트
17세기 중반기 프랑스의 대표적 관념론자인 데카르트(René Descartes, 1596~1650)는 의심하고 있는 자아의 실재를 의심할 수 없음을 경험하였다. 그리하여 그는 "나는 생각한다. 고로 존재한다"(Cogito, ergo sum)는 유명한 공리를 말하였다. 원인이 없는 곳에 결과가 있을 수 없기에 데카르트는 하나님의 실재를 확신하지 않을 수 없었다. 그리하여 데카르트는 자신의 이성이 자신의 의식에 기초하고 있다고 확신하고, 철학의 근본을 '그 자신의 자기의식'(his own self-consciousness)에 두었다. 이러한 데카르트의 사상은 경험론자인 존 로크(John Locke, 1632~1704)와 데이비드 흄(David Hume; 스코틀랜드의 정치가, 철학자, 1711~1776)에게 영향을 미쳤다.

존 로크와 데이비드 흄
존 로크는 경험에서 출발하여 진리를 취한 영국의 경험주의 철학의 대표적 철학자였다. 그는 1690년 「인간오성론」(Essay Concerning Human Understanding)을 출판하여 일체의 인식은 경험으로부터 오는 것이며, 인간은 경험하는 사물 이외에 지식을 가질 수 없다고 주장하였다. 그에 의하면 신은 존재할지 모르나 경험으로는 알 수 없기 때문에 우리는 신의 성질에 대해서는 전혀 알 수 없다는 입장을 취하였다. 즉 신을 경험할 수 없기 때문에 신의 존재에 대하여는 회의적 태도를 보였다. 그는 웨슬리가 태어난 그 이듬해 세상을 떠났다.
웨슬리와 동시대의 사람이었던 데이비드 흄은 데카르트와 달리 관념의 정확성은 오히려 의문을 자아내고 경험 쪽에 그 정확성을 찾게 되어 경험이 관념을 비판하여 그 진위의 정도가 판정된다고 보았다. 이런 사조가 종교적으로 '이신론' 또는 '초월신론'(Transcendentalism)으로 나타나 신의 계시와 섭리를 부정하였다.

이신론
이신론은 자연신론(自然神論)을 말하는 것으로 신은 창조만 하였을 뿐 이 세상의 일에 직접 참여하지 않고 떠나 있어, 이 세상과 우주는 스스로의 힘에 의해서 작동된다고 보았다. 즉 신은 우주를 창조한 후 관망하고 있으며 우주는 자연법칙에 의해서 작동된다고 보았다. 따라서 이신론은 기독교에서 초자연적인 요소들을 제거하는 일에 몰두하였다. 이신론은 계시와 이성의 조화에 몰두하여 신앙을 이성에 종속시키는 대로 나아갔다.[1] 이신론의 대표적 학자는 틴달(Matthew Tindal)인데 그는 신은 완전하시기 때문에 신이 주는 종교 또한 완전할 수밖에 없다고 하였다. 따라서 계시는 불필요하며, 성서는 불완전한 책으로서, 성서의 기록에는 오류가 많으며 가치가 없는 것들이 많다고 하였다. 그리고 인간에게는 이성이 곧 계시의 기초요, 신앙의 표준이 된다는 논리를 전개하였다.[2]
틴달의 저서 「창조와 함께 옛 기독교」(Christianity as old as Creation)에 의하면 계시에 의하여 얻어지는 진리는 이미 인간이 타고난 이성에 의하여 탐구될 수 있는 것이어서 이성에 의하여 명확하게 이해될 수 없는 교리란 아무 가치도 없는 미신이라는 것이다. 신이 천지를 창조하였을 때의 종교는 이성에 의하여 알려지는 자연종교라 보았다. 틴달의 이론은 그 합리적 정신에 의하여 기독교가 가지는 진리의 대부분을 희생시켰다고 볼 수 있다. 그러나 이신론이 과학적 정신을 우주론적(자연론적)으로 포착하고 또 인간 밖으로 눈을 돌린 자세를 나타내면서 계몽주의 합리성과 기독교 신앙을 어떤 방법으로 조화시킬 수 있을 것인가에 대한 진지한 시도였음을 간과해서는 안 된다.

기독교 신앙을 정화하는 데 노력하였다. 즉 웨슬리는 과학정신을 인간론적으로 포착하여 인간의 내적 체험에 관심을 가졌다. 웨슬리는 자연신론과 이성주의에 대항하여 지적으로 공격하지 않았는데, 자연신론자들을 끌어오는 가장 명확한 방법은 논쟁에 의한 것이 아니라 인격적 생활의 산 모범과 성서의 진리에 대한 적극적인 확신에 있다고 믿었기 때문이다.[3] 이에 대하여 웨슬리 신학자 마틴 슈미트(Martin Schmidt)는 '계몽주의 객관적 논리에 대한 웨슬리의 실존론적 사고'라고 평하였다.

17세기 말과 18세기 초 영국에 편만해 있었던 계몽주의 정신은 종교에 있어서 합리주의의 발전(development of rationalism)을 이끌어 냈다고 볼 수 있다. 영국 종교사상에 나타난 합리주의는 세 가지 개별적 성향을 띠었는데, 온전한 형태는 합리적 초자연주의(Rational Supernaturalism)로, 대부분의 주류는 기독교 자연신론(Christian Deism)으로 나타나게 되었고, 급진적인 형태는 반기독교 자연신론(Anti-Christian Deism)으로 전향되었다.

2. 사회·도덕적 상황

웨슬리가 살았던 18세기는 과학이 현저하게 발전하는 시대였고, 또한 정치적 변동이 급격한 시대이기도 하였다. 18세기 동안에 영국은 과학과 이성의 발달로 산업혁명을 이끌어 내었고 이로 말미암아 아프리카와 인도 그리고 호주에 많은 식민지를 갖게 되었다. 영국은 본래 농업국가였으나 산업혁명으로 새로운 기계를 발명함으로써 공업화가 강조되었고 이로 말미암아 큰 도시들이 여러 곳에 생겨났다. 산업혁명과 더불어 영국에서는 인구가 증가하였다. 1700년 영국과 웨일즈의 인구는 550만 명이었으나 1750년에는 650만 명이 되었으며, 18세기 말엽에는 900만 명으로 증가되었다. 18세기 후반에 이르러서는 맨체스터(Manchester), 버밍햄(Birmingham), 리버풀(Liverpool) 같은 상업도시가 발달하였다. 이러한 산업화와 도시화는 영국민의 생활에 큰 변화를 가져왔다.4) 광업의 발달로 나무가 아닌 석탄을 사용하고 철공업의 발달로 증기기관이 빌명되어 운송수단이 좋아지자 많은 사람들이 도시로 몰리게 되었다. 이러한 산업화와 도시화 현상은 오늘날의 기러기 아빠 같은 사람들을 양산하게 되었고 이와 더불어 성적 타락이 성행하게 되어 가족이 파괴되는 현상이 나타났다.

웨슬리 출생 전후인 17세기 말과 18세기 초의 영국 사회와 정치 상태는 혼돈과 무질서의 소용돌이 상태에 있었다. 왕정이 복고되자 찰스 2세와 앤(Ann) 여왕 시대까지 부패하고 타락하였다. 부패의 주된 원인은 왕궁의 사치와 음란 그리고 방탕의 영향이 컸다고 볼 수 있다. 왕정이 복고되기 전 청교도들의 지

예술계의 부패
역사가 렉키(Leckey)는 영국의 극장이 예절과 정조 방면으로나 도덕적으로 프랑스보다 훨씬 뒤떨어졌다고 하였다. 극장 내의 여성들은 대부분 매춘부였으며, 정조관념의 약화로 가정에 불화가 생겨 이혼과 파혼이 발생하였다. 극장에서 상연되는 프로그램은 관중을 의식한 음탕하고 저속한 것들이었다. 웨슬리는 이 당시의 극장을 음일 방탕의 소굴로 생각하였다.

영국 소설과 도박
외설적이고 음란한 서적이 베스트셀러(Best seller)가 되었다. 배불리 먹고 침대에 누워서 아침부터 저녁까지 품팔이를 고용하여 음탕한 소설을 듣고 즐기고, 정부를 방문하였다. 저녁에는 다방 또는 무도장에 가서 도박과 잡담 등으로 세월을 허송하는 등 죄가 죄인 줄 모르는 죄의 불감증에 걸려 있었다. 영국 거리에는 폭행범과 창녀와 술집들이 즐비하였다. 사회 전체는 하나의 커다란 카지노 홀(Hall)이었다. 도박은 이 시대의 특징으로 공원, 극장, 다방 그리고 사람이 모이는 곳에는 어디든지 도박소리가 들렸다. 군왕과 정치가는 물론 시민들도 도박을 즐기게 되었다. 이로써 파산자와 실직자가 속출하게 되어 도둑, 자살, 자포자기, 가정불화 그리고 가정의 파탄이 발생하였다. 특히 각지에서 빈민과 걸인의 수가 증가되어 18세기 초, 빈민 구제를 위한 과세 총액이 1,000,000파운드였으며, 19세기 초에는 8,000,000파운드였다.

음주와 향락 문화
영국 사회의 타락에 불을 붙이는 것은 음주와 잔인한 동물 싸움이었다. 시장에는 야만적인 경기가 성행하여, 닭, 소, 곰 그리고 개싸움으로 하루에 수백 마리의 동물이 죽어갔다. 잔인한 경기 탓으로 영국 사회는 결투와 폭행이 난무하였고, 불량 청소년들이 들끓었으며, 도둑, 강도, 강간, 성폭행, 상해치사 등의 범죄인들로 교도소는 항상 만원이었다. 경찰들도 이들의 범죄를 막기에는 역부족이었다. 특별히 독주하는 것은 영국 사회의 고질적인 유행병이었다. 웨슬리가 전도할 때 주정뱅이의 폭행 때문에 곤경에 처한 것이 한두 번이 아니었다. 대학생, 정치가, 학자, 부녀자들도 만취하였다. 독한 술로 인해 쇠약해지는 것은 물론, 열병, 중풍, 뇌출혈 등이 발생하여 사망에 이르기까지 하였다. 이러한 사회의 상업은 건전할 수가 없었다. 이들의 상업은 인신매매까지 손을 대어 1770년까지 약 300,000명의 흑인노예를 미국에 판매하여 수많은 이득을 취하였다.

나친 엄격주의가 문제였다. 청교도들은 모든 오락과 취미를 억제시키고, 채색과 장식이 있는 의복은 경건생활에 불합리하다고 법률상 금하는 등 삶의 많은 부분에서 지나치게 경건생활을 요구하였다.

왕정이 복고되자 엄격주의가 사라지고 정반대로 사회는 극단적인 향락주의가 세기말적인 경향으로 흐르게 되어 퇴폐적인 사조가 18세기가 끝날 때까지 계속되었다. 18세기의 문학은 저속하였고, 철학은 이성의 장난처럼 되었다. 실로 18세기 영국 사회는 국왕을 비롯하여 많은 귀족 계급, 정치가, 종교가, 학자, 노동자들 모두가 극도로 부패하고 타락해 있었다. 이들의 타락상은 소돔과 고모라 성 또는 희랍이나 로마 말기의 시대상을 연상케 할 정도였다. 이들의 의식과 사회는 이스라엘 백성이 하나님이 없는 것처럼 여호와를 불신앙하고 모세를 저주할 당시의 그들의 의식 또는 사회 모습과 비슷했다.

3. 교회와 신학적 상황

18세기의 일반적인 풍조는 놀라우리만큼 행복을 추구하였고 그 행복 추구가 인간 근본의 미덕이라고 생각하였다. 행복 추구는 금욕주의에 대항하여 지상에서의 삶의 기쁨을 추구하는 일이었다. 이런 행복 추구 의식은 교회에도 영향을 끼쳐 국교도와 비국교도들의 영성을 상실하게 하였다.

이처럼 영국의 종교적 상황은 매우 한심한 형편이었다. 영국 성공회는 물론, 장로교의 비국교파들, 회중교회주의자들과 침례주의자들도 소시너스주의(Socinianism)와 아르미니안주의(Arminianism)에 감염되어 있었다. 설교의 대부분은 뜨거움과 열정이 결여되어 있었으며 메마르고, 차갑고, 무색한 도덕성을 말할 뿐이었다. 몇몇 훌륭한 목사들을 제외하고는 백성들의 요구에 부응하지 못했으며, 기계적으로 행동하는 목사들에게 순수함이라고는 조금도 없었다.[5] 이렇듯 종교가 부패하자 사람들은 종교에 대하여 무관심하였고, 냉담한 태도를 취하였다. 그 당시 이런 부패를 극복하고자 노력한 개인이나 단체가 있었으나 큰 개혁을 요구하는 그 시대에 있어서는 역부족이었다.

유럽과 아메리카가 정신적·종교적으로 극도로 퇴폐되어 있을 때 영국에서는 새로운 운동이 일어나 한창 발흥하고 있는 합리주의의 세력을 막고, 정신

교회의 타락
성직자는 종교적 영감과 열정도 없이 직업적 의무만 감당하였다. 따라서 교회에서 회개와 중생의 역사를 찾아 볼 수 없었다. 성직자는 왕궁의 환심을 사기 위해 노력했고, 정치에 관심을 가졌다. 그러다 보니 목사관을 떠나 도회지에서 생활하면서 부수입을 올리는 일에 치중하였다. 대신 사제보를 채용하여 목회를 대신하게 하고 자신들의 인생을 즐겼다. 교회의 감독도 사제를 소홀히 감독하였다. 주일은 악마의 장날과 같아서 평일보다 더 추잡한 행위, 폭음, 싸움, 살인 등이 발생하였다. 이로써 우리는 웨슬리 당시의 교회가 얼마나 타락했는가를 알 수 있다. 가장 한심한 일은 교회가 부패한 정부의 도구가 되었다는 것이다.

소시너스주의와 아르미니안주의
소시너스주의란 이탈리아 사람이며 프로테스탄트 신학자인 파우스투스 소시너스(Faustus Socinus)와 라엘리우스 소시너스(Laelius Socinus)를 신봉하여, 삼위일체설, 그리스도의 신성(神性), 원죄 등 기독교의 전승적(傳承的) 교리를 인정하지 않고, 그리스도는 기적적으로 탄생한 사람으로서 그의 여러 가지 덕을 인정하는 사람만이 구원을 얻을 수 있다고 믿는 것을 말한다.
아르미니안주의는 네덜란드 개혁파 신학자 아르미니우스(Jacobus Arminius)가 창시한 것으로서, 특히 칼뱅주의에 반하여, 그리스도의 죽음은 모든 사람을 위한 것이며, 선택받은 사람들만을 위한 것이 아니라고 강조한다.

영국의 사회적 계급차별과 교육제도의 불균형
성공회에 속한 사람만이 명문학교인 이튼(Eton), 윈체스터(Winchester), 옥스퍼드(Oxford), 캠브리지(Cambridge)에 보낼 수 있었고, 하류 계층(Second Class Citizens)과 비국교도들은 사회적 제약을 받아 주로 상공업에 진출하였다. 서민의 존재와 지식층과의 신분적·문화적 차이는 대단했다. 서민은 동물과 같이 위험적인 존재로서 언제 어떤 모양으로 폭발할지 예측할 수 없는 폭도로 간주되었다. 웨슬리는 폭도를 '우는 사자', '곰'이라고 표현했다.

18세기 영국 성공회의 상황
18세기 말엽에 이르면서 영국 성공회는 전통과 권위보다 인간의 이성에 더욱 강조점을 두게 되었다. 영국 성공회는 사람이 의롭다 함을 얻는 데 있어서 인간의 책임을 강조하였다. 따라서 성례전을 인간이 의롭다 함을 얻는 데 필요한 선행의 조건으로 보고, 세례를 인간을 중생하게 하는 은혜의 수단으로 보면서, 성찬과 세례를 중시하였다.[6] 이런 의식은 믿음을 하나의 선행으로 간주하여, 영국 성공회는 믿음을 하나님의 선물이라고 보지 않고, 인간의 행위로 보았다. 따라서 영국 성공회는 인간이 믿음과 선행에 의하여 의로워질 수 있다고 주장하였다. 이러한 상황에서 영국에서의 종교는 경직되어 있었고 성직자도 지주층 상인들과 연결되어 있었으며 교회는 감동을 주지 못하였다. 당시 하층 계급의 영적 상태는 이미 상술한 바와 같이 거의 파멸 상태에 있었으며 상류사회는 회의주의에 빠져 종교를 조소하고 있었다.

적 퇴폐를 바로 잡으려고 하였다. 이 운동은 곧 복음주의 운동으로서 유럽 대륙에서 일어난 경건주의(pietism)의 영향을 받은 것이다. 경건주의는 유럽 대륙, 특히 독일에서 시작되었다. 웨슬리의 위대한 점은 이들을 구원하기 위해서 사회적 관습을 초월하여 서민과의 접촉을 강행하여 복음 운동을 일으킨 것이다. 복음 운동은 당시 이 두 계층의 괴리를 좁히는 일에 있어서 최대의 힘을 발휘하였다.

당시 영국 성공회의 기본교리를 공식적으로 반영하고 있는 것은 39개조의 종교강령이었다. 여기에 나타난 신학은 아르미니안주의의 입장에 서 있었다. 영국 성공회는 칼뱅의 이중예정론을 반대하고 인간의 자유를 강조하여 구원은 인간의 노력으로 얻는다고 믿었다. 이러한 영국 성공회의 풍조 속에서 절망과 죄악에 허덕이는 민중을 구원할 수 있는 것은 무기력한 전통 종교가 아니라 생기발랄한 체험의 종교였다. 이때 하나님은 웨슬리를 일으켜 그가 창설한 감리교회를 통하여 영국과 인류를 구원하는 신앙 부흥 운동을 일으킨 것이다. 웨슬리의 신앙 부흥 운동은 18세기 특징 가운데 하나인 부도덕과 부패를 척결하는 도덕 갱신 운동으로 등장했다. 이러한 정세에 있어서 웨슬리의 복음 운동은 영국의 도덕과 영성을 회복시키는 것이었다. 그래서 웨슬리는 사변적 신학을 피하고 도덕적 성취와 인간생활의 변화 그리고 신앙의 열매 등을 강조하였다.

영국 성공회 신학의 대변자라 할 수 있는 리처드 후커(Richard Hooker)는 성서가 구원에 필요한 모든 것을 가지고 있는 책이라고 믿었으며, 또한 교회의 권위를 인정하여 교회는 우리로 하여금 성서를 바로 깨닫게 하는 성서 다음 가는 지도자라 하였다. 후커의 신학에 영향을 받은 영국 성공회 소장파 신학자 윌리엄 라우드(William Laud)는 "인간은 믿음에 의해 성서의 진리를 인식할 수 있는 길과 하늘에 이르는 길을 발견할 수 있다"고 하여 믿음을 강조하였다. 그러나 그가 생각하는 믿음은 사람의 '동의', 즉 "사람의 의지와 이해가 혼합된 행위"였다. 영국 성공회는 "신앙에 의한 의인"이라는 바울의 개념을 해석할 때에 "인간의 행위에 의하여 의롭게 된다"는 야고보서의 교훈을 배제하지 않다. 이처럼 웨슬리 시대에 영국 성공회의 구원 개념은 하나님의 은혜와 인간의 의무를 하나의 체계로 묶어 보려는 시도였다고 볼 수 있다.

18세기 말 교회의 모습

이 당시에는 칼뱅의 종교 사상인 예정론이 팽배하였다. 그러나 칼뱅사상이 변질되어 부자가 된 것도 가난한 자가 된 것도 다 하나님의 뜻이라고 받아들여 빈부 차이가 극심하였다. 또한 이신론이 성행하여 이성이 주축이 된 합리주의적 사고가 팽배하여, 감정이 없고 이론적이고 딱딱한 설교가 행해졌다.

정치적으로 휘그당(오늘날의 의회파 또는 노동당)과 토리당(왕당파 또는 보수당)은 상호간의 싸움에 골몰한 나머지, 영국 사회에 도박과 독주가 성행하고 음란의 소굴로 변해가는 부패와 타락에 대하여, 그리고 가난한 자에 대하여 신경을 쓰지 못하였다. 가톨릭은 정치적으로 압박을 받고 있었고 영국 성공회도 가난한 자를 비롯한 서민들의 삶에 대하여 신경을 쓰지 않았다. 이러한 때에 존 웨슬리는 서민과 가난한 자들에게 집중적인 관심을 가지고 정신개혁을 이끌어 내어 금욕을 비롯한 교육 및 의료 사업을 시도하였다. 이런 정황들이 맞물려 웨슬리의 복음 운동이 꽃필 수 있었다.

부록 3 # 웨슬리의 회심 사건과 그 의의

1. 웨슬리의 회심 사건

웨슬리에게 있어서 회심이란 하나님의 은혜로 죄를 용서받아 사탄의 지배에서 벗어나 하나님의 자녀로 전환되는 것을 말한다. 웨슬리의 회심을 1725년 웨슬리의 목사 안수 사건에 두는 학자들이 있다. 프랑스 학자 레겔(Dr. Leger)과 천주교 피에테(Piette) 신부는 웨슬리가 1738년보다는 1725년에 오히려 더

> **웨슬리의 회심에 대한 다양한 견해**
>
> 캐논(W. Cannon)은, 레겔과 피에테가 생각하는 회심은 성서적이고 복음적인 중생의 개념이라기보다는 어떤 도덕적 결심과 동일시되는 종류의 개념이므로 본질적인 의미에서의 회심이라고 볼 수 없다고 하였다. 캐논의 견해에 동의하는 학자로는 그린(Richard Green), 조이(James R. Joy), 라텐베리(Rattenbury), 클라크(Elmer T. Clark), 아네트(William Arnett), 로즈(D. Rozse) 등이 있다.
>
> 셀(George C. Cell)도 웨슬리의 회심은 1738년 봄 런던에서 있었던 경험이라고 생각한다. 그때 웨슬리는 "믿음으로만 구원을 얻는다"는 단호한 종교적인 결단을 내렸다. 1725년 웨슬리의 목사 안수 사건을 회심으로 볼 수 없다고 주장하는 캐논(W. Cannon)은 올더스게이트의 사건이야말로 웨슬리의 '복음적 회심'(Evangelical conversion)이라고 주장한다. 캐논은, 웨슬리는 1725년부터 고민하였던 문제를 목사 안수 받은 이후에도 계속 가지고 있었을 뿐만 아니라 올더스게이트 체험 직전까지 그 문제는 더욱 심각해져 왔음을 지적하면서, 웨슬리는 올더스게이트의 체험을 통하여 비로소 갈등을 해결하였다고 주장하였다. 따라서 이미 언급한 바와 같이 웨슬리의 목사 안수 사건을 웨슬리의 1차 회심 사건이라고 전제할 때 웨슬리의 올더스게이트에서의 회심 사건은 웨슬리의 2차 회심 사건이라고도 말할 수 있다.
>
> 1차 회심과 2차 회심의 차이를 살펴보면 2차 회심 전에는 "믿음으로 의롭게 된다는 진리와 그 믿음에 대한 올바른 이해가 없었다"[1]는 것이다. 1차 회심이 신앙의 변화 없이 하나님에게 전적으로 헌신해야겠다는 하나의 인위적인 결심이었다면, 2차 회심은 신앙 자체의 회심이었다. 1차 회심에서 웨슬리는 내적이며 외적인 노력에 의하여 생기는 믿음을 생각했으며 이 믿음을 선행과 동일시한 데 반하여, 2차 회심에서는 믿음이 인간의 노력에 의하여 획득되는 것이 아니라 전적으로 하나님의 은총에 의하여 획득되는 하나님의 선물이라는 확신을 갖게 되었다. 영국학자 예이트(Arthur S. Yate)는 웨슬리가 올더스게이트에서 자신의 구원에 대한 확신을 처음으로 체험하였다고 말하였다.[2] 1차 회심에서 웨슬리는 구원에 대한 확신이 없는 것으로 보인다. 웨슬리 자신도 조지아 주로 사람을 구원하려 갔으나 오히려 구원받지 못하였고, 진노의 자식이었음을 지구 끝(아메리카)에 가서야 깨달았음을 고백하였다.[3]

깊은 회심을 했다고 보면서 웨슬리의 회심 사건이 1725년에 발생했다고 주장하였다. 피에테는 1738년의 회심이 1725년 성화의 이념에 도취된 이후의 한 절정에 지나지 않는다고 보았다. 따라서 피에테는 1738년 대신 1725년을 웨슬리의 전환점으로 보았다. 이렇게 볼 수 있는 근거는 웨슬리 당시에 평신도가 성직을 받아 만인에게 인정받는 일이야말로 중생보다 훨씬 더 중요하고 의미 있는 일로 받아들여졌기 때문이다. 이런 의미로 해석할 때 1725년의 목사 안수 사건도 일종의 회심 사건이라 볼 수 있다. 그래서 어떤 학자들은 1725년의 목사 안수 사건을 1738년 5월의 회심 사건과 구별하여 웨슬리의 1차 회심이라고 보기도 한다.

과연 웨슬리는 2차 회심 이전에는 그의 말대로 구원을 받지 못했을까? 1777년에 출판된 전집(Works)에서 웨슬리는 "나 자신은 구원을 받지 못하였다"는 말에 대하여 "나는 이에 대하여 확실히 모르겠다(I am not sure of this)"[4]고 주를 달았다. 이 말을 숙고해 보면 올더스게이트의 체험이 너무 감격적이었고, 그 당시 구원의 확신에 대한 자신의 이해가 미숙한 상태였기 때문에 그렇게 표현한 것이라 볼 수 있다. 이렇게 볼 때, 올더스게이트의 체험은 확신에 대한 체험과 함께 그의 믿음을 더 높은 단계로 올리는 전환점이라 할 수 있다.

그 동안 웨슬리는 도덕론자나 인본주의자로 오인(誤認)되어 왔다. 차일스(R. Chiles)가 지적한 대로 1790년 이후 미국에서는 왓슨(R. Watson), 마일리(John Miley), 누드슨(Albert Knudson)을 거치면서 웨슬리를 도덕론자 또는 인본주의자로 오인하였다.[5] 「웨슬리 신학의 재발견」이란 책을 쓴 셀(G. Cell)도 이러한 감리교 신학자들의 주장이 옳은 줄 알고 지내다가 웨슬리 자신의 글을 읽고 새로운 웨슬리를 발견했는데 사실 웨슬리의 신학 사상은 하나님 중심의 신학이요, 은총의 신학이라고 주장하였다. 실제로 웨슬리 신학은 과거 종교개혁자들이 외쳤던 믿음만으로(sola fide), 성서만으로(Sola scriptura), 은총만으로(sola gratia)의 종교개혁적 신학사상을 수용한다.

청년 시절의 웨슬리 신앙은 인간 중심적이었다. 회심 이전의 웨슬리는 선행을 행함으로써 구원받는다고 믿고 자신의 의를 세우기 위해 노력하였다. 그러나 이런 인본주의적 신앙은 올더스게이트에서의 회심을 계기로 하나님 중심의 신앙으로 완전히 변화되었다. 이런 변화를 가능하게 한 몇 가지 동기가 있었다. 첫째로 웨슬리의 내적 불안과 번민, 둘째로 조지아 선교의 실패, 셋째로 미국 토착민인 인디언은 순수하리라 기대하였으나 그들도 역시 죄인이라는 것을 깨달으면서 낙관적으로 보았던 인간 본성에 대한 환멸, 넷째로 모라비안 교도 목사인 뵐러의 산 믿음은 하나님의 선물이라는 그의 신앙과 주장에 영향을 받게 된 것이다.[6] 이런 요소들은 웨슬리로 하여금 1738년 5월의 신앙 체험을 가능하게 하였다. 회심 이후로 웨슬리는 믿음으로 구원받는다는 확신을 갖고 이 메시지를 설교하기 시작하였다. 이 회심 사건은 웨슬리 신학 형성에 핵심적인 역할을 담당하였다.

2. 웨슬리 회심의 의의

웨슬리의 회심 사건의 중요성은 웨슬리가 회심을 통하여 그의 갈등과 고민을 해결하였고 또 비생산적인 방황의 순례생활에 종지부를 찍고, 새롭게 생산적인 전도자로 설 수 있는 계기를 마련해 주었다는 데 있다. 1738년 5월 24일 오후 8시 45분경 마음이 뜨거워지면서 구원의 확신을 체험한 것이 감리교 운동의 출발점이 되었다. 이것이야말로 웨슬리 회심의 가장 큰 의의라 볼 수 있다. 회심 전에도 철저한 신앙생활과 교회생활을 하였지만 별로 전도의 열매를 거두지 못하다가 회심 이후에 풍성한 열매를 거두게 되었다. 회심 전에는 회개와 믿음을 별로 외치지 않았지만, 이후에는 이것들을 강조하였다. 이런 체험에서 얻은 것은 먼저 전도자 자신이 중생의 체험을 해야 한다는 것이다.

둘째로 웨슬리의 회심은 웨슬리로 하여금 역동적으로 평신도를 동원하는 조직적인 전도 활동을 하게 하였다. 회심 이후에 '세계는 나의 교구다'라는 비

웨슬리 회심이 믿음과 의인관에 끼친 영향

웨슬리는 1725년에 어머니 수산나에게 쓴 편지에서 믿음을 "합리적인 어떤 것에 동의하는 것이며 이성으로 해결될 수 있는 것"[7]으로 이해하였다. 이런 믿음관은 영국 성공회의 믿음관과 같았다. 캐논은 윌리엄 라우드(William Laud)의 말을 빌려 "웨슬리의 부모도 믿음을 하나의 인간적인 행위, 곧 동의와 신뢰의 행위로 생각하였다"[8]고 하였다. 그러나 회심 이후의 웨슬리는 믿음이 머리 속에서만 맴도는 생명 없는 차디찬 동의나 어떤 이론과 같은 사변적이고 합리적인 것이 아니고 마음의 상태라고 보았다.

여기서 우리는 웨슬리가 회심 체험을 통하여 과거에 믿음을 '지적 동의'로 보았던 견해를 바꾸어 그리스도의 보혈에 전적으로 의지(신뢰)하는 것으로 보았을 뿐만 아니라, 인간이 이루는 것이 아니라 하나님이 하시는 일로서 하나님의 선물이라고 이해하였음을 볼 수 있다. 회심 체험을 통한 웨슬리의 신앙관의 변화는 하나님의 은총에 대한 새로운 이해를 가져왔으며 종합적으로 그의 구원론 형성에 크나큰 영향을 끼쳤다. 웨슬리는 회심의 체험을 통하여 "믿음으로만 구원받는다"는 개신교의 핵심적 진리를 확신하였다. 과거에는 믿음을 선행 또는 의식에 예속시켰으나 회심 후에는 구원에 이르는 참 믿음이란 그리스도의 복음을 전적으로 인정하며 그리스도의 보혈에 전적으로 의뢰하고 마침내 그리스도에게 접붙임 되는 것으로 전적으로 하나님의 선물이라고 깨달은 것이다.

이러한 믿음의 이해는 그의 의인관에도 변화를 가져왔다. 회심 이전에는 율법주의적 의인사상을 취하여 인간은 스스로 자기의 구원을 성취한다고 보았는데, 회심 이후에는 의인은 하나님이 인간에게 값없이 주시는 은총으로서 인간을 죄의 권세로부터 해방시키는 것이며, 예수 그리스도 안에 나타난 하나님의 형상대로 인간을 새로 짓는 것이라고 생각하였다.[9]

웨슬리 회심이 성서관에 끼친 영향

1729년부터 웨슬리는 경건주의 서적을 접하면서 이를 통해 온전한 기독교인이 되고자 하였다. 그리고 성서를 열심히 연구하였으나 믿지 못하였다. 회심을 통하여 그는 성서보다 고전 역사책을 더 중시했던 과오를 깨달았다.[10] 웨슬리는 체험을 통하여 이성을 초월하여 성서에 복종하게 되었고, 성서를 구원의 유일한 권위로 받아들이게 되었다. 성구 인용으로 가득 차 있는 그의 설교는 그가 얼마나 성서를 중시했는가를 보여주는 단적인 증거다. 웨슬리는 "나로 하여금 한 책의 사람(Homo Unius Libri)이 되게 해 달라"[11]고까지 말하였다.

웨슬리 회심이 구원관에 끼친 영향

웨슬리의 회심 사건은 한 개인을 변화시키는 사건으로 끝나지 않고 영국과 세계를 변화시켰으며, 급기야는 감리교회를 형성하는 사건이 되었다. 그의 회심 사건은 그의 구원관 형성에도 큰 변화를 가져왔다. 회심 전의 웨슬리는 인간의 노력과 선행 그리고 하나님의 초월적인 은혜가 역사하여 구원을 받는다는 반 펠라기우스(Semi-Pelagianism)적인 견해에 머물러 있었으나, 회심 이후에는 하나님의 은혜만이 구원의 근거이며 구원의 조건은 믿음뿐임을 주장하게 되었다. 웨슬리는 회심을 통하여 하나님의 은총이 지금 여기서 역사하고 있음을 강조하였고, 또 하나님의 은총과 인간의 책임을 연결시켜 '복음적 신인협동설'을 제창하였다.

구원의 문제는 웨슬리에게 중요한 문제였다. 회심 이후의 웨슬리는 구원은 믿음으로 말미암는다는 주장에 머무르지 아니하고 '그리스도인의 완전'이라는 신학체계를 수립함으로써 인간의 목표를 성화에 두어 영국과 세계를 구원하는 신학으로 발전하게 되었다. 웨슬리는 회심 체험을 통하여 구원은 중생이라는 일회적 사건으로 끝나는 것이 아니라 성결을 향한 부단한 노력이 있어야 함을 깨달았다. 따라서 그는 믿음으로 구원받았다는 사실에 만족하지 않고 계속하여 성결을 지향함으로써 개인과 사회를 정화시키는 데까지 나아가야 한다고 생각하였다. 웨슬리가 즐겨 쓰는 표현 중에 "성화는 행복이다"(Holiness is happiness)[12]라는 말이 있다. 웨슬리에게 있어서 성화와 구원의 기쁨은 분리될 수 없다. 하나님은 구원을 통해서 인간의 행복을 실현한다는 것이다. 성령은 인간의 성화와 구원의 기쁨을 창출한다.

회심을 통하여 확립한 웨슬리의 구원 신학은 그의 선교 운동의 규범이 되었다고 볼 수 있다. 오늘날 개인 구원만 인정하고, 사회 구원을 도외시하는 경향, 또는 역으로 개인 구원을 부정하고 사회 구원만 주장하는 경향은 웨슬리의 신학과 배치된다. 오늘의 감리교인은 이러한 웨슬리의 신학적 유산을 귀중히 여겨 개인과 사회를 정화시키는 데 모든 힘을 기울여야 할 것이다.[13]

전을 가지고 하루에 평균 두세 번씩 설교하였고, 매일 90마일씩 전도 여행을 하였다. 회심 후 51년간 마상(馬上) 전도 여행을 250,000마일이나 돌아다니며 42,400번의 설교를 하여서 그가 사망한 해에는 영국에 294명의 설교자와 71,668명의 감리교인이 있었고 미국 등 외지에 있는 감리교인을 합하면 약 120,000명의 교인과 511명의 설교자가 있었다. 그러나 웨슬리는 '우리가 얼마나 많이 설교했는가가 중요한 것이 아니라, 우리가 얼마나 최선을 다해 영혼을 구했느냐가 더 중요하다' 고 보았다.14) 웨슬리는 평신도를 동원하는 전도 전략을 마련하였다. 그 당시 평신도, 더욱이 여자가 설교한다는 것은 종교계에 대한 도전이요, 일종의 대혁명이었다. 교역자 중심의 선교에서 평신도 중심의 선교로 바꾼 것이 웨슬리에게는 커다란 효과를 보았다. 물론 웨슬리는 이 평신도 설교자들을 위하여 계속적이고도 조직적인 훈련을 하였다. 지식을 쌓기 위해 하루에 5시간 독서를 시켰고, 1주일에 2회 이상 설교를 시켰고, 신도회, 속회 및 연회를 통하여 철저한 지도와 훈련을 하였다. 전도와 선교에 깊은 신학이 뒷받침이 되어야 하듯이 웨슬리의 전도 운동은15) 회심을 통해 새롭게 조명된 그의 건설적이고 훌륭한 성화 사상이 뒷받침되었다.

제임스 리그(James Rigg)는 웨슬리가 회심을 통해 고교회주의에서 복음주의로, 의식주의자에서 설교자로 변모했다고 주장했다.16) 그러나 반드시 그런 것만은 아니다. 회심 이후에도 웨슬리 삶 속에서 많은 고교회주의적 요소들(성만찬을 중시하고 즉석기도보다는 형식적 기도를 선호하는 등)을 찾아 볼 수 있기 때문이다.

주

주

제1장 | 영국 성공회와 웨슬리의 탄생

제2장 | 웨슬리의 출생부터 차터하우스까지

1) Martin Schmidt, trans. Norman P. Goldhawk, *John Wesley: A Theological Biography* (Nashville: Abingdon Press), vol. 1, 35. 이후로는 *JW*로 표기. 한국어판, 「존 웨슬리」(상), 김덕순·김영선 공역(서울: 은성, 1997)을 참조하라.
2) *JW*, 35~36.
3) 랄프 월러에 따르면 존 웨슬리는 영국 성공회 목회자였지만 기도 방식 통일령(The Act of Uniformity)을 거부했다는 이유로 1662년 파직되었다. 랄프 월러, 강병훈 역, 「존 웨슬리」(KMC, 2004), 13.
4) *JW*, 36~39.
5) 헨리 돌링은 당시 널리 사용되던 청교도 서적인 「인간의 온전한 의무」(*The Whole Duty of Man*)를 라틴어로 번역하였다.
6) 공화파였던 찰스 모턴은 58세에 제임스 2세가 등극하자 미국으로 이주하였고, 후에 하버드 대학의 부총장을 역임했다.
7) 랄프 월러, 「존 웨슬리」, 14.
8) Adam Clarke, *Memoirs of the Wesley Family*, 2 vols (London, 1836), vol. 1, 97.
9) 랄프 월러, 「존 웨슬리」, 14.
10) *JW*, 41.
11) 사무엘에 대하여 *JW*, 39~41.
12) *JW*, 42~43.
13) John Wesley, *Works*, X (Grand Rapids: Jondervan Publishing House,

1982), 77.
14) William Cannon, *The Theology of John Wesley* (New York: Abingdon, 1951, 18~20)을 참조하라.
15) B.K. 카이퍼, 김해연 역, 「세계 기독교 교회사」 (서울: 성광문화사, 1993), 353.
16) John Newton, *Susanna Wesley* (London, 1968), 68.
17) 랄프 월러, 「존 웨슬리」, 12.
18) *JW*, 58~59.
19) 랄프 월러, 「존 웨슬리」, 12.
20) *Arminian Magazine*, 1 (1778), 31f.
21) *JW*, 64~65.
22) *Journal*, Ⅰ, 328, Mar. 17, 1737; *JW*, 58~59.
23) *JW*, 59~62.
24) *JW*, 48~57.
25) *JW*, 63.
26) Cf. Edward Weaver, 'Wesley and Charterhouse', *Wesleyan Methodist Magazine* (1912), 936ff; John Telford, *The Life of John Wesley*, 25~26; *JW*, 65~66.
27) *JW*, 66.
28) *JW*, 68~69.
29) 랄프 월러, 「존 웨슬리」, 36.

제3장 | 옥스퍼드 대학

1) Vivian Hubert Howard Green, *Young Mr. Wesley* (New York, St. Martin's Press, 1961), 67.
2) *JW*, 71.
3) *Journal*, Ⅰ, 59; *JW*, 90.
4) *JW*, 90.
5) *Works*, Ⅺ, 366~367.
6) Martin Schmidt, *John Wesley: A Theological Biography*, 2 vols (London, 1962, 1971, 1973), vol. 1, 92.

7) *Journal*, Ⅰ, 420 Jan. 24, 1738.
8) *JW*, 91.
9) *JW*, 97.
10) *JW*, 100.
11) *JW*, 103.
12) *JW*, 104~105.
13) *JW*, 104~106.
14) *JW*, 117.
15) *JW*, 123.

제4장 | 조지아 주에서의 목회와 선교

1) *Letter*, 1, 180. Jan. 15, 1735; *JW*, 121.
2) *Journal*, Ⅰ, 109.
3) *Ibid*.
4) *Journal*, Ⅰ, 141ff, Jan. 25, 1736.
5) *JW*, 139.
6) *Journal*, Ⅰ, 124; Diary Nov. 24, 1735.
7) Nicodemus or a Treatise on the Fear of Man. Written in German by August Hermann Francke, Abridged by John Wesley Newcastle 1744.
8) *JW*, 144~145.
9) *JW*, 140.
10) *JW*, 141~144.
11) Cf., John Wesley, *Christian Library* 50 (1755), 343~351.
12) *Ibid.*, 399.
13) Cf., John Wesley, *Christian Library* 50 (1755), 349, 351, 369.
14) Cf. *Letter*, V, 283, Oct. 6, 1771.
15) *JW*, 153.
16) *JW*, 155.
17) *JW*, 157.
18) *JW*, 169.

19) *Journal*, Ⅰ, 183; Diary, Mar. 16, 1736.
20) *Journal*, Ⅲ, 434.
21) *JW*, 182.
22) *Journal*, Ⅰ, 238f. Jun. 30, 1736.
23) *JW*, 185.
24) *Journal*, Ⅰ, 254f. Jul. 31, 1736.
25) *JW*, 185.
26) *JW*, 183~184.
27) *Journal*, Ⅴ, May 1736.
28) *JW*, 194.
29) *Ibid*.
30) 랄프 월러, 「존 웨슬리」, 79.
31) *Journal*, Ⅰ, 280f. Oct. 12, 1736.
32) Diary, Aug. 15, 1736.
33) 1736년 3월 22일 웨슬리가 찰스에게 보낸 편지.
34) *JW*, 199.
35) *Ibid*.
36) *Journal*, Ⅰ, 315, Feb. 5, 1737.
37) *Journal*, Ⅰ, 318, Feb. 8, 1737.
38) *Journal*, Ⅰ, 329, Mar. 9, 1737.
39) *JW*, 202.
40) *JW*, 204.
41) *Journal*, Jan. 24, 1738.
42) *Journal*, Ⅰ, 380, Aug. 12, 1737.
43) *JW*, 189.
44) *Journal*, Jun. 22, 1736.
45) *Journal*, Jan. 24, 1738.
46) Lee, *The Lord's Horseman*, 55.
47) *Ibid*.
48) N. Curnock, *The Journal of John Wesley*, 8 vols (London, 1938), vol. 1, 426.

제5장 | 웨슬리의 회심

1) Henry D. Rack, *Reasonable Enthusiast: John Wesley and the Rise of Methodism* (London, 1989), 151ff.
2) *Letter*, I, Savannah, Nov. 23, 1736.
3) *JW*, 215~216.
4) *Works*, I, 75~76; *Journal*, I, 418, Jan. 24, 1738.
5) *JW*, 219.
6) *Journal*, Mar. 4, 1738.
7) *Journal*, Mar. 23, 1738.
8) *Journal*, Apr. 22, 1738.
9) *JW*, 225.
10) *JW*, 245.
11) *Journal*, I, 442, Mar. 5, 1738.
12) *JW*, 255.
13) *JW*, 246.
14) *JW*, 251.
15) *JW*, 256.
16) *JW*, 238.
17) *JW*, 239~241.
18) Böhle's Diary, May 12, 1738.
19) A.M., ed. Nehemiah Curnock, *The Journal of the Reverend John Wesley* (New York: Eaton and Mains, 1909), vol. 1, 475~476.
20) *WA*, German Bible 7, 9~10. *JW*, 263에서 재인용.
21) *JW*, 305.
22) *JW*, 268~269.

제6장 | 웨슬리의 열정적 초기 사역과 감리교회의 태동

1) *Journal*, Ⅱ, 19~56.
2) *JW*, 301.
3) *JW*, 282.
4) *JW*, 297.
5) *JW*. 302.
6) *Journal*, May 1, 1738.
7) 랄프 월러, 「존 웨슬리」, 114.
8) 마틴 슈미트, 「존 웨슬리」(중), (은성, 1998), 72.
9) *Ibid.*, 82.
10) *Ibid.*, 86.
11) *Ibid.*, 52.

제7장 | 갈등과 박해 속에 성장하는 웨슬리와 감리교 운동

1) Therman L., *The Life and Times of the John Wesley* (London, 1890) vol. 1, 315.
2) *Journal*, Mar. 28, 1741.
3) *Journal*, Aug. 24, 1743.
4) *Works*, 3rd edition, 14 vols (London, 1872), 180.
5) *Journal*, Ⅱ, 156.
6) *Journal*, Ⅱ, 167.
7) *Journal*, Ⅱ, 172.
8) 마틴 슈미트, 「존 웨슬리」(중), 29.
9) *Ibid.*
10) *Ibid.*, 35.
11) 랄프 월러, 「존 웨슬리」, 141.
12) Davis Horton, *Worship and Theology in England*, Princeton University Press, 1961, 166.

13) Rigg, James, *The Living Wesley* (London, 1891), 131.
14) Martin Schmidt, *John Wesley*, 2 vols (London, 1962, 1971, 1973), vol. 2, part 2, 9.
15) Southey, R., *John Wesley* (London, 1893), 261.
16) Lee, Umphrey, *The Lord's Horseman: John Wesley the Man* (London, 1956), 73.
17) *Journal*, May 1, 1739.
18) *Journal*, Jun. 26, 1759, Sep. 6, 1772.
19) *Journal*, Aug. 28, 1748.
20) Doughty, W. L., *John Wesley: Preacher* (London, 1955), 49.
21) Tyerman, L., *The Life and Times of the Revd. John Wesley* (London, 1890), vol. 1, 449.
22) Wesley, *Forth-Four Sermons*. 46.
23) 마틴 슈미트, 「존 웨슬리」 (하) (서울: 은성, 1999), 226.
24) *Letters*, Ⅲ, 61~62, Bristol, Mar. 5, 1751.
25) Arnold, Lunn, *John Wesley* (London, 1929), 295.
26) Tyerman, *John Wesley*, vol. 3, 233.
27) 마틴 슈미트, 「존 웨슬리」 (하), 239.
28) *Ibid.*, 240.
29) *Journal*, Feb. 23, 1745.
30) 랄프 월러, 「존 웨슬리」, 179.
31) *Journal*, May 3, 1784.
32) 랄프 월러, 「존 웨슬리」, 169~170.
33) *Works*, 3rd edition, 14 vols (London, 1872) vol. 8, 492.
34) Norman Sykes, *Church and State in England in the 18th Century*, 1934, 392f와 Roger Loyd, *The Church of England in the 29th Century 1* (1946), 2nd ed. 1947, 6을 참조하라.
35) *Works*, 3rd edition, 14 vols (London, 1872) vol. 8, 495.
36) 마틴 슈미트, 「존 웨슬리」 (중) (서울: 은성, 1998), 157~159.
37) *Ibid.*, 154.
38) *Ibid.*, 95.
39) *Ibid.*, 211.

40) *Journal*, Oct. 18, 1749.

41) Lee, *The Lord's Horseman*, 74.

42) 웨슬리가 런던에 가 있는 동안 브리스톨의 리딩(Reading)에서 온 병신노 존 케닉(John Cennick)이 광부들의 설교 초청에 응하여 설교하고 성찬을 나누었다. 존 케닉에 의해 비롯된 평신도 설교와 평신도 성만찬 집전에 대한 처사는 곧 영국 성공회 전체 질서를 위협하는 것으로 간주되었다. 이러한 소문은 웨슬리가 영국 성공회에서 설교하는 것을 방해하였다.

제8장 | 감리교회의 성숙과 웨슬리의 죽음

1) 마틴 슈미트, 「존 웨슬리」 (중), 183.
2) *Ibid.*, 176.
3) *Journal*, VIII, 332.
4) *Letter*, Sep. 10, 1784.
5) 마틴 슈미트, 「존 웨슬리」 (중), 178~179.
6) *Journal*, Feb. 9~10, 1753.
7) E.D. Bebb, *Wesley: A Man with A Concern* (London, 1960), 107.
8) *Journal*, Dec. 5, 1785.
9) *Journal*, Feb. 3, 1753.
10) 랄프 월러, 「존 웨슬리」, 222.
11) *The Medical Officer*, Oct., 1956.
12) *Works*, vol. XI, 59~79.
13) *Journal*, Mar. 4, 1788.
14) *Journal*, Jun. 28, 1786.
15) *Journal*, Mar. 1, 1788.
16) John Tyson, *Charles Wesley* (Oxford, 1898), 437.
17) *Letter*, Dec. 22, 1786과 *Letter*, Feb. 18, 1788.
18) Tyerman, *John Wesley*, vol. 3, 527.
19) John Tyson, *Charles Wesley*, 480.
20) 랄프 월러, 「존 웨슬리」, 245~246.

부록 1

1) 이에 대한 자세한 사항을 위해 "영국 종교개혁에서 명예혁명에 이르기까지", 노로 요시오, 「존 웨슬리의 생애와 사상」 (서울: 기독교대한감리회교육국, 1993)과 앙드레 모로아, 신용석 옮김, 「영국사」 (서울: 기린원, 1988)를 보라.
2) 앙드레 모로아, 신용석 옮김, 「영국사」 (서울: 기린원, 1988), 371.
3) *Ibid.*, 390.

부록 2

1) William Cannon, *The Theology of John Wesley* (New York: Abingdon, 1951, 18~20)을 참조하라.
2) 조종남, 「요한 웨슬리의 신학」 (서울: 대한기독교출판사, 1992), 21.
3) John Wesley, *Works* X (Grand Rapids: Jondervan Publishing House, 1982), 77.
4) B.K. 카이퍼, 김해연 역, 「세계 기독교 교회사」 (서울: 성광문화사, 1993), 353.
5) B.K. 카이퍼, *Ibid.*, 353.
6) W. Cannon, *The Theology of John Wesley*, 42~43.

부록 3

1) *Works*, Ⅲ, 290
2) Arthur S. Yate, *The Doctrine of Assurance* (London: The Epworth Press, 1952), 11.
3) *Works*, I, 75~76(1738. 1. 29).
4) *Ibid.*
5) Robert E. Chiles, *Theological Transition in America Methodism* (1790~1935) (Abingdon Press, 1965).
6) 조종남, 「요한 웨슬리의 신학」 (서울: 대한기독교출판사, 1992), 25.

7) *Letters*, I, 32.
8) W, Cannon, *The Theology of John Wesley* (New York, Abingdon, 1951), 35f.
9) *Ibid.*, 38.
10) *Journal*, I, 419.
11) *Sermons*, I, 32.
12) A.M., ed. Lehemiah Cornock, *The Journal of the Reverend John Wesley* (New York: Eaton and Mains, 1909), vol. 1. 308.
13) 웨슬리의 신학과 사상을 위해 김영선, 「존 웨슬리와 감리교 신학」 (서울: 대한기독교서회, 2002)을 보라.
14) *Works*, Ⅷ, 310
15) 웨슬리의 전도 사역(事役)을 4기로 나누어서 설명하면 다음과 같다. 1725년부터 1729년까지를 제1기로 보는데 이 기간에는 회개하고 복음을 믿으라는 말씀에 중심을 둔 설교를 하지 않았다. 회개가 필요하다고 생각하지 않았기 때문이다. 1729년부터 1734년까지를 제2기로 보는데 이때는 회개에 깊은 기초를 두고 설교를 하였다. 1734년부터 1738년까지를 제3기로 보는데 이 기간에 그리스도의 보혈과 믿음에 대한 설교를 더욱 강화하면서 열심히 설교하고 심방을 하였다. 1738년 이후를 제4기로 보는데 이때부터 하나님 나라가 가까웠으니 회개하고 복음을 믿으라고 설교하였고 불같은 역사가 일어났다.
16) James Rigg, *The Living Wesley* (London, 1891), 122.

사진으로 따라가는 존 웨슬리

김영선 지음

초판 1쇄 | 2006년 8월 4일
　　2쇄 | 2007년 2월 1일
　　3쇄 | 2010년 12월 1일

발 행 인 | 신경하
편 집 인 | 손인선
펴 낸 곳 | 도서출판 kmc
등록번호 | 제2-1607호
등록일자 | 1993년 9월 4일

(100-101) 서울특별시 중구 태평로1가 64-8 감리회관 16층
　　　　(재)기독교대한감리회 출판국
대표전화 | 02-399-2008
팩　　스 | 02-399-4365
홈페이지 | http://www.kmcmall.co.kr
　　　　　http://www.kmc.or.kr

디자인·제작 | 밀알기획(02-335-6579)

값　20,000원
ISBN 89-8430-322-4　03230